KB218589

# DE NECESSITATE
# REFORMANDAE ECCLESIAE

SUPPLEX EXHORTATIO AD INVICTISSIMUM CAESAREM CAROLUM
QUINTUM ET ILLUSTRISSIMOS PRINCIPES ALIOSQUE ORDINES.

## 일러두기

- 번역에 사용된 라틴어 원문은 *CORPUS REFORMATORUM VOLUMEN XXXIV. IOANNIS CALVINI OPERA QUAE SUPERSUNT OMNIA VOL. VI* (Brunsvigae, Apud C. A. Schwetschke et Filium, 1867), 453-534이다. 이하의 번역본을 참조했다.
- Henry Beveridge and Jules Bonnet ed., *Selected Works of John Calvin: Tracts and Letters* 7 vols., (Grand Rapids: Baker Book House, 1983, reprint of 19th century editions). vol.1, 123-234.
- Akagi Yoshimito, *Johannis Calvini Tractacus Theologici* (Tokyo: Shinkyo Shuppansha, 1967)
- 원문에는 장절 구분이 없으며 따라서 목차도 없다. 역자가 독자들의 이해를 돕기 위해서 Akagi의 구분을 그대로 적용했다.
- “ ” 또는 ‘ ’는 역자가 임의로 삽입한 것이다.
- 한글 성서는 특정한 번역판을 사용하기보다 여러 번역을 사용했다.
- 번역은 직역보다도 이해하기 쉽도록 의역에 중점을 두었다.

# 교회 개혁

칼뱅의 종교개혁을 위한 항변서

장 칼뱅 지음 ◆ 김산덕 옮김

새물결플러스

# 차례

혁혁한 공을 세우신 카를 5세 황제폐하 및
가장 영예로운 제후 여러분과,
현재 슈파이어 제국회의에 참석하여
교회재건을 위해 진심 어린 배려를 베푸시는
그 외의 성직자 여러분에게 드리는 탄원적 권고

|

이것은 그리스도께서 다스리시기를 소망하는
모든 사람의 이름에 의해서 출판된 것이다.

# 서언

황제폐하시여, 당신께서는 우리 모두가 아주 비참하고 절망적인 것으로 간주하는 교회의 현실을 개선하기 위한 방법에 관하여, 영예로운 제국의 제후들 및 그 외의 성직자들과 토의하고 결정하기 위해 이 회의에 우리 모두를 소집하셨습니다. 지금 당신께서 이 회의 석상에 앉아 계시기 때문에, 먼저 황제이신 당신과 영예로운 제후들과 저명하신 인사 여러분께 간절히 바라는 바는, 제가 발표하고자 하는 것을 읽어 주시고 신중히 고려해주시라는 것입니다. 문제의 심각성은 반드시 여러분으로 하여금 열심히 귀를 기울이도록 할 것임에 틀림이 없습니다. 저는 여러분이 어느 측에 가담하는 것이 좋은지 어렵지 않게 결정할 수 있도록, 이 문제를 여러분의 눈앞에 제시하고자 합니다. 제가 어떤 인간일지언정, 저는 여기서 경건한 가르침과 교회를 옹호할 것을 다짐합니다. 제가 이 서약으로 믿음의 말을 거짓으로 발하는 것인지, 아니면 공언한 약속을 충실히 수행하여 말씀드린 것이 명확한 사실인지가 판명날 때까지는 여러분이 마다하지 않고 들어주시기에 충분한 가치가 있다고 생각합니다. 저는 제 자신이 도저히 이런 무거운 짐을 짊어질 만한 힘이 없다는 것을 알고 있지만, 저의 임무가 가지는 이유를 여러분에게 들려드리고 싶은 이상, 직무를 감히 수행함에 있어서 "바보"

또는 "귀찮은 놈"으로 비난받는다 할지라도, 그런 것을 저는 조금도 두려워하지 않습니다. 사람이 어떤 일로 말미암아 자신의 모든 행동을 추진해나간다든지 또는 분명하게 옹호해야 할 경우는 일반적으로 두 가지입니다. 환언하자면, 솔직히 경건의 열심에서 시행된 것은 칭찬받아 마땅하지만, 사회적 압력에 의해서 발표된다면 그것은 적어도 변명의 여지가 없는 것으로 판단됩니다. 어느 것이든지 저에게는 문제가 되지 않지만, 그러나 여러분이 말하는 공평이라는 관점에서 볼 때, 여러분이 용이하게 제 의견을 인정해주시리라 믿어 의심하지 않습니다. 왜냐하면 그리스도의 교회를 위해 진력하고, 이것을 돕기 위해 노력하는 것 이상으로[1] 절박한 이 문제를 위해 보다 성실하게 진력할 수 있는 것이 그 어디에도 없기 때문입니다. 이 그리스도의 교회는 지금 고난과 고통 가운데, 그리고 아주 위험한 가운데 있습니다(이를 온전히 부정하는 것은 잘못된 것입니다). 우리 자신의 것에 관하여 많은 것을 말할 필요가 없습니다. 제가 여러분께 드리고자 하는 말씀은 교회재건을 위해 이미 고통 받고 있는 사람들, 그리고 교회가 올바른 형태로 재건되기

1 "종교개혁"이라는 용어보다도, "교회 개혁" 또는 "예배 개혁"으로 번역하는 것이 그 용어의 본질적 의미를 명확하게 담아내는 것으로 보인다. 16세기의 개혁은 유럽의 종교를 개혁하는 것이라고도 할 수 있지만, 보다 구체적으로 말하자면 교회와 예배를 개혁하고 그에 수반되는 신학을 개혁하는 것이었다. 이는 삶, 즉 그리스도인의 삶과 예배 생활에 대한 개혁이었다. 칼뱅의 개혁적 사고가 담지하는 것은 하나님의 말씀에 근거하여 성령의 인도하심을 받는 시민적 삶의 개혁이었다. 삶과 예배가 분리되는 것이 아니라, 삶의 예배를 드림으로써, 하나님과 이웃 앞에 바르게 살아가는 것을 추구했다.

를 바라는 사람들의 한결같은 목소리를 받아주시기를 바라는 마음입니다. 몇몇 제후들이나 적지 않은 국왕들이 이 문제를 위해 노력하고 있습니다. 저는 이 모든 사람들을 대신하여 말씀을 드리고 있습니다. 아니, "이 사람들이 제 목소리를 통하여 한 목소리로 동시에 말하고 있다"고 하는 편이 더 나을 것입니다. 이런 분들과 함께, 그리스도교 세계의 각지에 흩어져 이 계획에 동의하면서 제게 찬성을 표해주시는 많은 경건한 분들이 있습니다. 다시 말해 이 논문은 작금의 교회 타락을 우려하면서, 더 이상 인내하기 힘들어 어떤 개선책을 얻기까지 끊임없이 노력하는 모든 사람의 일치된 생각이라고 간주해주시기를 바랍니다. 저희를 능욕하기 위해 모욕적인 이름이 저희에게 붙여질 것을 저희는 잘 알고 있습니다. 그러나 저희가 어떤 이름으로 불리든지, 저희가 바라는 바는 저희의 주장을 들어주시고, 저희가 어떤 입장에 서 있는지를 판단해주시는 것입니다.

# 1 ◆ 본서의 과제[1]

무엇보다 가장 중요한 문제는 교회가 얼마나 많은 악성 질병에 걸려 있는지 어떤지가 아니라(왜냐하면 이것은 모든 사람이 일반적으로 판단하기에 너무나도 자명한 것이기 때문입니다), 이 질병의 특성상 더 이상 치료를 연기할 수 없다는 것입니다. 만약 조금이라도 치료가 늦어진다면 전혀 효과가 없으며, 적절한 것이 될 수 없습니다. 더욱이 이 치료가 도리에 어긋나게 행해진 것도 아니며 잘못 행해진 것도 아니었다고 한다면 어떻게 되겠습니까? 듣는 바에 의하면, 이 점에 관하여 저희를 비난하는 것을 전혀 개의치 않는 자들이 있다고 합니다. 그것은 그들이 우리에게 어떤 개선책을 기대하고 있음에도 불구하고 우리가 그것을 실제로 실행해서는 안 된다고 생각하기 때문입니다. 제가 이런 사람들에게 오로지 부탁하고 싶은 것은 "우리가 행하는 것이 시기적으로 빠른 것도 아니고 막무가내로 행하는 것도 아니며, 우리 자신의 의무에 반대되는 것을 행하는 것도 아니고, 무엇보다도 부득이한 사정이 아니라면 그 어떤 것도 행하지 않는다는 사실"을 제가 증명하기까지 일시적으로 판단을 정지하는 것뿐입니다. 이상의 것들이 확증되기 위

1 *CORPUS REFORMATORUM VOLUMEN XXXIV*, 458이하(앞으로는 책 이름은 생략한다).

해서는, 우리가 어떤 문제로 논쟁하고 있는지를 알아주셔야 합니다.

하나님께서 처음에 루터와 그 외의 사람들을 일깨워서 우리로 하여금 구원의 길을 발견할 수 있도록 횃불을 가져다주시고 그 사역으로 우리 교회의 기초를 세워주셨을 때, 우리는 "우리 종교의 진리와 순수함에 근거한 합법적인 하나님 예배와 인간의 구원을 포함하는 교리의 주요한 부분이 거의 파기되어 있었다"는 사실을 지적하게 됩니다. 또한 우리는 "예전의 집행이 많은 점에서 상처투성이며 오염되었다"는 것을 지적합니다. 그리고 우리는 교회의 통치가 무섭고 이해하기 어려울 정도로 폭정으로 변해버렸다고 말하지 않을 수 없습니다. 그러나 아마도 이런 사정은 저희가 보다 상세하게 설명하기 전에는 사람들을 움직이게 할 만큼 충분한 설득력을 가지지 못할 것입니다. 그래서 저는 이 문제의 필요성에 관하여 제 능력의 범위 안에서 노력하고자 합니다. 그러나 저는 여기서 모든 문제점을 낱낱이 검토하여 탐구하려는 의도는 없습니다. 왜냐하면 그것에 관해서는 긴 논의가 필요하기 때문입니다. 지금은 그런 여유가 없습니다. 오로지 저는 우리를 전향하도록 내몰아친 주장이(이 전향 때문에 우리는 비난받고 있지만) 얼마나 올바르고 필연적이었던가를 명확하게 제시하고자 합니다.

이 문제는 다음과 같은 세 가지 사항을 함께 취급하지 않으면 해명될 수 없습니다. 첫째, 우리로 하여금 치료를 요구하도록 작용했던 여러 가지 악덕을 간결하게 설명하지 않으면 안 됩니다. 둘째, 우리 진영에 속한 사람들에 의해서 제시된 치료법 그 자체에 관하여, 그것이 얼마나 절적하고 유효한 것인지 설명하지 않으면 안 될 것입니다. 마지막으로, 이 문제가 즉각적인 개선을 필요로 하고 있기 때문에 더 이상 수수방관할 수 없다는 것입니다. 첫째 과제는 다른 두 개의 과제로 나아가는 길을 열기 위해서 드리는 말씀이기 때문에 간단히 언급하고자 합니다. 그런데 적대자들은 저희가 마치 저희의 역할이 아니었는데도 성급하게 횡령한 것처럼 모독적으로 우리가 대담한 반란을 일으켰다는 죄명을 덮어씌우고 있기 때문에 이 억울한 누명을 벗기 위해서라도 저는 상세하게 논하고자 합니다.

# 2 ◆ 그리스도교의 기초[1]

만약 "그리스도교가 무엇에 의해서 우리 사이에 확고한 자리를 가지게 되며 그 진리성이 확보되는가?"라고 묻는다면, 다음의 두 가지는 단순히 중요한 위치를 차지할 뿐만 아니라 다른 모든 부분까지, 즉 그리스도교의 전체 내용을 확실히 포함한다고 답변해야 할 것입니다. 하나는 인간이 하나님을 바르게 예배하는 것을 아는 것이며, 다른 하나는 그 하나님께 구원을 간구해야 한다는 사실을 아는 것입니다. 만약 이 두 가지가 없다면, 설령 우리가 그리스도의 이름으로 자랑한다고 할지라도, 우리의 신앙고백은 허무하고 무익한 것입니다. 이것과 함께 성례전과 교회의 통치가 존재합니다.[2] 이 두 가지는 앞의 두 교리를 보존하기 위해 확립된 것으로서 다른 목적을 지향해서는 안 되며, 또한 그것이 거룩하며 질서 있게 집행되는지 어떤지에 대한 판단은 상기의 목적에만 근거하여 음미되어야 할 것입니다. 만약 누군가가 더 명확하고 상세하게 이것을 이해하려고 한다면, 저는 이렇게 말하고 싶습니다.

1 459이하.

2 칼뱅에게 있어 그리스도교가 가지는 중요한 가르침은 예배, 구원, 성례전, 그리고 교회의 다스림이다. 개혁의 주요점은 예배에서 시작한다. ut rite colatur Deus: ut unde salus sibi petenda sit, noverint homines. Iisdem sublatis Christi nomine gloriemur licet, vana est ac inanis nostra professio. Sequuntur deinde sacramenta, et ecclesiae gubernatio(459).

"교회의 통치, 목회의 임무, 그리고 그 외의 질서는 성례전과 함께 몸과 같은 것이다. 이에 반하여, 하나님을 올바로 예배하기 위한 규칙을 정하고, 또한 인간의 양심이 구원의 확신을 어디에 두어야 하는지 지시하는 교리는 영혼과 같은 것으로서, 몸에 숨을 불어넣어 몸을 생동감 있게 활동시키는 것, 즉 몸으로 하여금 무용한 시체와 같이 되지 않도록 하는 것이다"라고 말입니다. 이상으로 제가 말씀드린 것은 올바르고 건전한 영혼을 가진 경건한 사람들에게는 전혀 이론(異論)이 없는 것입니다.

## 예배

이제 우리는 하나님께 합당한 예배를 드리는 것이 무엇인지를 정의 내려야 합니다. 예배의 주요한 기초는 하나님을 사실 그대로 모든 덕, 의, 거룩, 지혜, 진리, 힘, 은혜, 관용, 생명 그리고 구원의 유일한 원천으로 인정하는 것이며, 따라서 모든 선한 것의 영광을 하나님께만 돌려드리며 하나님께만 모든 것을 바라는 것으로서, 우리가 무엇을 필요로 할 때 하나님만을 바라보는 것입니다. 이것으로부터 간구함이 생겨나며, 이것으로부터 찬양과 감사의 행위가 생겨납니다. 그런 것은 우리가 하나님께 돌려드리는 영광의 증언입니다. 하나님께서 먼저 우리에게 요구하시는 것은 하나님의 성호의 진실함을 거룩하게 구별하는 것입니다. 이런 것에, 그 위대함과 훌륭함에 합당한 경배를 하나님께 드린다는 숭배가 더해집니다.

이 숭배를 여러 다양한 의식이 보조 수단 또는 도구로서 도와줍니다. 이는 몸과 영혼이 하나가 되어 하나님께 대한 예배를 실행하기 위한 것입니다. 그 후에는 자기부정이 이어집니다. 다시 말해 우리가 육적인 것과 세상을 거절하고, 새롭게 변화되고 창조되어, 마음이 새로워지는 것입니다. 이것으로 우리는 이제 자기 자신을 위해 살지 않고 하나님의 지배를 받아 활동하며, 하나님께 자신을 맡기게 됩니다. 이런 자기부정으로 우리는 하나님의 뜻에 복종하게 되고, 몸을 드릴 수 있게 됩니다. 이렇게 하여 하나님에 대한 두려움이 우리의 마음을 지배하며, 우리 생명의 모든 행동을 통치하게 됩니다. 하나님이 칭찬하시고 기뻐하시는 유일하고 진실하며 신실한 하나님 예배가 이상의 내용에 포함되었다는 것은 성령이 성서의 모든 곳에서 가르치고 있는 것이며, 또한 경건한 마음이란 그 자체가 장황한 논의를 필요로 하기보다 단도직입적으로 말하고 있습니다. 우리 가운데 단순명쾌한 영적 진리가 구약 시대에는 여러 비유들 가운데 감추어져 있었다는 점을 제외한다면, 하나님께 대한 예배의 방법은 처음부터 이것 외에 그 어떤 것도 아니었습니다. “참된 예배를 드리는 자는 신령과 진정으로 아버지를 예배할 때가 올 것이다”[3]라는 그리스도의 말씀이 의미하는 바도 바

3 요 4:23.

로 이것입니다. 왜냐하면 그분께서 이렇게 말씀하심으로써, 선조들이 이런 영적 방식으로 예배를 드리지 않았다는 것을 말하고자 하는 것이 아니라, 그들과 우리의 서로 다른 점이 단순히 외적인 형식에 지나지 않는다는 것을 보여주시고자 하셨기 때문입니다. 다시 말해서 그들은 많은 비유로 말미암아 명확하지 못한 영을 가지고 있었지만, 우리 가운데서 영은 단순 명백한 것이 되었습니다. 그럼에도 불구하고 영이신 하나님께서 영과 진리로 예배를 받으셔야만 하는 것은 어떤 시대를 막론하고 진리입니다.

더욱이 순수한 하나님 예배와 그렇지 못한 하나님 예배를 식별하는 일반적인 법칙은 우리가 선하다고 생각하는 것을 마음대로 행하는 것이 아니라, 명령권을 가지신 유일하신 그분께서 명하신 것으로 눈을 돌리는 것입니다. 따라서 만약 우리 하나님께서 기뻐하시는 예배를 드리고자 한다면, 하나님께서 여러 곳에서 엄중하게 명령하고 계신 이 법칙을 충실히 지켜야만 할 것입니다.[4] 그런데 주님께서 모든 날조된 예배를 금하시고, 그것을 죄로 규정하시고, 우리에게 그분 자신의 음성에만 순종하도록 말씀하시는 데는 두 가지 이유가 있습니다. 하나는

4 Inst.I.ii.2. 인간이 하나님께 드리는 예배는 마음대로, 또는 제멋대로 드리는 것이 아니라, 합당한 예배를 드려야 한다. "합당한 예배"란 하나님의 율법에 의해서 규정된 대로 드리는 예배다(legitimum cultum qualis in Lege praescribitur); Inst.I.xii.3에서 순수한 하나님 예배와 더러워진 예배를 식별하고 구분하는 방법이 기록되어 있는데, 예배에 관한 모든 "오직 제정권"을 가지고 계신 하나님께서 규정하신 것이 무엇인지를 바라보는 것이, 식별의 기준이라고 명확하게 언급하고 있다.

예배 방식이 하나님의 견실하신 권위에 온전히 속하는 것이므로, 우리가 우리의 판단에 따라서 하나님을 섬기는 것이 아니라 온전히 하나님의 명령에 의거하여 드려야 한다는 것입니다. 또 하나는 우리가 허무한 자들이기 때문에, 만약에 마음대로 예배를 드릴 수 있다고 한다면, 우리는 바른 길로부터 벗어나 방황할 수밖에 없다는 것입니다. 한번 우리가 (바른) 길에서 벗어나게 된다면, 그 후에는 머물 수 있는 곳도 없어지게 되고, 결국에는 많은 미신으로 포장되어 은폐되어버릴 것입니다. 주님께서는 그분 자신께서 전권을 소유하고 계신다는 것을 주장하시기 위해, 우리가 그분의 명령대로 행하고 동시에 인간이 그분의 명령에 거역하고 날조한 모든 것을 배척하기를 원하시고 계신다는 것은 너무나도 당연합니다. 그리고 주님께서 우리가 잘못된 예배를 고안하여 그분의 진노를 사지 않도록, 그분 자신의 입을 통하여 우리를 제한하시는 것 또한 당연합니다. 그럼에도 불구하고 하나님의 말씀에 반대되는 모든 예배를 하나님께서 기뻐하시지 않는다는 사실을 세상 사람들에게 납득시키는 것이 얼마나 곤란한 것인지 저는 잘 알고 있습니다. 사실 "하나님의 영광을 위해 어떤 열심이라도 구실로 삼는다면, 어떤 행위라도 하나님께서 기꺼이 합당하게 받아주실 것이라는 확신이 만인의 골수에 스며들어 있다"고 말할 수도 있습니다. 그런데 만약 우리가 하나님의 명령에 거역되는 것으로서 하나님께 대한 예배를 열심히 기획한다면, 하나님은 그것을 싫어하실 뿐만 아니라, 확실히 증오하실 것입니다. 그렇다면 그렇게까지 하나님께서 반대하시는 것을 행함으로써 우리는 무엇을 얻을 수 있다는 말입니까? 다음과 같은 하나님의 명확한 말씀이 있습니다. "순종하는 것이 제의보다 낫다."[5] 또한 "그들은 인간의 전통에 따라서 무의미하게 나를 예배한다."[6] 하나님의 말씀에 첨가된 모든 것은 거짓입니다. 특히 이 문제에 있어서는 그러합니다. "제멋대로의 예배"(ἐθελοθρησκεία)[7]는 실로 공허합니다. 일단 재판관이 선고를 내린다면, 더 이상 논쟁할 시간은 없는 것입니다.

그런데 폐하시여, 원하옵건대 저희에게 다음의 것을 승인해주십시오. 그리고 영예로운 제후 여러분이시여, 제가 드리는 말씀에 유의해주십시오. 그렇습니다. 오늘날 그리스도교 세계의 여러 곳에서 행해지는 하나님께 드리는 예배의 모든 기초가 지금까지 말씀드린 방식으로부터 얼마나 동떨어져 있는지에 유의해주시기를 바라는 것입니다. 참으로 사람들은 하나님께 모든 선한 것의 영광을 돌려드린다고 말은 하지만, 실제로는 하나님의 완전함을 성인들에게 분할하여, 그 반을 아니 그 대부분을 무용지물로 만들어버렸습니다. 적대자들이 조롱받을 만큼 받도록 내버려둡시다. 그들은 자신들이 날조한 가치 없는 오류가 저희에게 있다고 주장하면서 과장되게 우리를 중상하고 있습니다만, 이것도 하고 싶은 만큼 하도록 내버려두고자 합니다. 사실 저는 만인이 그것을 분명하게 인정하고 있듯이, 솔직하게 제시하고자 합니다.

5 삼상 15:22.
6 마 15:9.
7 골 2:23; Inst.I.ii.2.

마치 성인들이 지고하신 하나님의 친구가 되어 그 역할을 받아들이고, 하나님께서 수많은 성인들 가운데로 감추어져 버린 것처럼 하나님의 역할이 성인들 사이에 이리저리로 분할되어버렸습니다. 제가 탄식하는 것은 세상 모든 사람이 비속한 격언으로 표현하고 있는 것 외의 그 어떤 것도 아닙니다. 왜냐하면 "사도들은 주를 알지 못했다"는 말은 "사도들이 최고로 높아져서 그리스도의 위엄이 어디론가 사라졌다는 것, 아니면 적어도 애매하게 되었다"는 의미가 아니고 무엇이겠습니까? 예레미야가 말하듯이, 세상은 이런 오류로부터 "생수의 근원을 버리고, 구멍 나고 부서진 웅덩이를 판다"[8]는 것을 배웁니다. 다시 말해서 그들은 구원과 모든 선한 것을 어디에서 찾고 있는 것입니까? 그것은 하나님 안에만 있는 것이 아닙니까? 그런데 사람들의 보통 생활은 모두가 이것과 반대됩니다. 실로 "하나님 안에서 구원과 모든 선한 것을 찾는다"고 말하지만, 그들은 하나님과는 다른 곳에서 그런 것을 찾고 있기 때문에 그 변명은 거짓일 뿐입니다.

이런 것에 대한 분명한 증거는 첫째로 하나님께 드리는 기도를 부패시키고, 더 나아가 이것을 완전히 뒤집어 없애버리는 여러 가지 악덕입니다. 우리는 이미 "기도로 말미암아 인간이 하나님께 합당한 영광을 돌리고 있는지 어떤지를 음미해야 한다"고 말했습니다. 그러므로 인간이 하나님의 영광을 하나님께로부터 탈취하여 이것을 피조물에

8 렘 2:13.

게로 옮겨놓았는지 어떤지도 이런 관점에서 명확히 이해할 수 있을 것입니다. 하나님께 드리는 진실한 기도에는 단순한 탄원 그 이상의 것이 요구됩니다. 말하자면, 인간의 영혼이 다음과 같은 것을 확신하고 있지 않으면 안 됩니다. "하나님께서는 인간이 그곳으로 피할 수밖에 없는 유일하신 분이시다. 왜냐하면 하나님만이 위급할 때 도와주실 수 있기 때문이며, 또한 그렇게 도와주시기를 원하고 계시기 때문이다"라는 사실을 말입니다. 그러나 하나님께서 우리를 그분 자신에게로 부르시는 명령과 그 명령에 덧붙여 우리의 기원을 들어주실 것이라는 약속에 우리의 눈을 고정시키지 않는다면, 누구든지 지금까지 말한 것을 이해하기가 어려울 것입니다. 그런데 이 원칙적인 명령이 지켜지지 않습니다. 왜냐하면 일반 사람들이 하나님께만 아니라 천사와 죽은 자를 향해서도 기도하기 때문입니다. 어떤 배운 사람들은 하나님을 대신하여 그들에게 기도하지는 않지만, 그러나 그들을 중보자로 생각하여 기도하고 싶은 것을 그들의 중보에 의해서 하나님으로부터 얻고자 합니다. 그렇다고 한다면 오로지 그리스도의 중보에 의해서만 견지되어 온 약속은 어디로 가버린 것입니까? 유일한 중보자가 되신 그리스도를 지나쳐버리고, 사람들은 각각 자신들이 고안해낸 수호성인 아래로 들어갑니다.[9] 설령 그리스도께 장소가 주어진다고 하더라도, 그분이 성인들의 친구가 된 듯이, 그들 사이에 감추어져 있습니다. 망설임이

9 유일하신 중보자이신 그리스도를 배제하는 타락이다; Inst.II.xvi.18.

나 불신 이상으로 하나님께 드리는 진실한 기도에 반대되는 것은 없습니다. 그럼에도 불구하고 그런 것들이 바른 기도의 규칙으로 적절하게 통용되고 있습니다. 어떻게 해서 이렇게 되었는지 말씀드리자면, 그 이유는 하나님께서 우리에게 기도를 요구하고 계신다는 것과, 그리스도를 도움의 주님으로서 우리에게 보내어주셔서 그분의 이름으로 우리의 기도가 상달되도록 허락해주셨다는 사실이 얼마나 큰 힘이 되는지를 세상 사람들이 이해하지 못했기 때문입니다. 여기에 덧붙여, 일반적으로 교회에서 행해지고 있는 의식적인 기원을 음미해야 할 것입니다. 왜냐하면 그런 기원들이 무수한 오점으로 더럽혀져 있다는 것이 분명하기 때문입니다. 따라서 이런 기원을 보게 된다면, 하나님께 드리는 예배가 얼마나 오염되어 있는지를 판단하게 됩니다. 감사를 드리는 행위 역시 부패해 있습니다. 그것의 증거는 공적 찬송가입니다. 그곳에는 마치 성인들이 하나님의 친구가 된 듯이, 그들에게로 모든 축복의 찬양이 옮겨져 버렸습니다.

그렇다면 기도에 관하여 어떻게 말하는 것이 좋습니까? 사람들은 하나님께 드리는 고귀한 숭배를 조각이나 그림에 대해서도 동일하게 적용하고 있지는 않습니까? 그들의 광기와 이교도들의 광기가 어떤 의미에서 서로 다르다고 생각하는 사람은 뭔가 잘못된 것입니다. 왜냐하면 하나님께서는 단순히 돌에 절하는 것뿐만 아니라, 섬기기 위해 돌에 신성을 부여하고자 하는 것까지도 금하고 있기 때문입니다. 이처럼 혐오스러운 것을 옹호하는 자들이 오늘날 말하는 모든 구실은 이미 이방종교들이 자신들의 불경건을 감추기 위해 사용한 것들입니다. 실로 하나님 대신에 성인들이, 아니 그들의 뼈와 의복이나 신발이나 초상이 예배를 받고 있는 것은 명확합니다. 그런데 여기서 간사한 꾀를 부리는 자들은 다음과 같이 말하면서 저를 반대합니다. "절하는 것에도 여러 종류가 있다. 일반적으로 숭배(dulia)라고 말하는 것의 경의는 여러 성인이나 그들의 초상이나 뼈에 드리는 것이다. 예배(latria)는 하나님께만 드려지는 것으로서, 하나님을 위해서 따로 떼어놓은 것이다. 그러나 광기가 심해졌기 때문에, 축복받은 동정녀(마리아)를 다른 사람들 이상으로 높여 올려서 대숭배(hyperdulia)라는 단계까지 고안하게 되었다"고 말입니다. 이것은 마치 그런 우상에게 절하는 자들이 이런 미묘한 구별을 숙지하고 또 마음에 새기고 있다는 듯한 말투입니다. 그런데 오늘날 세상은, 성서의 예언자들이 (성서의) 모든 곳에서 그렇게 호되게 매도했던 옛날 애굽 사람들의 우상숭배에 뒤지지 않을 정도로 조야하고 (말하자면) 감각적인 우상숭배로 가득합니다.[10] 이상의 여러

10 감각적인 예배에 대한 칼뱅의 질책은 호되다. 우상숭배는 물론이거니와 감정과 감각적인 요소에 호소하는 예배 역시 비성서적이며, 칼뱅은 아주 부정한다(Inst.I.xi.4); 또한 예를 들자면 칼뱅이 시편가를 중요시하는 이유는, 인간이 만들어낸 노래가 경박하며, 이단적인 요소가 스며들 우려가 있다고 보았기 때문이다. 예배 음악이 감각적인 즐거움을 위해 사용된다는 것을 염려한 부분이기도 하다. 찬양은 시대를 반영한다고 할 수 있지만, 칼뱅의 하나님 중심에 의한 예배는 찬양조차도 하나님 말씀인 시편(sola psalmum)으로 드리려고 했다. 아마도 칼뱅이 루터의 Hymn과 같은 찬양을 처음으로 들었던 것은 1534년경이다. 그러나 그 후에 1537년 제네바에서 『교회규칙』을 제안할 때 "시편을 공동기도로서 부르는 것은 교회의 덕을 세우기에 유익하다"고 설명한다.

관점에 관해서는 후에 보다 상세하게 논할 것이기 때문에, 지금은 그 하나하나에 관하여 간단히 언급하는 것으로 그치겠습니다.

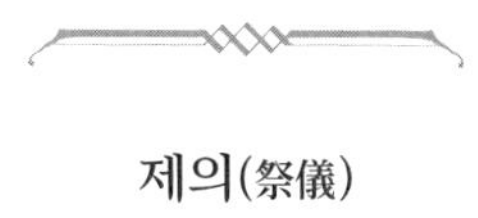

## 제의(祭儀)

먼저 제의에 관하여 말하고자 합니다. 제의라고 하는 것은 (본래) 하나님께 드리는 예배에 대한 엄숙한 증언이 되지 않으면 안 되는 것이었지만, 오히려 하나님을 조롱하는 수단이 되고 말았습니다. 왜냐하면 하나님께서 명확한 음성으로 폐지하셨던 그 유대교를 대신하여 새로운 유대교가 여기저기로부터 수집된 유치하고 우매한 행동으로 다시 나타났는데, 우리 종교가 가진 위엄보다도, 오히려 익살스런 연극 같은 불경건한 의식과 이교도에서 유래된 저속한 의식이 혼합되어 있기 때문입니다. 이런 유대교가 가진 첫 번째 죄는 하나님께서 그분 자신의 권위로 단호하게 폐지하신 수많은 의식을 다시 요구했다는 것입니다. 두 번째 죄는 제의란 삶을 경건하게 살아가는 실천이어야만 하는데 세상에는 쓸모없는 무익한 제의가 많다는 것이며, 세상 사람들이 아무런 생각 없이 여기에 몰두하고 있다는 것입니다. 그러나 이보다 더욱 악질적인 것은 그들이 이런 몇 개의 의식으로 하나님을 우롱하면서도 의무를 다했다고 생각하는 것이며, 또한 경건과 하나님께 드리는 예배의 모든 본질이 이런 제의 가운데 포함되어 있다고 생각하는 것입

니다.[11]

## 회개

새로운 생명으로 거듭나는 것의 기초가 되는 자기 부정에 관하여 말씀을 드리자면, 이 교리가 인간의 마음으로부터 완전히 사라져버렸든지, 아니면 거의 감추어져 소수의 사람들 아니 아주 적은 숫자의 사람들만이 알고 있다는 것입니다. 그러나 주님께서 첫째로 권고하시는 것은 영적 희생입니다. 이것은 우리가 옛 사람을 죽이고 새로운 사람으로 거듭나는 것입니다.[12] 설교자들은 아마도 이런 말씀에 관하여 더듬거리며 무엇을 말했는지도 모릅니다. 다시 말해서, 그들이 문제의 본질을 파악하고 있지 못하다는 사실은 우리가 하나님께 드리는 예배의

11 예배를 드리는 횟수가 많다는 것만으로 우리가 예배생활을 하고 있다고 평가받기는 어렵다. 매 순간이 하나님 앞에서의 예배라고 한다면, 예배는 삶 그 자체다. 참된 예배는 오래된 의식들의 족쇄를 벗어버리고, 하나님께 드리는 예배 안에서 영적인 것만을 붙잡는 것이다. 영적인 것만을 소유해야 한다는 것은, 예배의 의식들이 유일하신 중보자되신 예수 그리스도를 가로막아버리는 일들이 일어나서는 안 된다는 것이다. 다음을 참조하라. 칼뱅, 『요한복음 주석』 4:23

12 이 부분에서 칼뱅은 회개의 중요성을 역설한다. 칼뱅에게 있어 중생이란, 회개를 의미한다. III.iii과 IV.xv.8를 참조하라. 회개란 우리가 자신을 버리고 자아가 죽는 것이며, 더 나아가 하나님을 기쁘시게 하는 것으로 새롭게 거듭남이다. 다르게 말하면, 회개란 칼뱅에게 있어 중생이며, 중생의 유일한 목적은 우리 안에서 하나님의 형상을 회복하는 것이다. 이것은 또 다른 의미에서 평생을 행하는 구원의 작업이다.

이런 부분을 재건하려고 노력하고 있지만, 그들이 적극적으로 반대하고 있다는 사실로부터 명확하게 드러납니다. 그들이 우연히 회개에 관한 논의를 한다 할지라도, 중요한 점들을 완전히 무시하고 조금만 언급할 뿐이고, 오히려 육체의 외적 행위에 관하여 지겹도록 논합니다. 이것은 바울이 말하고 있듯이, 큰 도움이 되지 못합니다.[13] 이런 과오에 대하여 더 이상 인내하기 어려운 것은 사람들이 이처럼 심각한 오류에 의해서 본질보다도 그림자를 추구하며, 진실한 회개를 경히 여기고, 오히려 금욕이나 철야 또는 그 외 바울이 "이 세상의 천박한 여러 영력"[14]이라 부르는 것에 전력을 집중하기 때문입니다.

"하나님께 드리는 참된 예배를 잘못된 예배로부터 식별하는 표식은 하나님의 말씀이다"라고 말씀드렸습니다.[15] 이것으로부터 오늘날 일반적으로 행해지는 하나님께 드리는 예배형식이 부패 그 자체라는 사실을 쉽게 결론 내릴 수 있습니다. 왜냐하면 사람들은 하나님께서 명하신 것이나 기뻐하시는 것에 주목하지 않고, 자기들의 기분에 맞는 방식으로 이것에 몰두하고 있기 때문입니다. 정말로 그들은 예배를 제

13 골 2:23; 딤전 4:8.

14 갈 4:9.

15 참된 하나님 예배는 하나님의 말씀에 의해서 규정된다. 따라서 성서의 가르침에 따른 예배이기에, 성서 이상의 어떤 인간적 고안물에 의해서는 하나님께 나아갈 수가 없다. 그것은 하나님의 말씀에 의한 것이기에 간결 단순하다. 곧 그리스도의 중보를 통해서 드려지는 예배이기 때문이다. 중보자 되신 예수 그리스도를 통하지 않고는 결단코 하나님을 기쁘시게 못한다.

멋대로 고안할 자격이 자기들에게 있다고 착각하며, 따라서 하나님께 순종하기보다는 그것을 하나님께 밀어붙이고 있습니다. 만약 우리가 말한 것 가운데 어떤 잘못된 것이 있다고 생각하신다면, 사람들이 그것에 의해 스스로 하나님을 예배하고 있다고 생각하는 그 모든 행위를 음미해주시길 바랍니다. 저는 그런 모든 행위 가운데, 인간의 머리로부터 불손하게 생겨나지 않은 것이 하나도 없다고 감히 말씀드립니다. 하나님께서 날조된 모든 예배를 배척하시고 정죄하시고 저주하시기 때문에, 우리가 더 이상 어떤 것을 바랄 수 있겠습니까? 하나님께서는 우리를 단순히 순종 가운데 머물게 하시기 위해 우리를 말씀의 고삐로 매신 것입니다. 우리가 이 멍에를 벗어버리고, 자기가 만들어낸 것으로 방황하며, 인간적인 불손에 의해 날조된 예배를 하나님께 드릴 때, 그런 예배가 아무리 우리의 기분에 맞는다고 하더라도 하나님 앞에서는 부족할 수밖에 없는 무익한 것이며, 또한 불결하며 더러운 것입니다. 인간적 전통을 옹호하는 자들은 여러 아름다운 색채로 그것을 치장하고 있습니다. 바울도 그런 것 가운데 지혜로운 것이 있다고 인정합니다(골 2:23). 그러나 하나님께서는 모든 희생보다도 오히려 순종을 높이 평가하시기 때문에, 어떤 예배라 할지라도 그것이 하나님의 명령에 의해서 인정되지 못한다면 배척되어야 하는 것이 당연합니다.

## 구원의 인식

그런데 저희가 앞에서 그리스도교 교리 가운데 또 하나 중요한 것은 인간이 어디에서 구원을 찾아야 하는지를 인식하는 것이라고 말씀드렸습니다. 우리가 구원을 인식하는 것에는 다음의 세 단계가 있습니다. 다시 말해 우리는 먼저, 우리를 죽은 자처럼 완전한 절망으로까지 이르게 하는 자기 자신의 비참함에서 출발하지 않으면 안 됩니다.[16] 이는 우리의 본성에서 원초적으로 이어지는 악성이 모든 악의 원천으로서 우리에게 제시될 때 일어나는 것입니다. 이것은 우리 안에 불신, 하나님께 대한 반항, 교만, 탐욕, 정욕 및 모든 종류의 잘못된 욕망을 만들어내고, 우리를 모든 정의로부터 멀어지게 하고, 죄의 멍에 아래 사로잡힌 자로 만듭니다. 이렇게 하여 각 사람은 자신의 죄가 드러나게 되고, 자신의 추악함에 너무 기가 막혀서 자기 자신에게 정나미가 떨어지고, 자신과 그 모든 소유를 무(無)로 생각할 수밖에 없게 됩니다.

16 구원의 인식은 인간 자신의 "비참"함에 대한 인식에서 출발한다고 칼뱅은 주장한다. "우리가 자신의 비참함과 빈곤을 인식하지 못한다면, 우리는 그리스도께서 우리를 위해 가져온 처방의 가치를 결코 깨닫지 못할 것이다"(『이사야서 주석』). 또한 『기독교 강요』 2권 1-5장은 인간의 타락과 비참에 관하여 설명하고 있다. 『기독교 강요』 II.ii.1, "선한 것은 아무것도 소유하지 못하고 있으며, 어느 면으로 보더라도 가장 비참한 빈곤에 포위당하여 있는 것이 인간이다"; 「하이델베르크 교리문답」, 제1부에서 인간의 비참에 관하여 문답을 하고, 제1문에서 "유일한 위안" 즉 그리스도 예수에 의한 구원을 가르치고 있다. 나의 죄와 그로 말미암은 비참이 얼마나 큰 것인가를 깨닫는 것으로부터, 이 모든 죄와 비참함으로부터 어떻게 구원을 받게 되는가? 그리고 구원받은 자로서 어떻게 감사하는 삶을 사는가는 개혁신학의 중요한 가르침이다.

그러나 이것으로 말미암아 양심은 하나님의 심판대 앞으로 소환되어 그 저주를 알게 되고, 마치 영원한 죽음을 선고받은 것처럼 하나님의 노여움에 대한 두려움을 배우게 됩니다. 여기에 첫 번째 단계가 있다는 것을 저는 말씀드리고 싶습니다. 이 단계에 이르게 되면, 인간은 망연자실하여 모든 육체의 도움에 대하여 절망하게 됩니다. 그리고 완악해져서 하나님의 심판에 반항하기도 하며, 감각을 상실한 자처럼 신경이 마비되는 것이 아니라 오히려 두렵고 떨려서 고투 가운데 도움을 간구하게 됩니다. 따라서 그는 다음 단계로 나아갈 수밖에 없는 상태가 됩니다.

두 번째 단계는 그가 그리스도를 인식함으로써 힘을 얻고 다시 숨을 쉬는 것으로 말미암아 생겨나게 됩니다.[17] 왜냐하면 지금까지 언급해 온 것과 같은 방식에 의해서 겸허하게 된 인간에게는 그리스도께로 방향을 바꾸고, 그 은혜로 말미암아 비참한 상태로부터 구원받는 것 외에 다른 방법이 없기 때문입니다. 그러나 그리스도께 구원을 바라는 자는 그 진리를 파악하는 자이며, 그분이야말로 우리를 아버지와

17 『기독교 강요』 2권에서 칼뱅은 먼저 인간의 비참을 가르친다. 그러면서 예수 그리스도 구속주 되신 하나님에 관한 인식을 가르친다. 이중적 신인식(duplex cognitio Dei) 즉 "창조주 하나님을 아는 지식"과, "구속주 하나님을 아는 지식"은 칼뱅의 『기독교 강요』의 1권과 2권의 첫머리를 장식한다. 물론 그 가운데 "인간(나)를 아는 지식"이 중간에 자리를 차지한다. 다시 말해서, 나를 인식하는 것은 곧 나의 비참을 인식하는 것이요, 나의 비참을 인식하는 것은 나의 유일하신 위로가 되신 예수 그리스도를 인식하는 것이다. 「하이델베르크 신앙문답」 제1부 제1문을 참조하라.

화해하게 하시는 유일하신 제사장으로 인식하는 자이며, 또한 그분의 죽음으로 죗값이 치러지고 하나님의 심판이 만족되어 참되고 완전한 의를 얻을 수 있는 유일한 희생으로서 그분을 인식하는 자입니다. 말하자면, 하나님 앞에서 의롭게 되기 위한 행위를 자기와 그리스도 사이에 분할함이 없이, 이것을 그리스도의 완전하시고 값없는 은혜의 행위로 인식하는 자를 말합니다. 이제 이 사람은 이 단계로부터 세 번째 단계로 나아가지 않으면 안 됩니다. 그것은 그리스도의 은혜와 그분의 죽음과 부활의 열매를 배우고, 견실한 신뢰를 가지고 그분께 의지하여 그리스도가 자기의 것이며, 그분 안에 의와 생명이 있음을 확신하는 것입니다.

## 칭의

그런데 지금까지 말씀드린 이런 가르침들이 얼마나 심각하게 왜곡되었는지 여러분은 잘 아실 것입니다. 원죄에 관하여 여러 가지 성가신 문제가 스콜라 신학자들에 의해서 제기되었습니다. 그런 것으로 그들은 인간의 치명적 병을 가능한 한 경감시키려고 했습니다. 왜냐하면 그들이 원죄에 관하여 논할 때, 이것을 식욕이나 성욕 같은 자유 방종한 것과 동일한 것으로 간주해버리기 때문입니다. 다시 말해, 불신앙과 미신이 흘러나오는 마음의 맹목과 허무함, 영혼 속에 있는 불의, 교만, 욕심, 정욕, 그 외 숨겨진 악에 관하여 그들은 한 마디도 말하지 않는다는 것입니다. 그들의 설교 또한 조금도 건전하지 못합니다. 자유의지에 관하여 그들이 말하는 것은 루터나 그 외의 사람들이 나타나기 이전에 언급되었던 것과 같은 것으로, 인간으로 하여금 자기 자신의 무능에 관한 생각으로 채워서, 마치 공기로 부풀리듯 함으로써, 성령의 은혜와 도움에 관한 어떤 여지도 남겨두지 않습니다.

행위의 공적(功績)이 일부분 동시에 인정되지 않는다면, 우리가 말하는 의(義)라는 영예를 그리스도께 적용하지 않습니다. 여기서 우리가 논하고자 하는 것은 "경건한 사람들이 반드시 선을 행해야 하는가? 그런 선행을 하나님께서 받으시는가? 하나님 앞에서 실로 공적을 가질 수 있는가?" 등이 아닙니다. 문제는 "그런 선행 그 자체가 가지는 가치 때문에 우리가 하나님과 연결될 수 있는가? 그런 가치에 의해서 영원한 생명을 얻을 수 있는가? 그런 선행이 죗값을 제거하는, 즉 하나님의 심판에 대해 지불해야 하는 배상금이 될 수 있는가? 또한 그런 선행 가운데 구원의 확신을 두어야 하는가?"입니다. 따라서 인간으로 하여금 그리스도보다도 오히려 자기 자신의 행위에 눈을 돌리도록 명령하는 이런 오류를 공격하는 것입니다. 왜냐하면 이런 오류의 문제는 하나님을 인간의 편의에 적당하게 맞추어 하나님의 은혜를 공적으로 획득하고 영원한 생명을 받아서, 요컨대 자신들이 하나님 앞에서 의롭게 되는 것을 바라보기 때문입니다. 따라서 기본적으로 그들은 마치 하나님께서 자기들에게 의무를 부여하신 것처럼 행위의 공적을 자랑합니다. 그러나 실제로 그것은 교만이라는 정신의 파멸적 도취가 아니고 무엇이겠습니까? 왜냐하면 그들은 그리스도를 섬기는 대신에 자기 자신을 섬기고, 죽음의 심연에 빠져 있음에도 생명을 가지고 있는 것처럼 꿈꾸고 있기 때문입니다. 제가 특히 이 문제에 관하여 과장되게 생각하고 있다고 여기실지도 모르겠습니다. 그러나 모든 학교나 교회당에서 일반적으로 가르치고 있는 가르침은 다음과 같습니다. 다시 말해서 하나님의 은혜가 행위의 공적에 의해서 획득되지 않으면 안 된다는 것, 영원한 생명이 행위로 말미암아 획득되어야 한다는 것, 선행의 도움에 의해서 지탱되지 않는다면 구원의 확신이라는 것이 불손한 것이 된다는 것, 우리가 하나님과 화해하는 것은 선행으로 죗값을 치루는 것에 의한 것으로서 죄를 값없이 사하시는 용서에 의한 것이 아니라는 것, 또한 선행이 영원한 생명을 얻게 하는 공적이 된다는 것, 이런 것에 의해서 그리스도의 공로에 의해 무상으로 의롭게 되는 것이 아니라 그것이 율법의 언약에 의한 것이라는 것입니다. 또한 인간이 하나님의 은혜로부터 멀어질 때 하나님과 화해할 수 있는 것은 죄를 값없이 용서하시는 용서가 아니라, 이른바 도움이 될 만한 공적을 가지고 하나님을 만족시킬 만한 행위에 의한 것이며, 그리고 죄인에게는 그리스도와 순교자의 공적이 하나님을 만족시키기 위한 보조수단으로서 주어진다는 것입니다.[18] 이상이 일반적으

18 『기독교 강요』 제2권 마지막 장에서, 칼뱅은 유일한 중보자이신 예수 그리스도의 공로의 구원론적 의미와 가치를 다루고 있다. "그리스도의 공로는 하나님이 값없이 주시는 은총을 배제하지 않고 그 은총에 앞설 뿐이다"(II.xvii.1). 구원은 오직 예수 그리스도의

로 가르쳐지고 있는 가르침입니다. 루터가 이 세상에 나타나기 이전에는 모든 사람이 이런 불경건한 생각에 포로가 되어 있었다는 것은 분명한 사실입니다. 오늘날에도 여전히 우리의 가르침에 대하여 적대자들이 열심과 완고함으로 공격하지 않는 부분이 없습니다.

이제 마지막으로 가장 두려운 오류가 있습니다. 그것은 단순히 여러 곳에서 인간의 마음을 점령하고 있을 뿐만 아니라, 그것을 의심하는 것조차 악한 것으로 생각할 정도로, 신앙의 주안점의 하나로 간주되고 있습니다. 그것은 말하자면, 신자가 끊임없이 자기 자신에 대한 하나님의 은혜에 관하여 의심하고, 또 불안한 양심을 가져야만 한다는 것입니다. 이 악마적인 공상으로 말미암아 믿음의 힘은 온전히 상실되어버렸고, 그리스도의 은혜는 사라져버리고, 인간의 구원은 뒤집어졌습니다.[19] 왜냐하면 그리스도교의 믿음이란 바울이 말하듯이(롬 5:2) 그것으로 말미암아 우리의 마음에 신뢰의 마음이 일어나서 우리가 하나님 앞에 감히 설 수 있도록 하는 믿음이기 때문입니다. 그가 다른 곳에서 다음과 같은 말하는 것도 동일한 사실을 명확히 밝히고 있

공로를 기초로 하여 선물로 주어진다.

19 그러나 예수 그리스도 그분은 어제나 오늘이나 영원토록 동일하신 분이시다(히 13:8). 그리스도는 언제나 그분 자신이시며, 동일하신 분이시다. 그리스도가 어떤 분이신가에 대한 인식이, 그리스도 인식의 근본이 된다. 역사적 예수와 신앙적 예수 같은 구별은 칼뱅에게서 찾아보기 힘들다. "믿음의 확실성"에 관한 칼뱅의 이해는 예수 그리스도의 동일하심에 근거하면서, 또한 그 확실성을 영생으로까지 바라보게 한다. 참고. III.ii.40; IV.i.20.

습니다. "우리는 아들의 신분을 얻게 하는 증언을 가지고 있지만, 그것은 성령께서 마음에 인 치신 것이라. 이 믿음에 의해서 우리는 하나님을 아버지라고 부르짖느니라"(롬 8:15-16).

그럼에도 불구하고 우리의 적들이 그들의 제자들에게 요구하는 망설임은 하나님의 약속에 대한 모든 믿음을 허무하게 만드는 것 외에 어떤 목적이 있겠습니까? 바울은 "만약 상속이 율법에 의한 것이라고 한다면 신앙은 무의미한 것이 되며, 약속 또한 무효가 되어버릴 것이다"(롬 4:14)라고 주장하고 있습니다. 왜 그럴까요? 그것은 율법이 인간을 불안하게 하고, 확고한 신뢰를 갖고서 평안을 가지지 못하도록 하기 때문입니다. 바꾸어 말하자면, 그들은 바울이 요구하는 저 확실함으로부터 쫓겨나 배척된 인간을 바람에 흔들리는 갈대처럼 억측으로 몰아붙이는 신앙을 꿈꾸고 있습니다. 그러나 그들이 구원의 확신을 일단 행위의 공로에 기초하게 만든 이상, 이런 모든 부조리 가운데로 빠져버린 것은 조금도 이상한 일이 아닙니다. 그들이 저 절벽에서 이 파멸의 [밑바닥]으로 떨어진 것은 필연적입니다. 실제로 인간이 자기 자신의 행위로부터 의심과 결국에는 절망이라는 것 외에 어떤 것을 발견할 수 있겠습니까? 그러기에 우리는 오류가 오류를 부른다는 것을 알고 있습니다.

## 성례전

혁혁한 공을 세우신 폐하 및 높고 영예로운 제후 여러분이시여, 제가 앞에서 말씀드린 것처럼, 인간의 생명이 영혼에 의한 것과 같이 교회의 구원은 이 교리에 의한 것임을 생각해주시길 바랍니다.[20] 만약에 이 가르침의 순수성이 조금이라도 더럽혀진다면, 교회는 이미 치명적인 상처를 입은 것이 됩니다. 그러므로 만약에 제가 이 가르침의 대부분이 소실되어버렸다는 것을 증명한다면, 이는 교회가 빈사의 상처를 입었음을 의미할 것입니다. 지금까지 저는 무엇에 덧붙여 이것에 관하여 언급했지만, 앞으로는 이 점에 대해 보다 명확하게 설명하고자 합니다.

앞에서 몸과 비슷하다고 말씀드린 것, 즉 (교회의) 다스림과 성례의 집행에 관하여 논하고자 합니다. 그런 것은 마치 외적인 모습에 결함이 없다고 할지라도, 만약 그 가르침이 틀렸다면 그 자체의 힘과 효력은 상실되고 말 것입니다. 그런데 내외적으로 전혀 건전한 것이 없다고 한다면 어떻게 되겠습니까? 이 사실을 설명한다는 것은 결코 곤란한 일이 아닙니다. 예전에 관하여 말하자면, 첫째로 인간이 고안한 제의를 그리스도에 의한 오의(奧義)와 같다고까지 생각한다는 것입니다.

20 교회의 거룩함을 객관적 성례전에서 찾고자 하는 것은 칼뱅의 이해다. 주님께서 말씀과 성례전으로 하나님의 백성 가운데 임재하신다. 따라서 그러한 성례전은 장차 성취될 날을 바라보는 종말론적 사건이다(III.xxv.8). 칼뱅은 예배의 요건으로서, 주님의 말씀 설교(prédication de sa parole) 또는 공적 기도(oraisons publiques et solennelle), 성례전의 집행(administration des ses Sacrements)을 들고 있다. OS. II.13.

왜냐하면 일곱 예전이 무비판적으로 수용되고 있지만, 그리스도께서 명하신 것은 그중 오로지 두 개였다는 사실이며, 그 외의 다른 예전은 인간의 권위에 기초를 둔 것이기 때문입니다.[21] 그런 예전이 마치 그 안에 그리스도를 포함하는 것처럼, 또한 하나님의 은혜가 덧붙여진 것처럼 생각합니다. 더욱이 그리스도께서 제정하신 두 개의 예전이 두려운 방식으로 오염되었습니다. 세례는 많은 가치 없는 부가물로 덮이고 감추어져, 여러분이 참되고 순수한 세례의 흔적을 조금도 인정할 수 없을 정도입니다. 성만찬 역시 다양한 부수물로서 무의미한 것이 되었을 뿐만 아니라 완전히 다른 형태로 바뀌어버렸습니다. 그리스도께서 어떤 방식으로 무엇을 집행하라고 명령했는지 그것은 아주 명료합니다. 그런데 실로 그분의 명령은 경솔한 것으로 간주되었고, 연출적인 연기가 고안되어 급기야 그것은 성찬으로 대체되어버렸습니다. 사실 미사와 주님의 진실한 성찬 사이에 어떤 유사점이 존재합니까? 그리스도께서 말씀하신 명령에 의하면, 신자는 서로 주님의 몸과 피의 거룩하신 표징을 나누지 않으면 안 됨에도 불구하고, 미사에는 마치 파문과 같은 것이 보입니다.[22] 왜냐하면 사제는 회중으로부터 떠나서

21 참고. 루터의 『교회의 바벨론 포로』(*De captivitate Babylonica ecclesiae praeludium*, 1520)에서, 성례전에 대한 비판이 논해지고 있다. 성례전에 대한 가톨릭교회의 망상을 이해하기 위하여 본 논문과 함께 읽어야 할 논문 가운데 하나다. 존 딜렌버거 편집, 『루터 저작선』(크리스챤다이제스트), 314-432.

22 성찬은 communio, 공유, 교제라는 의미. 그러나 미사에서는 excommunicatio, 파문과 같다라는 의미. 「웨스트민스터 신앙고백」 29장 4장에서 말하듯이, 성례를 사제가 혼

사람들에게 배찬되어야 할 것을 혼자서 먹어버리기 때문입니다. 그리고 그는 아론의 계승자로서 민중의 죗값을 보상하기 위한 희생을 드리는 것과 같은 시늉을 합니다. 그러나 그리스도께서 언제 어디서 희생에 관하여 언급하셨습니까? 그는 우리에게 "취하여 먹고 마셔라"고 명령하셨을 뿐입니다. 어느 누가 사람들에게 수용되는 것을 희생을 드리는 것으로 바꾸도록 허락했습니까? 이런 변화에는 그리스도의 불변하시고 항구적인 명령을 인간이 자기 멋대로의 형식에 복종하도록 만든 것 외에 어떤 목적이 있겠습니까? 이것은 무거운 죄악입니다. 그러나 보다 심한 미신은 이 행위를 은혜를 획득하는 공적으로서, 살아 있는 자와 죽은 자에게 적용한다는 것입니다. 더욱이 이와 같이 그리스도의 죽음의 효력을 무익한 연극과 같은 시늉으로 바꾸어, 그리스도께로부터 그분의 영원하신 사제의 영광을 박탈하여 인간에게로 돌렸다는 것입니다. 사실 백성이 성만찬으로 부르심을 받았다고 할지라도, 그 반쪽에만 참여할 수밖에 없게 된 것입니다. 왜 이렇게 되어야만 하는 것입니까? 그리스도께서는 모든 사람에게 잔을 주시고, 또한 모든 사람에게 그것을 마시도록 명령하셨습니다. 그런데 이 사람들은 신자들의 모임에서 잔에 손을 대지 못하게 합니다. 이렇게 하여, 그리스도의 권위라는 누구도 풀 수 없도록 엮인 표징의 매듭이 인간의 탐욕에 의해서 풀리고 있다는 것입니다. 그뿐만 아니라, 세례와 미사 사이의 거룩

자서 받는다든지(고전 10:6) 하는 것은 본래의 뜻에서 어긋난다고 지적한다.

한 구별은 마법의 주문과 전혀 다르지 않습니다. 왜냐하면 그들은 숨을 내뿜는 것과 중얼거리는 것으로, 또한 이해할 수 없는 소리로 신비함을 만들어낼 수 있다고 생각하기 때문입니다. 그것은 마치 그리스도께서 신비한 것을 만들어내시기 위해 자신의 말씀을 중얼대기를 원하셨고, 분명한 소리로 말씀하시는 것을 원치 않으셨다는 것과 같습니다. 복음서에는 세례의 능력과 성격 및 집행방법이 명확하게 표현되어 있습니다. 만찬 때, 그리스도께서 빵에 관하여 중얼거리신 것이 아니라, 명확한 말씀으로 사도들에게 말씀하셨습니다. 다시 말해서 그분은 약속의 말씀을 하셨으며, 믿는 자들이 서로 공통의 신앙고백을 언명하도록 명령을 더하신 것입니다. 그런데 지금은 그런 선언 대신에 신비스럽게 주문을 낭독하고 있지만, 이는 성례전보다도 앞에서 언급했듯이 마술과 같은 것입니다. 이것의 첫째 과오는, 제의의 견물(見物)이 백성들에게 제시만 될 뿐이지, 그것이 가지는 의미나 진리에 관하여는 아무런 언급도 하지 않는다는 것입니다. 왜냐하면 예전의 집행은 (사람들의) 눈에 보이는 것이 하나님의 말씀에 의해서 설명될 때, 처음으로 표징이 그 의미를 가지게 되기 때문입니다. 이처럼 백성은 성례전에서 눈을 즐겁게 하는 무익한 형태 외에 그 무엇도 보지 못하며, 그들을 참된 목적지로 인도하는 어떤 가르침도 들을 수 없기 때문에, 외적인 행위에 고착할 수밖에 없습니다. 이런 것으로부터 저 무시무시한 미신이 생겨납니다. 다시 말해서, 사람들은 구원받기 위해 예전만으로도 충분하다고 생각함으로써 회개나 믿음이나 그리스도 그분에 관하여 아무런 생각도 하지 않고, 단지 (눈에 보이는) 표징을 진리로 착각하여 붙들고 있는 것입니다. 그리고 "죽을 죄로 말미암아 방해받지 않는 이상, 예전은 그 자체로 유효하다"라는 불경건한 교리가 단순히 일반적으로 무지한 사람들 사이뿐만 아니라 학교에서와 모든 곳에서 가르쳐지고 있습니다. 이는 마치 예전이 우리의 손을 끌어서 그리스도께로 인도하기보다는 다른 목적으로 사용되도록 주어진 것과 같습니다. 말하자면, 그들은 빵을 경건한 의식에 의해서가 아니라, 오히려 잘못된 주문으로 성별한 후에 이것을 작은 상자에 넣어 사람들로 하여금 그리스도 대신에 그것을 섬기고 기원하도록 하며, 때로는 야단스럽게 들고 다닙니다. 이렇게 하여 어떤 위험이 다가오면, 마치 유일한 도움인 것처럼 그 빵으로 도망가서 모든 재난에 대하여 이것을 부적처럼 사용하며, 하나님께 용서를 간구하고자 할 때에는 최고의 상죄(償罪)로 이것을 사용합니다. 이는 마치 그리스도께서 예전 가운데서 자신의 몸을 내어주셨을 때, 그것이 모든 종류의 장난에 의해서 마치 모독되기를 원하셨던 것과 같습니다. 도대체 그 약속의 내용이 무엇이겠습니까? 우리가 그분의 성만찬을 받을 때마다, 그분의 몸과 피에 참여하는 것 외에 그 무엇이겠습니까? 그분은 말씀하셨습니다. "먹고 마시라. 이것은 나의 몸이요, 나의 피라. 이것을 기념하여 지켜라"고. 우리는 여하튼 약속이라는 이런 제한 속에 놓여 있습니다. 따라서 그리스도께서 그곳에서 제공하시고자 하는 것을 얻고자 하는 사람들은 그 제한 속에 자기 자신을 억제하지 않으면 안 된다는 사실을 이해할 수 있습니다. 따라서 성찬을 합당하게 받지 못할지라도, 자기들은 보통 더러운 빵과는 전혀 다른 빵을 가졌다고 생각하는 자들은 오류를 범하고 있는 것입니다. 또한 성찬이 돈벌이 수단과 그 목적을 위해 규정된 것처럼, 이것을 가증스럽게 매매에 이용하는 것은 일반적으로 모든 사람이 범하고 있는 모독입니다. 그리고 이런 종류의 상거래가 아무도 모르게 비밀스럽게 행해지는 것이 아니라 거래소에서 공공연하게 행해지고 있습니다. 각 지방에서 얼마나 많은 미사가 상업화되어 있는지는 잘 알려진 사실입니다. 다른 예식들도 각각 그 가격이 결정되어 있습니다. 요컨대 바르게 관찰해본다면, 교회당은 상점과 다름이 없으며, 상업화되지 않은 예식은 하나도 없습니다.

## 교회의 다스림

저는 교회정치의 악폐에 관한 여러 문제점을 헤아리고 싶지만, 이것을 말씀드리자면 끝이 없을 것입니다. 따라서 속일 수 없는 몇 가지 아주 심한 악폐에 관하여 간단히 언급하고자 합니다. 첫째로, 그리스도에 의해서 정해진 목사직은 이미 오래전에 한물가버렸습니다. 감독이나 목사(그 이름이 무엇이든)를 그리스도께서 교회에 임명하신 것은, 바울이 말했듯이, 그들로 하여금 건전한 교리로 교회를 세우시기 위함이었습니다. 이 규칙에 따르자면, 교사의 임무를 다하는 자가 아니면 누구도 교회의 참된 목사가 될 수 없습니다. 그런데 오늘날 목사의 칭호를 가진 자는 모두 이 책임을 타인에게 맡기고 있습니다. 가르치기 위해 강단에 올라가는 감독은 백 명 가운데 한 명 있을까 말까 한 상황입니다.[23] 그런데 이것은 결코 이상한 일이 아닙니다. 왜냐하면 감독들이 세속의 정치가처럼 행세하고 있기 때문입니다. 하급 목사도 그리스도의 명령과는 전혀 관계가 없는 보잘것없는 시늉으로 자기의 임무를 다했다고 생각하며, 또한 감독을 닮아 영혼을 위한 배려를 타인의 손에 맡겨버립니다. 그 결과, 성직을 대여하는 일은 농장을 대여하는 일만큼이나 흔한 것이 되어버렸습니다. 저희가 더 이상 많은 실례를 말씀드릴 필요가 있겠습니까? 그리스도께서 우리에게 맡겨주신 영적인 통치는 완전히 사라져버렸고, 새로운 아니 날조된 통치형태가 도입되었습니다. 그것이 설사 어떤 이름으로 거래되고 있을지언정 그분의 영적 통치와는 전혀 다른 것입니다. 그 상위(相違)란 이 세상과 그리스도의

23 칼뱅에게 있어 직분(ministerium)이란 무엇보다도 말씀에 대한 직분을 가리킨다. 목사, 신학교사, 장로, 집사라는 네 직분을 일반적으로 주장한다고 이해되고 있다. 칼뱅의 목회 개념을 여기서 고찰하기란 어렵다. 그러나 그의 목회개념은 성찬에 합당하게 참여하게 하기 위한 것이라고 할 수 있다. 따라서 성찬에 참여하는 것은 말씀과 결부되어 있기 때문에, 그것은 선포와 더불어 가르침이다. 참고. 『기독교 강요』 IV.iii.6. 따라서 교회 목사의 첫 번째 임무는 하나님의 말씀에 의해서 양육하는 것이며, 건전한 교리를 공적으로나 사적으로 가르침으로써 교회를 세우는 것에 있다(IV.iv.3; IV.xii.2.). 더 나아가 칼뱅은 disciplina(치리, 권징 또는 규율)로 번역될 수 있는 교회적 훈련을 중요시했다. 목회는 어떤 원리, 기술, 운동, 정신배양, 성공 등과 같은 개념을 포함하지 않는다. 목회란 하나님의 말씀을 개인의 한 영혼 한 영혼에 적용하는 것이다. 즉 말씀의 지배에 사로잡혀서, 죄 용서의 확립으로 나아가게 하는 것이다.

나라가 서로 다른 것과 같습니다. 만약 누군가가 그들이 임무를 다하고 있지 않다고 하여 그 책임을 성직자의 품급(직위) 그 자체의 탓으로 돌려서는 안 된다고 말하면서 반대한다면, 저는 오히려 이런 악이 모든 곳에서 만연하기 때문에 사회적 관습이 되어버렸다고 답변하고 싶습니다. 두 번째로, 만약 모든 감독들이나 또한 이들에게 종속된 사제들이 각 부서에 머물면서 오늘날 그들의 직업으로 간주되는 일을 하고 있다고 하더라도, 그것이 그리스도의 참된 명령과 어떤 관계가 있을까요? 그들은 교회당에서 찬송을 부르고, 불평도 하고, 무대의복으로 몸을 감싸고 과시하면서 많은 제의를 집행하곤 합니다. 그러나 사람들을 가르치고자 하는 마음은 희박하다 못해 거의 없는 것과 같습니다. 그리스도의 명령에 근거해보자면, 주님의 말씀으로 자기 양떼를 먹이지 않는 자에게는 누구도 감독이나 목사라는 이름을 붙일 수 없습니다.

교회를 다스리는 자들은 다른 사람보다도 선한 생활의 모범을 보여야 함에도 불구하고 오늘날 이런 지위를 가진 사람들은 그런 점에서 자기들의 소명에 얼마나 합당한 삶을 살고 있습니까? 가령 이 세상의 타락이 극도에 달한다고 할지라도, 이 이상으로 모든 종류의 치욕들로 가득한 성직자의 품급은 없을 것입니다. 만약 그들이 그런 죄가 없다고 하면서 제가 말하는 것을 논파할 수 있다면, 그것은 오히려 제가 바라는 바입니다. 저는 기쁜 마음으로 물러가고자 합니다. 그러나 그들의 악행은 모두 사람의 눈에 폭로되었으며, 그들의 끊임없는 탐욕과 정욕은 분명하며, 용서받을 수 없는 그들의 교만함과 잔인함도 명확합니다. 음란한 춤 소리가 집 전체를 요동시키고, 집안이 도박으로 정신을 잃고, 음주나 노래로 야단법석을 떠는 것을 마치 당연한 것처럼 여기고 있습니다. 그들은 쾌락이나 진미를 마치 빛나는 덕(德)처럼 자만하고 있습니다. 다른 것은 차치하더라도, 그들이 이것 하나만으로도 각별하게 존경받기를 원하고 있는 독신제도, 이것에 얼마나 많은 더러움이 존재합니까? 저는 이것을 폭로할 수밖에 없습니다. 만약 침묵함으로써 그것이 개선된다고 한다면, 저는 오히려 숨겨놓고 싶습니다. 이미 더럽고 추한 것이 다른 사람에 의해서 충분히 명확하게 되었기 때문에 저는 은폐된 것을 밝혀내고 싶지는 않습니다. 저는 묻고 싶습니다. "도대체 음탕한 죄를 면죄받는 성직자가 몇 명인지?"라고 말입니다. 아니, 오히려 이렇게 묻고 싶습니다. "얼마나 많은 성직자들의 집이 매일 광란으로 악평이 높은가?"라고. 또한 "그들은 그 분방한 정욕으로 얼마나 많은 건전한 가정을 더럽히고 있는지" 말입니다. 그러나 저는 그들의 악덕을 폭로하는 데 쾌감을 느끼는 것은 아닙니다. 또한 그것은 제가 바라는 바도 아닙니다. 그러나 오늘날 모든 곳에서 성직 직분을 가진 사람들이 보여주는 생활이 그리스도와 교회를 진실로 섬기는 사람이 가져야 할 합당한 생활로부터 얼마나 동떨어져 있는가를 생각하는 것은 유익합니다.

교회를 다스리는 입장에 있는 사람들이 규칙에 따라 올바로 선출되며, 또한 그 직분을 임직 받는 것은 교회통치에 있어서 하찮은 문제가 아닙니다. 우리에게는, 그것으로 모든 선거가 음미되어야만 하는 규칙이 하나님의 말씀으로부터 주어졌습니다. 또한 이전의 교회회의에서 결정된 많은 사항이 있습니다. 이것에 의해서 바른 선거방법에 필요한 모든 것을 주의 깊고 면밀하게 규정했습니다. 이것에 대하여 우리의 적대자들은 "교회법에 의한 선거에는 오로지 하나의 예증만이 있을 뿐이다"고 공언합니다. 저는 그들의 승리를 인정하고 싶지만, 그러나 우리는 성령이 바울의 입을 통하여 말씀하신 것처럼(디모데서와 디도서) 목사가 어떤 시험을 받아야 하는지 알고 있습니다. 이것에 관해서는 옛날 교부들도 인정했습니다. 그런데 오늘날 감독을 선출함에 있어 그런 시험이 고려되고 있는 것입니까? 아니, 그런 위계로 올라간 자들 가운데 도대체 몇 명이나 교회의 합당한 교역자로서 필수적인 여러 가지 은사들 가운데 적어도 어느 정도는 소유하고 있는지, 저는 알고 있습니다. 말씀 사역자를 세움에 있어 사도들이 어떤 질서를 지켰습니까? 그 후에 원시교회가 어떤 질서를 따랐습니까? 그리고 최종적으로 고대 교회법이 어떤 질서를 지키도록 명하고 있습니까? 만약 오늘날 이런 질서가 경솔하게 여겨지고 배척당하고 있다는 사실을 제가 탄식한다면, 이 탄식은 정당한 것이 아니겠습니까? 만약 "모든 품위가 짓밟히고, 극도의 파렴치한 악행으로 말미암아 어떤 것들이 악화되고 있다"라고 제가 말한다면, 어떤 문제가 발생하겠습니까? 실로 이런 사실을 모르는 사람은 한 사람도 없습니다. 왜냐하면 교회의 여러 가지 명예는 약속한 가격으로 매수당해버렸고, 힘으로 갈취당했고, 망측한 추종의 손아귀로 빠져버렸기 때문입니다. 그러한 것은 마치 매춘이나 그것과 비슷한 행위에 의한 수익과도 같습니다. 요컨대 세속 직업의 경우보다도 훨씬 더 부끄러운 일이 그곳에서 일어나고 있습니다.

그런데 교회의 통치가 이토록 더럽혀졌지만, 교회를 다스리는 자들이 자기 자신들에게만 죄를 범하고 아니면 적어도 나쁜 예로만 타인들에게 악영향을 끼친다면, 그나마 다행입니다. 그런데 다른 모든 악 이상으로 보다 심한 것은 그들이 보다 가혹한 폭정, 더욱이 그것도 영혼에 대한 폭정을 행사하고 있다는 것입니다. 사실 오늘날 교회권력이 과시하는 것은 영혼을 가장 비참한 노예상태로 묶어놓는 제멋대로의, 무법적으로 영혼을 지배하는 것이 아니고 그 무엇이겠습니까? 그리스도께서는 사도들에게 예전에 하나님께서 예언자들에게 부여하신 것과 같은 권위를 주셨습니다. 그것은 그분을 대신하여 사람들에게 보냄 받은 자의 역할을 수행하는 것으로 제한하셨습니다. 따라서 파견받은 자가 그 받은 명령을 충실하고 신중하게 실행해야 한다는 것은 보냄 받은 자의 역할에 주어진 영원한 규칙입니다. 이것은 "너희가 가서 모든 백성에게 너희에게 전한 모든 것을 가르치라"(마 28:19)는 사도들에 대한 명령에서 가장 잘 표현되고 있습니다. 이와 같이 전해야 하는 것은 다름 아닌 복음이지, 그 무엇이든지 다 좋은 것은 아닙니다. 만약 그들의 계승자들에게 어떤 권위를 부여받았는지를 묻는다면, 베드로가 "교회에서 말하는 모든 자는 하나님의 말씀을 말하지 않으면 안 된다"고 명한 것을 답변해야 할 것입니다. 그런데 오늘날 교회의 지도자가 되어 섬김을 받기 원하는 자들은, 자기들이 말하고 싶은 것은 무엇이든지 말해도 되며, 또한 말하는 것은 무엇이든지 음미조차 하지 않고 들어야 할 것이라고 마음대로 생각하고 있습니다. (만약 이 점에 관하여 비난한다면) 이에 대하여 그들은 다음과 같이 답변합니다. "그것은 중상모략이다. 왜냐하면 우리는 성령에 의해서 계시된 것을 우리 자신의 권위로 확증한 것 외에 어떤 권리나 주장도 하지 않기 때문이다. 따라서 우리는 신자들의 양심을 우리의 것으로 만들거나 또는 정욕에 따르게 하는 것이 아니라, 오로지 우리에게 계시된 성령의 말씀에만 따르도록 하며, 이것을 보다 견고하게 타인에게 고지하는 것이다." 이것은 아주 영리한 변명입니다. "그들이 그들 자신의 손을 통하여 성령으로부터 받은 것에 주저 없이 따라야 할 것이다"라는 데 관해서는 의심하는 자들이 없을 것입니다. 그러나 그들이 "자신들은 성령에 의해서 지배받고 있기 때문에 성령의 말씀 외에 어떤 것도 말할 수 없다"든지, "자기들은 진리의 대회당에 앉아 있기 때문에 자기들이 말하는 것은 모두 진실일 수밖에 없다"고 덧붙인다면, 그들은 그런 방식으로 자기들의 권력을 마음대로 평가하고 있는 것이 아니겠습니까? 왜냐하면 만약 그들의 자의(적인 말)를 모두 (성령의) 말씀으로 생각해야 한다면, 그들의 지배권은 어떤 제한도 없는 무한정한 것이 될 것입니다. 자신들이 규정하는 모든 것은 하늘로부터 받은 명령이기 때문에 받아들여야 한다고 명령할 정도로, 백성의 인내력을 무제한적으로 남용한 자가 지금까지 그 어디에 있었습니까? 물론 폭군은 자기가 명령한 것은 어떤 것이라도 지키기를 바랍니다. 그러나 이들은 그 이상의 것, 즉 그들이 꿈꾸는 것을 우리에게 밀어붙임으로써 "(그런 것을) 성령이 말씀하시는 것으로 우리가 믿지 않으면 안 된다"고 강요하는 것입니다.

이처럼 권력으로 무장한 그들이 얼마나 가혹하고 부당하게 신자들의 영혼을 노예적 굴종으로 속박했는지를 우리는 잘 알고 있습니다. 법에 법을 더하여 가지만, 그런 것은 양심의 올가미가 될 뿐입니다. 왜냐하면 그들은 그런 법을 외적 질서가 아니라 영혼의 영적인 내면적 지배에 적용하기 때문입니다. 이처럼 터무니없는 엉터리 법이 아무런 제한도 없이 너무 많이 만들어졌습니다. 이 많은 법은 미로와 다를 바가 없습니다. 이것들 가운데는 양심을 고통스럽게 하고 번민하게끔 하기 위해 만들어진 것으로 생각되는 법도 있습니다. 더욱이 그런 법을 준수하는 것이 마치 그 가운데 경건함의 모든 본질이 존재하는 것처럼 엄격하게 요구되었습니다. 하나님의 명령은 어겨도 문제가 되지 않고 대수롭지 않게 여기고 큰 벌도 주지 않으면서, 인간이 만든 법을 어기면 최고의 죗값을 요구합니다. 교회는 이 폭정의 멍에에 의해서 압박받고 있는데, 만약 누군가가 이것에 이의를 제기하면 그 사람은 즉각 이단으로 단죄되어버립니다. 말하자면 마음대로 한숨을 쉬는 것조차 중죄에 해당되는 것입니다. 또한 그들은 도저히 감당할 수 없는 이 지배권을 확보하기 위해 유혈까지도 허용하는 교령을 가지고, 백성이 성서를 읽고 이해하는 것을 금하며 또한 그들의 권위에 관하여 이의를 주장하는 자들을 맹렬하게 비난합니다. 이 제어할 수 없는 가혹함은 날마다 가중되어 종교에 관하여는 어떤 문제도 제기되는 것을 허용하지 않는 상황에 이르게 되었습니다.

하나님의 진리가 이처럼 많고 짙은 암흑으로 질식되어가고, 종교가 이처럼 많은 불경건한 미신에 의해서 더럽혀지고, 하나님께 드리는 예배가 무서운 모독에 의해서 타락되어 하나님의 영광이 무시되고, 구속의 은혜가 많은 잘못된 생각으로 은폐되고, 행위에 관하여 파멸적인 확신에 열중한 자들이 그리스도 외에 다른 곳에서 구원을 찾고, 성례전의 집행이 일부분 상처 받아 균열이 보이며, 일부분 많은 날조에 의하여 첨가되고 부패되었고, 일부분은 억척스런 돈벌이로 모독되어버렸고, 교회의 통치가 완전히 혼란과 황폐 가운데 빠져 목사직에 앉아 있는 자들이 그 무엇보다도 부패한 삶으로 교회를 심하게 멍들이고, 둘째로는 영혼에 대하여 가장 가혹하며 유독한 폭정을 행사하고, 모든 종류의 오류로써 짐승 취급하는 방식으로 인간을 파멸로 인도했을 때, 이런 때 루터가 나타났고 또 그를 이어서 다른 사람들이 나타났습니다. 그들은 마음을 다하여 종교를 이처럼 많은 오탁(汚濁)으로부터 정결케 하고, 본래의 순수한 경건한 가르침으로 되돌려놓고, 교회를 이처럼 심한 재앙으로부터 조금이라도 인내할 수 있는 상태로 회복할 수 있도록 수단과 방책을 간구했습니다. 우리가 오늘에 이르기까지 걸어온 길은 이런 행로였습니다.[24]

**24** emerisit Lutherus, exstiterunt deinde alii, qui, coniunctis studiis, rationes viasque

지금까지 말씀드린 여러 가지 결함을 개선하기 위해 우리가 적용한 치유책에 관하여 말씀드리겠다고 첫 부분에서 말씀드렸기 때문에, 지금 여기서 그것을 논해야 할 것 같습니다. 그러나 이는 우리가 더듬어 쫓아온 방법에 관하여 설명하기 위한 것이 아니라(왜냐하면 이것에 관해서는 나중에 말씀드리기 때문입니다), "우리의 노력이 최악의 상태에 빠진 교회를 조금이라도 개선하는 곳에 있다"는 것을 명확하게 하고자 하는 데 있습니다. 지금까지 많은 사람이 격렬한 중상모략으로 우리의 가르침을 공격해왔으며, 또한 지금까지 매일 공격하고 있습니다. 어떤 자들은 설교 가운데서 큰소리로 우리의 가르침을 공격하고, 다른 사람들은 저술 속에서 이것을 비난하고 중상합니다. 어느 편 사람이든 무지한 사람들에게 우리의 가르침을 악평하기 위하여 그들은 많은 자료들을 모으고 있습니다.

그러나 혁혁한 공을 세우신 각하시여, 저희가 각하께 올려드린 우리의 신앙고백이 세상 사람들의 수중에서 저희가 얼마나 부당하게, 그리고 이렇게 많은 혐오스런 범죄에 의해서 고통을 당하고 있는지를 확실히 증명하고 있습니다. 현재 우리가 그렇게 하고 있는 것처럼, 지금까지 우리는 언제나 우리의 가르침의 근거를 명확하게 하고자 준비해왔습니다. 간단하게 말씀드리자면, 저희의 가르침 가운데 우리가 공적

quaesierunt, quibus repurgari a tot inquinamentis religio, pietatis doctrina restitui in suam puritatem, ecclesia ex tanta calamitate in tolerabilem aliquem statum colligi posset. In hoc cursu adhuc hodie pergimus(473).

으로 고백하지 않은 어떤 것도 저희는 교회에서 말하지 않습니다. 어떤 의미에서든지 그들이 제시하는 문제점은 신앙고백 가운데에 알기 쉽고 공정하게 설명되고 있으며, 그중 어떤 것 하나라도 저희의 동역자들이 상세하게 논하기를 힘들여서 설명하지 않은 것이 없습니다. 이런 것으로 말미암아 우리가 모든 불경건함과 얼마나 동떨어져 있는지를 공평하게 판단할 수 있는 자들에 의해서 분명하게 밝혀질 것입니다. 실제로 "세상 사람들로 하여금 이른바 무지의 깊은 암흑으로부터 구원받아 성서를 읽도록 권고하고, 또한 성서를 보다 바르게 이해하도록 많은 노력을 기울이며, 특히 그리스도교 가르침의 몇몇 유익한 점들을 분명하게 알려서 사람들을 행복하게 했다"는 점에서, 우리 동료가 교회에서 적지 않은 공헌을 했다는 사실은 공평한 사람들이나 불공평한 사람들에게 동일하게 명확한 사실입니다. 지금까지의 설교는 지겨운 반복적 넋두리, 또는 이것에 뒤지지 않은 꾸며낸 이야기 외에 거의 다른 이야기를 들을 수 없었습니다. 대학은 떠들썩한 논쟁으로 반향을 불러일으키지만, 성서에 관해서는 거의 말하지 않습니다.[25] 교회

25 In concionibus nihil fere, praeter aniles fabulas, aut commenta non minus inepta, audiebatur. Scholae quaestionum rixis perstrepebant. Scripturae illic rara mentio(473). 설교에 대한 칼뱅의 질타는 오늘날의 현대 교회가 다시 한번 듣고 설교에 대하여 고민하게 하는 이해다. 어떤 설교가 좋다, 나쁘다, 맞다, 또는 틀렸다는 흑백 논리적 접근방식은 문제를 더 복잡하게 만든다. 칼뱅은 강해설교를 했다. 이는 그 당시 개혁가들이 가졌던 특징 가운데 하나다. 물론 그렇기 때문에 강해설교를 해야 한다는 억지는 필요 없다. 중요한 것은 그들이 그런 설교를 통해서 깨닫게 하는, 복음을 알게 하고 묵상하게 하고, 더 나아가 그런 삶을 자연스럽게 살아가도록 했다는 것이다.

의 지배권을 움켜쥐고 있는 자들은 수입이 감소되는 것만을 걱정할 뿐입니다.[26] 그러기에 보릿가루(farinas)[27]의 도움이 된다고 한다면, 그 무엇이든 간단히 인정해버립니다. 우리의 가르침(이것에 의해서 더욱 많은 범죄가 행해졌다고)을 비방하는 아주 불공평한 자들조차도, 저희 동료들이 이상과 같은 악폐를 개선하기 위해 상당한 기여를 했다는 사실을 인정하고 있습니다.

그러나 만약 다른 면에서 우리가 어떤 해를 입혔다고 한다면, 우리의 노력으로부터 교회가 많은 유익을 얻었다 할지라도, 그것이 우리의 책임을 경감시키지는 않습니다. 그러므로 우리의 모든 가르침, 우리의 성례전 집행법, 우리의 교회통치를 음미해주시길 바랍니다. 이 세 가지에 관해서는 우리가 옛날 형식과 전혀 다른 것을 행하고자 하는 것이 아닙니다. 사실 그런 것들 가운데, 우리가 하나님의 말씀이라는 올바른 규범에 따라서 재건하려고 노력하지 않는 것은 하나도 없습니다.

26 Qui Ecclesiae gubernacula tenebant, hoc unum habebant curae, ne quid quaestui decederet(473).

27 돈벌이를 의미함.

# 3 ◆ 진실한 예배와 잘못된 예배[1]

## 진실한 예배

앞에서 언급한 구분으로 돌아가고자 합니다. 교리 가운데 우리 사이에 논의의 중심이 되고 있는 것은 하나님께 드리는 합당한 예배와 우리의 구원에 관한 확신입니다. 그런데 하나님께 드리는 예배에 관해서 저희는 사람들에게 이것에 냉담하거나 소홀하지 않도록 권고합니다. 또한 그 형식을 규정함에 있어서도, 우리는 목표로부터 벗어나지 않도록 하며, 결코 중요한 것을 놓치지 않도록 했습니다. 우리는 하나님의 영광을 이전에 그것이 일반적으로 언급된 것보다 한층 더 높이도록 가르치며, 하나님의 영광과 그 가운데 빛나는 (하나님의) 인자하심이 더욱 나타나도록 신중하게 노력하고 있습니다. 우리는 우리에 대한 하나님의 은혜를 가능한 범위 안에서 찬양으로 노래합니다. 이것으로부터 사람들은 하나님의 위엄을 바라보며, 그 위대함에 합당한 숭경을 하나님께 드리고, 마음으로부터 진실한 감사를 드리며, 하나님께 대한 찬양을 말로 표현할 수 있도록 힘을 얻게 됩니다. 또한 그것에 의해서 그들의 마음속에 하나님에 대한 깊은 신뢰가 생겨나고, 이 신뢰는 그 후에 기

1 474이하.

도를 만들어냅니다. 또한 그것에 의해서 각자는 참된 자기부정을 배우게 되고, 그 결과 하나님께 복종을 결의하게 되며, 자기 자신의 소원을 포기하게 됩니다. 요컨대 하나님께서는 우리로부터 영적인 방식으로 예배 받으시길 원하고 계시기 때문에, 모든 사람에게 하나님께서 우리에게 명하고 계신 영적 희생을 드릴 수 있도록 온 힘을 다하고 이해시키려고 노력하고 있습니다.

우리가 다음과 같은 방식으로 힘을 다하여 사람들을 격려하고 있다는 것은 우리의 대적자들도 부정할 수 없는 사실입니다. 다시 말해 우리는 사람들에게, 하나님께 기대할 수 있는 것 외에 어떤 선한 것도 바라지 않으며, 하나님의 능력을 신뢰하고, 하나님의 은혜로 평안을 얻고, 하나님의 진리에 의지하여 마음 깊은 곳으로부터 하나님께로 돌아가 하나님 아래서 소망으로 가득한 쉼을 얻고, 곤경에 처하는 모든 순간에도 하나님께 기도하며, 하나님으로부터 받은 모든 선한 것을 하나님께 돌려드리고, 찬양의 고백으로 이런 것을 증거하도록 그들을 격려하는 것입니다. 그리고 사람들이 "(하나님을) 가까이 하라"는 것이 어렵다고 생각하여 그만두지 않도록, 우리는 모든 축복의 원천이신 그리스도 안에서 우리에게 제공된 것을 제시했습니다. 우리는 그 원천으로부터 우리가 필요로 하는 모든 것을 건져내는 것입니다. "사람들이 그들 자신의 이성과 육적인 소망 그리고 자기 자신을 온전히 버리고 오로지 하나님께만 순종하고자 결심하며, 자기 자신을 위해서가 아니라 하나님을 위해서 살아가는 자가 되려고 얼마나 열심히 진실한 회

개를 사람들에게 설교하며 권고하고 있는지"는 저희의 저서나 설교가 증명하는 바입니다. 또한 우리는 그런 거듭남에 수반되는 사랑의 외적인 직분과 행위까지도 소홀하게 생각하지 않습니다. 우리는 이런 것이야말로 오류가 없는 하나님께 드리는 견실한 예배의 방식이며, 하나님께서 기뻐하시는 예배로 알고 있습니다. 왜냐하면 그런 것이 하나님의 말씀으로 규정된 것이기 때문입니다.[2] 이것만이 하나님께서 인정하신 그리스도 교회의 유일한 희생입니다.

### 우상예배

그러므로 우리 교회는 모든 미신적인 것을 멀리하고, 경건한 예식으로 예배를 드리며, 하나님의 은혜, 지혜, 능력, 진리 및 그 외의 모든 완전하심을 다른 어느 곳보다 강력하게 전파하며, 그리스도의 이름 안에서 참된 믿음으로 하나님께 부르짖고, 그 은혜를 영혼과 입술로 찬양하며, 사람들을 끊임없이 하나님께 대한 진심 어린 복종으로 돌아서도록, 다시 말해서 하나님의 이름을 거룩하게 하는 데 도움이 되지 않는

2 Haec, inquam, ceta est et minime fallax colendi Dei ratio, quam illi approbari scimus: ut pote, quam verbo suo praescripserit. Haec sola sunt christianae ecclesiae sacrificia, quae testimonium ab eo habeant(474). 상술했지만, 하나님의 말씀에 의해서 규정된 예배로의 개혁이 칼뱅이 말하는 개혁이다. 칼뱅이 말하는 예배는 오늘날 현대교회가 주장하고 행하는 예배와는 많이 다르다.

것은 어떤 것도 말하지 않습니다. 그런데도 기독교 교인이라 자칭하는 사람들이 어떤 이유에서 다음과 같은 공격을 하는 것입니까?

첫째, 세계 여러 곳에서 보게 되는 실로 우매한 미신에 대하여 우리가 엄중하게 비판하고 공격하는 것(당연히 그렇게 해야 함에도 불구하고)을 빛보다 어두움을 사랑하는 자들이 참지 못한다는 것입니다. 하나님을 조각상으로 섬기는 것, 하나님의 이름으로 예배를 날조하여 규정한 것, 사람들이 성인의 형상에 기도하는 것, 죽은 자의 뼈에 신적인 영광을 부여하는 것, 그 외에 저주받을 수밖에 없는 온갖 종류의 것을 우리는 사실 그대로 말하는 데 지나지 않습니다.[3] 그런데 이런 이유 때문에 우리의 가르침을 미워하는 자들은 우리를 매도하며, 이전부터 교회가 인정해온 하나님께 드리는 예배를 전복시키는 이단자로 취급합니다. 그들이 종종 방패로서 가지고 나오는 "교회"라는 용어에 관해서는 나중에 생각하기로 하겠습니다. 여하튼 하나님께 드리는 예배의 이런 수치스럽고 부패된 양상이 폭로되어 있음에도 불구하고, 오로지 그런 것을 옹호하고자 할 뿐만 아니라 은폐하려고 하며, "이것이야말로 하나님께 드리는 (참된) 예배다"라고 뻔뻔스럽게 말하는 것이 얼마나 잘못되었습니까?

그들 역시 우리와 함께 우상숭배가 하나님 앞에서 저주받을 수밖

3 Deum in simulacris adorari, fictitios institui cultus eius nomine, ad sanctroum imagines supplicari, mortuorum ossibus divinos exhiberi honores, et eius generis alia, abominationes, sicut sunt, ita esse clamamus(475).

에 없는 죄악이라는 사실을 고백합니다. 그러나 우리가 화상(畵像)예배를 언급하면, 적대자들은 즉각적으로 반대하여 이전에 우리와 함께 분명히 "죄"라고 말한 죄악을 필사적으로 옹호합니다. 아니, 보다 황당한 것은 그들이 이 용어의 그리스어에 관해서는 우리에게 동의하면서도, 라틴어가 되면 반대한다는 것입니다. 다시 말해서, 그들은 우상예배를 죄라고 여기면서도 화상숭배는 강력하게 옹호한다는 것입니다. 그러나 머리가 좋은 사람들은[4] 화상에 지불하는 경의는 예배에는 존재하지 않는다고 주장합니다. 어떻게 보면 옛날의 우상숭배와 이것을 비교하자면 그 사이에 어떤 차이가 있는 것 같기도 합니다. 즉 옛날의 우상숭배자들은 하늘의 신들을 예배하는데, 그런 신들을 나타내는 물체적 모습을 통하여 예배한다고 변명합니다. 그러나 우리의 적대자들이 말하는 변명 역시 이것과 동일한 것이 아닙니까? 하나님께서 이런 변명에 만족하시겠습니까? 이런 이유 때문에 애굽 사람들이 그들 신학의 비밀로부터 억지소리를 꾸며대어 이것을 날조했을 때, 예언자들이 그런 광기를 신랄하게 비난하지 않았습니까? 우리가 유대인들이 섬겼던 저 놋 뱀을 하나님의 초상으로 숭배된 것 외의 다른 것으로 생각할 수 있겠습니까? 암브로시우스가 말합니다. "이방인들이 나무를 섬기는 것은 그것을 하나님과 비슷한 것으로 생각하기 때문이다. 그러나 눈에 보이는 하나님의 모습은 눈에 보이는 것 가운데가 아니라 눈

4 반의적 표현.

에 보이지 않는 것 가운데 존재한다"고 말입니다.[5] 그런데 오늘날 어떤 일들이 벌어지고 있습니까? 사람들이 형상 앞에 엎드릴 때에, 그 가운데 하나님께서 임재하실 것이라고 생각하지 않습니까? 그들이 하나님의 능력과 은혜를 오로지 조각이나 화상으로만 연결시키고 있는 것이 아니겠습니까? 그들이 기도하고자 할 때, 그런 것들을 향하여 달려가는 것이 아니겠습니까?

저는 여기서 한층 더 조잡한 여러 미신에 관해서는 더 이상 언급하지 않았습니다. 그런 미신들은 일반적으로 널리 알려진 것들이지만, 이것을 무지한 사람들에게만 돌린다는 것은 있을 수 없는 일입니다. 그들은 그런 우상을, 어떤 때에는 꽃이나 화관으로, 어떤 때에는 예복이나 의상이나 띠나 지갑이나 그 외 모든 무익한 것들로 장식합니다. 그들은 우상 앞에서 촛불을 밝히고, 향을 피우고, 또한 그런 우상을 성스럽게 어깨에 메고 돌아다닙니다. 그들이 크리스토포로스(Christophorus)[6]나 바르바라(Saint Barbara)[7] 형상에 기도할 때, 주기도문이나 천사의 축복을 그런 형상을 향하여 읊조립니다. 그런 형상은

5 암브로시우스, 『시편강해』 제118편석의. MSL 15.1262f.

6 3세기경 데키우스(Traianus Decius, 재위 249-251) 황제 때, 소아시아에서 순교함. 그리스어로 "그리스도를 어깨에 메고 간다"는 뜻으로, 사람들을 어깨에 메고 강을 건너다 주는 일로써 생계를 꾸려간 거인으로 알려져 있음. 여행자 및 일반적으로 교통관계를 보호하는 성인으로 일컬어짐.

7 동방교회에서 알려진 성인이며 순교자로 알려져 있다. 아버지에 의해서 관헌에 넘겨져 순교함. 그 기도는 천둥과 불을 막아주는 것으로 일컬어짐. 포병과 소방의 어머니라는 수호성인.

형태가 좋고 그을려 있으면 있을수록 훌륭한 것으로 간주됩니다. 더욱이 이것에 공상과 같은 기적적인 새로운 찬양 이야기가 덧붙여집니다. 예를 들자면 우상 자체가 실제로 무엇을 말했다고 하며, 회당의 불을 발로 껐다고 말하기도 하며, 다른 곳으로 스스로 옮겨갔다고 하며, 또한 어떤 형상은 하늘로부터 떨어졌다는 등으로 이야기를 날조합니다. 세상이 이런 망상이나 이와 비슷한 공상으로 가득하다는 것은 모든 사람이 알고 있는 사실입니다. 우리는 유일하신 하나님께 드리는 예배를 그 말씀의 규범에 따라서 재건하고, 그 재건된 예배를 열심히 지켜서 우리의 교회를 모든 우상숭배 및 미신으로부터 깨끗하게 만들었습니다. 그처럼 (이 점에 관해서) 비난받을 이유가 없는 우리가 우상숭배를 방해함으로써(우리의 이유에 따르자면) 하나님께 드리는 예배를 파괴한 죄를 범했다고 주장합니다. 다시 말해서, 저희의 적대자들은 이것이 우상숭배가 아니라 우상에 대한 숭경이라고 생각합니다.

그러나 성서의 모든 곳에서 나타나는 확연한 증거 외에도 고대교회의 권위 역시 우리를 지지합니다. 지금보다도 훨씬 순수했던 시대의 저술가들 모두가 "지금 이 세상에 나타나는 형상에 대한 남용은 이방인들 사이의 그것과 다르지 않다"라고 기록하고 있으며, 그 당시 그들이 비난의 총구를 돌린 무리 이상으로, 그들이 말하는 모든 것은 현대에도 적용됩니다. 적대자들은 성인의 형상이나 뼈와 유물을 폐기했다는 것만으로도 우리에게 죄가 있다고 주장합니다. 그러나 이것에 대한 답변은 간단합니다. 왜냐하면 이 모든 것이 놋 뱀 이상의 가치가 있는 것으로 생각되어서는 안 되기 때문이며, 또한 그런 것을 제거해야 하는 이유는 놋 뱀은 히스기야가 훼파했던 것들에 열등하지 않을 정도로 강하기 때문입니다.[8] 상술한 것과 같은 매력으로 사람들의 마음을 지금 사로잡고 있는 우상광(偶像狂)이 사람들을 광기에 빠트리려는 여러 이유들이 제거될 때에만 확실히 치유가 됩니다. 우리는 아우구스티누스의 다음과 같은 말이 얼마나 진실한지를 충분히 경험하고 있습니다.[9] "우상을 바라보는 자가 소원하는 것이 이루어지게 될 것이라고 생각하는 마음도 없이 이것에 기도한다든지 절한다든지 하는 사람은 단 한 사람도 없을 것이다." "형상은 입, 눈, 귀, 발을 가지고 있지만, 말도 못하고, 보지도 못하고, 듣지도 못하고, 걷지도 못하기 때문에, 불행한 영혼을 바르게 인도하지 못하고 오히려 왜곡시켜버린다." "상술한 것과 같이 지체의 모양에 의해서 비뚤어진 결과, 육체 가운데 살아 있는 (인간의) 영혼은 그 육체와 같은 모습을 하고 있는 (형상의) 몸이 지각을 소유하는 것으로 판단한다." 유물(遺物)에 관하여 말하자면, 이것으로 말미암아 세상이 얼마나 오염되어 있는지를 말한다면 믿기 어려울 정도입니다. 저는 그리스도의 세 개의 포피를 지적할 수가 있습니다. 동일하게, 그 세 사람이 보았다고 하는, 또한 그것으로 그리스도를 십자가에 못 박았던 14개의 못, 군인들이 제비뽑기를 한 봉제선이 없

8 왕하 18:4.
9 아우구스티누스, 『서한』 49(102.3.19) MSL 33, 377-378; 『시편강해』 113편(영역본에서는 115:4을 제시한다).

는 상의를 대신하는 세 개의 겉옷, 십자가 위에 붙여진 두 장의 판, 그리스도의 가슴을 찌른 세 개의 창, 그가 장사되었을 때 그 몸을 감싼 약 5장의 아마포, 더욱이 최후의 만찬에 사용되었던 모든 그릇 등, 이런 유의 쓸모없는 무수한 것들이 제시되어 있습니다. 유명한 성인으로서 몸을 두 개나 세 개 정도 가지지 않은 사람은 한 사람도 없습니다. 제가 볼 때 오로지 경석(輕石)에 불과한 것이 베드로의 두개골이라 하여 상당히 숭배받고 있는 장소를 지적하지 않을 수 없습니다. 너무나도 부끄러운 일이기 때문에, 더 이상 말씀드릴 기분이 아닙니다. 그러므로 하나님의 교회를 이런 더러움으로부터 깨끗하게 하고자 힘을 다하는 저희를 비난한다는 것은 실로 부당한 처사입니다.

### 영적인 예배

둘째, 우리의 적대자들이 하나님께 드리는 예배에 관하여 저희를 고소하는 이유는 저희가 모든 무익하고 우매하며 또한 오로지 위선만을 위해서 날조된 것을 버리고, 보다 단순 솔직하게 하나님께 예배를 드리자고 주장한다는 것입니다.[10] 우리가 하나님께 대한 영적인 예배를 조금

10 하나님 말씀에 의해서 제정된 예배는 하나님 말씀의 단순성을 동반한다. 즉 말씀 중심의 예배, 불필요한 순서와 요소를 제외된 것이다. 『요한복음 주석』 4:23; IV.x.14에서 "하나님을 더욱 단순하게 경배한다"고 말한다.

도 손상시키지 않았다는 것은 사실 그 자체가 증명하고 있습니다. 실로 그것이 완전히 의미 없는 것이 되고 말았을 때, 우리는 이른바 귀향권(歸鄕權, postliminium)[11]에 의해서 이것을 재건했습니다. 따라서 그들이 우리에게 화를 내는 것이 정당한 것인지 어떤지 보고자 합니다. 교리에 관하여 우리는 예언자들과 동일한 주장을 가진다고 저는 말하고 싶습니다. 왜냐하면 그들은 우상숭배에 이어서, 백성의 잘못된 생각으로 하나님께 드리는 예배(의 본질)를 외관에 두었다는 것에서, 그 무엇보다 엄하게 백성을 공격했기 때문입니다.[12] 그러나 예언자들이 주장한 예언의 중요점은 무엇이었습니까? 만약 제의를 그 자체적으로 평가해본다면, 하나님께서 제의에 관계하시지 않고 또 그것을 중요하게 생각하지도 않으신다는 것입니다.[13] 오히려 하나님께서는 마음의 믿음과 진실함으로 눈을 돌리신다는 것입니다. 또한 하나님께서 많은 제의

11 postliminium. 고대 로마시대에 적군에 사로잡힌 자들이나 빼앗긴 부동산은 법적인 지위를 잃어버리지만, 그러나 귀향하게 된다면 법적 권리가 회복된다는 규정이 있었다. 이것을 귀향권이라고 한다. 그러나 시민들에게 이 권리는 그들이 적군에 포로가 되었을 때, 수치를 당하지 않았어야 한다는 것이 조건으로 제시된다. 한글로 "戰前복귀권"으로 번역되기도 한다.

12 Quod ad doctrinam spectat, dico hic nos communem habere causam cum prophetis. Nam secundum idololatriam, nihil est quod acerbius in populo suo exagitent, quam quod Dei cultum in externo apparatu, falsa opinione, collocabat(477).

13 제의를 명하신 것은 예배하는 자들이 이 땅에 속한 복잡한 행위들로 바쁘게 만드시기 위한 것이 아니라, 오히려 그 마음을 보다 높이 들어 올리시기 위함이었다. 따라서 영적인 예배만이 그분에게 기쁨이 되는 것이다. II.vii.1.

를 명하셨다는 것은 오로지 그런 것이 신앙과 기도와 찬양이라는 순수한 제의의 목적을 위한 것이며, 더욱이 그런 목적에 적합한 이상, 그런 것들을 인정하신다는 것입니다. 예언자들의 모든 책은 이런 것에 대한 증언으로 가득합니다. 앞에서 말씀드렸듯이, 그들이 이 이상 노력한 것이 없을 정도입니다. 우리의 동료(개혁가)들이 나타났을 때, 세계는 이전에 그 예를 찾아볼 수 없을 정도로 심각했고 맹목에 사로잡혀 있었다는 사실은 뻔뻔한 사람이 아니라면 부정할 수 없는 사실입니다. 그러므로 저희 동료들이 예언자들의 질책을 가지고 사람들을 격렬하게 공격하여, 완전히 장난이 뒤섞인 유치한 제의만으로 하나님을 만족시킬 수 있다는 광기로부터 이른바 강제적으로 그들을 각성시키는 것은 당연한 일이었습니다. 또한 사람들의 기억으로부터 잊혀버린 하나님께 드리는 영적인 예배의 가르침도 동일하게 필요 불가결한 것입니다. 지금까지 우리가 이런 두 가지를 충실하게 지켜왔으며, 지금도 힘을 다하고 있다는 것은 우리의 저술과 설교로 충분히 증명되고 있습니다.

그런데 우리는 지금까지 제의를 공격하여 그 대부분을 넘어뜨려 왔습니다만, 이 점에 관하여 우리와 예언자들 사이에 어떤 상이함이 존재한다는 것을 인정합니다. 왜냐하면 그들은 하나님께 드리는 예배를 외면적인 의식으로 가두어버렸다는 점에서 백성을 공격했습니다만, 우리는 하나님 자신에 의하여 규정된 예식에 대한 영광이 인간에 의해서 날조된 무익한 예식에 지불되고 있다는 사실에 불만을 가지기 때문입니다. 그들은 미신을 죄라고 하면서도, 하나님께서 명하시고 또한 시대적 교육이라는 관점에서 볼 때 유익하고 적절했던 많은 제의에 관해서는 불문에 붙여버렸습니다. 여하튼 우리는 근거도 없이 슬그머니 들어와서 남용되고 있으며 또한 시대에 맞지 않은 많은 의식을 바르게 고치기 위해 노력해왔습니다. 만약 우리가 모든 것을 혼란에 빠트리려는 것이 아니라면, 구약과 신약과의 구별, 그리고 율법 아래에서 준수되어야 유익했던 여러 제의가 지금에는 쓸모가 없게 되었을 뿐만 아니라 부조리하며 죄악스럽기까지 하다는 사실을 견지해야 합니다. 왜냐하면 그리스도께서 오지 않으셨고, 또 아직도 그분의 윤곽이 확실히 제시되지 않았던 시대에는 제의가 신자의 영혼에 그분께서 도래하신다는 희망을 심겨주었고 또한 그런 것을 성장시켜주었지만, 지금은 그분의 명명백백한 영광을 오히려 어둡게 만들 뿐이기 때문입니다. 우리는 하나님께서 행하신 것을 잘 알고 있습니다. 다시 말해서, 하나님께서는 일시적으로 명령하신 제의를 영구히 폐지하셨습니다.[14] 우리는 바울의 입으로부터 그 이유를 듣습니다. 첫 번째 이유는 그리스도 안에서 본체가 제시된 후에는 그림자가 사라지지 않으면 안 된다는 것이며, 두 번째 이유는 하나님께서 이제 교회를 다른 방법으로 가르치기를 원하신다는 것입니다.[15] 실로 하나님께서 하나님 자신이 부

14 칼뱅은 구약의 제의 제도를 주석하면서 모든 제의 제도는 모형론적으로 해석하지 않으면 해석이 어렵다고 말한다(II.vii.1). 다시 말하면 모든 것에는 그리스도에 대한 약속이 제시되어 있는 것이다. 따라서 그분께서 오심으로 폐지된 것이다.

15 갈 4:5; 골 2:4, 14, 17.

과하신 속박으로부터 교회를 해방시켜주셨는데, 사람들이 옛 속박을 대신하여 새로운 속박을 부과했다는 것이 얼마나 잘못된 것인지를 우리는 묻고 싶습니다. 하나님께서는 일정한 질서를 규정하셨는데, 이것과 반대되는, 하나님께서 명확하게 인정하지 않으실 질서를 세운다는 것이 얼마나 교만한 일입니까? 무엇보다 가장 나쁜 것은 하나님께서 인간에 의해 날조된 모든 예배를 때마다 엄격하게 금지하고 계심에도 불구하고, 인간이 자신이 만든 것만을 향하여 예배드렸다는 것입니다. 따라서 저희 대적자들이 어떤 이유로 "우리가 이 점에서 종교를 멸했다"고 규탄하는 것입니까? 무엇보다 우리는 그리스도께서 "인간의 전승에 의해서 하나님을 섬기는 것이 무의미하다"라고 선언하셨다는 것과, 그분이 무의미하다고 한 것 외에는 어떤 것도 말하지 않았습니다. 그러나 만약 사람들이 하나님을 무익하게 예배함으로써 무익한 고생을 했다고 한다면 참을 수 있을 것입니다. 그러나 상술했듯이, 하나님께서는 다른 여러 곳에서 하나님의 말씀 외에 그분을 위해서 새롭게 예배를 규정하시는 것을 금지하셨고, 그런 대담한 행위에 대해서는 격렬한 노여움을 내리실 것이라고 단언하시고 또한 결코 가볍지 않은 벌을 과하시기 때문에, 우리가 제시한 개선책이 필요 불가결하다는 것은 명백한 사실입니다.

하나님께 드리는 예배를 위해 인간의 이성에 의해서 고안된 모든 것을 하나님께서 배척하시고 저주하신다는 것을 세상 사람들에게 설득시킨다는 것이 얼마나 힘든 일인지, 제가 모르는 바는 아닙니다. 오류의 원인은 너무 많습니다.[16] 왜냐하면 옛날 격언에서 알 수 있듯이 "누구든지 자기 것은 아름답게"[17] 보이기 때문입니다. 그러므로 우리의 머리에서 나온 것이 보다 더 우리의 마음에 맞을 것이며, 또한 바울이 고백하듯이, 이렇게 날조된 예배는 때로는 "지혜 있는 모양으로 보이기"[18] 위해 만들어진 것이기 때문입니다. 더욱이 그런 것은 우리의 눈에 많은 외면적인 빛남처럼 보이지만 하나님께서 요구하시고 인정하시는 유일한 예배는 그렇게 훌륭한 것이 아닙니다. 그러나 우리의 육적인 성격으로 보아서는 전자가 후자보다도 한층 마음에 흡족할 것으로 생각됩니다. 그러나 위선만큼 인간의 정신을 어둡게 하고, 이 문제에 관해 잘못된 판단을 내리게 하는 것은 없습니다. 왜냐하면 하나님께 예배를 참되게 드리고자 하는 사람들은 마음과 영혼을 드려야 하는데, 사람들은 언제나 이것과는 전혀 다르게 하나님을 섬기려는 방법을 발견하려고 하기 때문에, 그 결과 그들은 예배를 위해서 몸을 복종시키는 의무는 다하고 있지만, 영혼은 여전히 자기 자신에게 사로잡혀 있기 때문입니다.[19] 더욱이 그들은 외면적인 화려함을 과시하여 이 기

16 Neque vero me fugit, quam difficulter hoc mundo persuadeatur: reiicere Deum, atque etiam abominari, quidquid ad eius cultum humana ratione excogitur(478).

17 키케로, 『투스쿨룸 담화록』 V.22.63.

18 골 2:23.

19 Nam cum veros Dei culto res cor et animum oporteat affere, cupiunt semper homines modum seruiendi Deo ab eo prorsus diversum inuenire: ut scilicet, corporis obsequiis erga illum defuncti, animum sibi retineant(479).

교로 말미암아 자기 자신을 이제는 헌신하지 않아도 된다고 생각합니다. 이런 이유로 사람들이 수많은 예배를 좋아하고, 따라서 목적도 질서도 없이 이것에 참여함으로써 불쌍하게도 피곤하고 기진맥진하게 되며, 단순히 영과 진리로 하나님을 예배하기보다는 오히려 영원한 미로에 빠져 방황하기를 원합니다.

그러므로 우리의 적대자들이 우리가 사람들을 안이함과 방종으로 미혹한다고 규탄하는 것은 부당한 중상모략입니다. 만약 자유롭게 선택할 수 있게 된다면, 육적인 인간은 언제나 우리의 가르침의 규정에 따라서 하나님께 예배드리기에 찬성하기보다는, 오히려 무엇이든지 임의대로 예배드리기를 선택할 것이기 때문입니다. 믿음과 회개를 입으로 말하는 것은 쉬운 일이지만, 그런 것을 실행하는 일은 힘들기 때문입니다.[20] 실로 하나님께 드리는 예배를 믿음과 회개 안에 두고자 하는 자들은 인간에 대하여 그 고삐를 늦추지 않습니다. 다시 말해서, 그들이 들어가기를 가장 두려워하는 질서 안으로 끌어들이는 것입니다. 우리는 이것에 대한 가장 확실한 증거를 사실 그 자체 안에 가지고 있습니다. 실로 사람들은 스스로를 수많은 엄격한 규율에 속박시키고, 난행고업에 몸을 혹사시키며, 딱딱하고 무거운 멍에를 짊어지고, 요컨대 아주 성가신 것에 몸을 내맡기는 것을 마다하지 않는데, 정작 그곳

**20** Fidem et poenitentiam facile est nominare: sed res sunt ad praestandum difficilimae(479).

에 마음이 담기지는 않는 것입니다. 이것으로부터 분명한 것은, 우리가 진력으로 설교하는 그 영적 진리 이상으로 인간의 마음과 동떨어진 것이 없다는 사실입니다. 그것은 우리의 적대자들이 그렇게 열심히 추구한 찬란한 외관에 의해서 영적 진리가 은폐되어 있기 때문입니다. 하나님의 위엄 그 자체로 말미암아 우리는 하나님께 예배를 드리지 않으면 안 됩니다. 우리는 하나님께 드리는 예배의 의무로부터 벗어날 수 없기 때문에 남은 길이란, 올곧게 하나님 앞으로 나아가지 않아도 될 만한 우회로를 찾든지, 아니면 외적 제의를 아름다운 가면처럼 사용하여 내면에 있는 악의를 감추든지, 아니면 마음으로부터 하나님께 다가가지 않아도 되도록 몸의 복종을 중간 벽처럼 그 사이에 둔다든지, 이런 어느 것 중의 하나일 것입니다. 이 세상은 이상과 같이 도망가는 길을 버리지 않으며, 또한 그들이 안심하고 하나님과 놀았던 숨겨진 집으로부터 우리가 그들을 백일하에 끌어냈다는 사실에 슬퍼하며 눈물을 흘리는 것입니다.

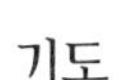

## 기도

기도에 관해서 저희는 세 가지를 개선했습니다. 먼저, 우리는 성인들의 중보가 무효임을 확언하고 사람들을 다시 그리스도께로 불렀습니다. 이것으로 말미암아 그들이 그리스도의 이름으로 아버지께 기도하며, 중보자이신 그리스도를 신뢰하는 것을 배우도록 하기 위함이었습니다. 그리고 우리는 그들에게 첫째로 견실한 신뢰를 가지고, 둘째는 지성을 가지고 기도하는 것을 가르쳤습니다. 왜냐하면 그들이 이전에는 알 수 없는 말로 중얼거리며 혼란스럽게 기도를 했기 때문입니다.[21]

그런데 저희는 첫째로 성인들을 모욕했다는 이유로, 둘째는 신자들로부터 풍성한 은혜를 탈취했다는 이유로 격렬한 비난을 받고 있습니다. 우리는 그중 어느 것도 인정할 수 없습니다. 왜냐하면 우리가 그리스도의 역할을 성인들께로 돌리지 않는다는 것이 결코 성인들을 모욕하는 것이 아니기 때문입니다. 실로 저희는 인간의 혼란과 오류에 의해서 그리고 아무런 이유와 잘못도 없이 성인들께 돌려진 영예 외에는, 그들로부터 어떤 영예도 박탈하지 않았습니다. 저는 명백한 사실이 아닌 것을 단 하나라도 언급할 생각이 없습니다. 우선 무엇보다도, 사람들은 기도하고자 할 때 "하나님께서는 멀리 떨어져 계시기 때문에 누군가 수호자에 의해서 인도받지 않으면 하나님께 다가갈 수 없다"라고 생각합니다. 이런 잘못된 생각들이 무지몽매한 자들 가운데 퍼져 있을 뿐만 아니라, 스스로 맹인을 인도하는 자가 되고자 하는 자들 역시 그렇게 믿고 있습니다. 그리고 수호자를 간구하면서 각자 자기의 길을 가는 것입니다. 어떤 자는 마리아를, 어떤 자는 미카엘을, 어떤 자

**21** Inst.III.xx.6. "절대로 용납되어서는 안 될 또 한 가지 오류가 있다. 생각 없이 중언부언하고 얼버무리는 것"이라고 한다. 그저 기도만 하면 된다는 식은 잘못된 생각이다.

는 베드로를 선택합니다. 그런데 사람들이 그리스도께 대해서는 어떤 장소에서도, 어떤 성인의 리스트 가운데서도 경의를 표하지 않습니다. 아니, 그리스도께서 도우시는 주님으로 임명되었다고 들었음에도 불구하고, 이것이 마치 정체불명의 새로운 일인 것처럼 놀라지 않는 사람이 백 명 중에 한 사람이나 있을까 말까 합니다. 그들 모두는 그리스도를 그냥 지나쳐 버리고, 성인들의 수호에만 의지합니다. 이런 사실로부터 점차적으로 미신이 퍼져가고, 사람들은 하나님께 간구하는 것과 같은 태도로 아무런 생각 없이 성인에게 기도합니다. 저는 사람들이 성인들에게 기도하여 하나님 앞에서 도움을 받고자 하는 것 외에 그 어떤 것도 간구하지 않는다는 것을 무엇보다도 분명하게 말하고 있음을 인정합니다. 그러나 사람들은 그것 이상으로 하나님과 성인들을 구분하는 일을 혼동하여 마음의 충동대로 어떤 때는 하나님을, 어떤 때는 성인들을 불러서 기도합니다. 더욱이 각 성인에게는 각각의 전문적인 영역이 정해져 있어서 어떤 성인은 비를 내리고, 다른 성인은 맑은 하늘을 가져다주고, 또 어떤 성인은 열병을 치유하고, 다른 성인은 난파선을 구원한다는 그런 실정입니다. 그러나 모든 교회를 설치고 돌아다니는 이런 이교도들의 모독적인 망상에 관하여 말하지 않는다 하더라도, 다음과 같은 불경건은 모든 불경건을 대체할 만큼 심각합니다. 그것은 다름 아닌 전 세계의 사람들이 여기저기로부터 돕는 주들을 불러 모음으로써 하나님께서 보내주신 유일한 그리스도를 등한히 여기고, 하나님의 보호하심보다도 오히려 성인들의 수호를 신뢰하고 있다는 것입니다.

우리를 비난하는 자들은(다른 사람들보다도 조금은 공평성을 가졌다는 사람들조차도), 우리가 기도로부터 죽은 성인들에 관한 이야기를 전면적으로 제거했다는 이유로 인해 우리에게 불만을 품고 있습니다. 그러나 우리는 그들로부터 다음과 같은 질문에 대한 답변을 듣고 싶습니다. 다시 말해서 최고의 교사이신 그리스도와 모든 예언자들이나 사도들에 의해 정해진 규칙을 충실히 지키고, 또한 성령께서 성서 가운데 가르치시고, 하나님의 종들이 세상의 시초부터 사도시대에 이르기까지 실행해온 것을 조금도 등한히 여기지 않은 자들이 어떤 이유로 죄를 범하게 되었다고 생각하는지에 관하여 말입니다. 진실한 기도 방법 이상으로, 성령께서 보다 정성스럽게 규정하신 것은 없습니다.[22] 그러나 그곳에 죽은 성인들의 도움을 기대하라는 것을 우리에게 가르치는 말씀은 하나도 없습니다. 수많은 신자들이 드리는 많은 기도가 있지만, 그 가운데 이것들에 대한 실례는 하나도 없습니다. 이스라엘 사람들은 때때로 하나님을 향하여 아브라함, 이삭, 야곱을, 그리고 동일하게 다윗을 생각할 수 있도록 기도했습니다. 그러나 그들은 그런 기도를 통하여 이전에 하나님께서 그들의 선조들과 맺으신 언약을 생각하시고, 그 약속에 따라서 그 자손을 축복해주시기를 바라는 것 외에는

22 Inst.III.xx.5.에서 칼뱅은 말하기를, 유념해야 할 사실은 성령의 도우심이 기도에 필수불가결이라는 것이다.

다른 의미가 없었습니다. 왜냐하면 거룩한 이 조상은 그리스도 안에서 최종적으로 승인되어야만 했던 은혜언약을 그들과 그들의 자손의 이름에 의해서 받았기 때문입니다. 이런 까닭에 이스라엘 교회 성도들은 조상의 이름을 부르는 것으로써 죽은 자들에게 중보를 요구한 것이 아니라, 그들에게 주어졌고, 결국에는 그리스도의 손에 의해서 완전히 실현된 약속을 단순 솔직하게 언급한 데 지나지 않습니다. 따라서 주님이 우리에게 가르쳐주신 기도문을 버리고, 근거도 없는 가르침과 선례도 없는 성인들의 중보를 우리의 기도 가운데 삽입하는 것은 얼마나 미친 호기심입니까? 그러나 이 문제에 관하여 간단히 결론을 내리기 위해서 저는 다음과 같은 바울의 문장을 근거로 말하고자 합니다. 믿음으로 말미암지 않고는 하나님께 대한 진실한 기도가 존재하지 않는다는 것입니다. 그러나 믿음은 하나님의 말씀에서 나옵니다.[23] 만약 제가 틀리지 않았다면, 그는 이 말씀으로 기도의 견고한 토대가 하나님의 말씀 외에 어느 곳에도 존재하지 않는다는 사실을 충분히 보여주고 있습니다. 또한 그는 다른 곳에서 하나하나의 생활 행동에서 믿음, 즉 양심의 확신이 반드시 먼저 필요하다고 명하면서 다른 모든 경우보다도 이 기도의 경우에 특히 그것이 필요하다는 사실을 보여주고 있습니다.[24] 그러나 기도가 하나님의 말씀에 의거한다는 사실에 대한 바울

23 롬 10:14.

24 Et quum alibi in singulis vitae actionbus fidem, hoc est, conscientiae certitudinem necessario praeire iubeat, specialiter in hac, et magis quam in aliis omnibus,

의 증언은 지금의 이 문제에 더욱 타당합니다. 이것은 마치 하나님께서 말씀으로 선행(先行)하시기 전에는, 모든 사람의 입을 여시는 것을 금하고 계시는 것과 같습니다. 여기에 우리를 위한 견고한 벽이 존재합니다. 그것은 음부의 모든 문이 파괴할 수 없었던 벽입니다. 이처럼 한 분 하나님으로부터 명확한 명령이 내려지고, 그 하나님에 의해서 한 분 중보자가 계시며—그분의 중보에 의해서 우리의 기도가 유지되지만—그리고 "우리가 그리스도의 이름으로 구하는 모든 것이 이루어진다"는 약속이 더해지기 때문에, 만약 우리가 인간에 의해서 날조된 모든 무익한 것을 버리고 하나님의 확실한 진리를 따른다고 한다면, 사람들은 분명 이해해줄 것입니다. 실제로 죽은 자들의 중보에 의해서 도움을 받게 된다면 얻고자 하는 것을 보다 쉽게 손에 넣을 수 있다는 이유로 하나님께 드리는 기도 가운데 죽은 자들에 의한 중보를 삽입한 자들은 다음의 두 가지 중 어느 한 가지를 증명하지 않으면 안 될 것입니다. "그들이 진실로 하나님의 말씀에 의해서 그렇게 배웠는가? 아니면 마음대로 인간을 향하여 기도하는 것이 허용되었는가?"라는 것입니다. 그러나 [전자에 관하여 말하자면] 그들은 성서의 증언이나 성도들의 합당한 전례(前例)도 가지고 있지 못하다는 것이 명확하며, 또한 후자에 관하여 말하자면 바울이 "하나님의 말씀으로 기도하는 것을 배운 사람들 외에는 어느 누구도 하나님께 기도할 수 없다"는 것을 선언

requiri ostendit(481).

하고 있습니다. 기도하려고 할 때, 경건한 마음을 준비하여 소유하는 것이 바람직하다는 그 신뢰는 바로 이 점과 관계합니다. 세상 사람들은 결과에 관하여 의심하면서도 하나님께 간구합니다. 왜냐하면 그들은 약속을 신뢰하지 않고, 또한 중보자를 통하여 간구하는 것이 이루어짐에도 불구하고 그 중보자를 가지는 것이 얼마나 중요한 의미를 지니는지 이해하지 못하기 때문입니다. 또한 하나님께서는 우리에게 주저하지 말고 하나님 앞으로 나오라고 명하고 계십니다.[25] 그러므로 참된 믿음에서 출발한 기도는 하나님의 은혜를 얻게 되지만, 전술한 대로 불안이 함께하는 기도는 오히려 하나님을 우리로부터 멀어지게 합니다.[26] 실로 이것이야말로 유일하신 하나님께 드리는 순수한 기도를 이방인들의 모독적이며 불안정한 기도로부터 구별하는 참된 징표가 됩니다. 따라서 믿음이 없다면 기도는 더 이상 하나님께 드리는 예배가 아닙니다. 야고보는 동일하게 다음과 같이 말합니다. "지혜가 부족한 자는 하나님께 간구하라. 왜냐하면 의심하는 자는 바람에 요동하고, 폭풍에 거친 바다 풍랑과 같기 때문이다."[27] 따라서 참된 중보자이신 그리스도를 소유하지 않은 자가 그처럼 불안과 불신으로 요동한다

25 마 21:22.

26 칼뱅은 『기독교 강요』 III.xx.11에서 롬 10:17을 인용하면서, 바울은 기도의 기원을 믿음에 둔다는 사실을 강조한다. 12절에서는 "믿음이 수반되지 않은 기도는 헛된 기도"라고 한다. 기도는 믿음의 가장 중요한 훈련이다.

27 약 1:5, 6. 믿음이란 기도하는 것이며, 기도를 만들어내는 것이라고, 롬 10:14-17에서 논하고 있다.

는 것은 전혀 이상한 일이 아닙니다. 왜냐하면 바울이 말하듯이 우리는 오로지 그분만을 통해서 담대하고 평안하게 아버지께로 가까이 갈 수 있기 때문입니다.[28] 그러므로 우리가 사람들을 그리스도께로 인도할 때, 그들이 곧잘 그렇게 하듯이, 기도할 때 이것저것 생각하여 중심을 잃지 않도록 가르치고 또한 하나님의 말씀에 온전히 의지하도록 명한 것입니다. 하나님의 말씀이 일단 영혼에 들어가게 되면, 믿음에 대항하는 모든 의혹이 그곳으로부터 멀어지게 됩니다.

앞에서 저희가 기도에 관하여 개선했다고 말씀드린 세 번째 결함이 남아 있습니다. 다시 말해서, 사람들이 일반적으로 알 수 없는 언어로 기도하고 있기 때문에 우리는 분별을 가지고 기도해야 하는 것을 가르쳤습니다.[29] 우리의 가르침에 의하면, 각 사람은 기도할 때 자기가 하나님께 무엇을 간구하고 있는지를 이해해야 합니다. 또한 우리 교회의 공적 기도는 각 사람이 이해할 수 있도록 드려져야만 합니다. 하나님께서 비록 이 문제에 관하여 아무것도 명하지 않으셨더라도 자연의 도리가 이것을 교시하고 있습니다.[30] 왜냐하면 기도의 목적은 사람들이 자기의 마음을 하나님 앞에 내어놓는 것으로서, 하나님을 자기가 필요로 하는 것의 증인 및 관계자로 보기 때문입니다. 따라서 지성

28 롬 5:2; 엡 2:18.

29 본문에서 문제가 되는 것은 방언 문제가 아닌 것 같다. 밑에서 칼뱅이 언급하듯이, 백성들이 알지 못하는 라틴어 등으로 기도하는 것이 문제다. 자기 나라 말, 자기 지방언어로 알 수 있고 분별할 수 있는 기도를 드려야 한다.

30 Atque ita dictat naturae raio: etiam si nihil Deus hac de re praecipert(482).

이나 이해력을 동원하지 않고 혀를 움직이는 것 이상으로 이 목적으로부터 동떨어진 것은 없습니다. 그런데 그런 더러운 혀로 기도하는 것이 경건으로 간주될 정도로 사람들은 우매하게 되어버렸습니다. 저는 라틴어 외의 언어를 통해 주기도문으로 기도하는 자를 투옥하거나 엄한 벌로 위협하는 주교의 이름을 다 말할 수가 있습니다. 그러나 사람들이 말하듯이 만약 정신의 궁극적인 목표가 기도하는 것으로 향해 있다고 한다면, 누구든지 자국어로 기도해도 어떤 문제도 없다는 사실은 모든 사람이 동일하게 확신하고 있는 것입니다. 그런데 교회당에서는 라틴어 외의 언어로는 장엄하게 기도할 수 없다는 것이 [예배의] 위엄을 유지하기 위해 가장 필요하다고 생각하고 있습니다.[31]

앞에서 말씀드렸듯이, 무의미하게 혀를 놀림으로써 하나님과 대화하려고 하는 것은 실로 기묘한 일입니다. 실로 하나님 자신께서 그것을 싫어하신다고 언명하지 않으시더라도, 자연은 다른 충고자의 도움도 없이 이것을 배제하고 있습니다. 또한 성서의 모든 가르침으로부터 하나님께서 그런 허구를 얼마나 강하게 저주하고 계신지를 즉시로 판단할 수 있습니다. 교회의 공적인 기도에 관한 바울의 말은 명확합니다. "알지 못하는 말로 축복한다면, 무학한 자들은 이것에 '아멘'으로 답하지 못할 것이다."[32] 더욱이 보다 이상한 것은 처음으로 이런 잘못

**31** 예배의 위엄과 가치를 외면적인 데 두고자 하는 자들에 대한 칼뱅의 철저한 거부다.
**32** 고전 14:16.

된 습관을 도입한 자들은 바울이 가장 바보스러운 것으로 생각한 것을 기도의 위대함에 합당한 것으로 간주하여 열망할 정도로 바보스런 것을 만들어내었다는 것입니다. 저희 교회에서는 모든 사람이 동일하게 백성의 말로 하나님께 기도를 드리며, 또한 남자든 여자든 구별 없이 찬송하며, 만약 우리의 적대자들이 이런 우리의 방식을 조롱한다면 조롱하도록 내버려둘 것입니다. 성령은 하늘로부터 우리를 위해 증언하시며, 다른 곳에서 말씀하신 것처럼 마음이 담기지 않은 혼란한 음성을 배제할 것입니다.

# 4 ◆ 믿음으로 말미암은 구원[1]

## 원죄와 자유의지

"사람의 구원은 어디에 있습니까? 사람은 어떤 길을 통하여 그 구원에 도달할 수 있습니까?"라는 문제를 논하는 교리의 중요한 포인트에는 많은 문제가 내포되어 있습니다. 말하자면, 인간은 죄와 죽음 외에는 어떤 것도 자신이 소유하고 있지 않기 때문에, 자신의 외부 즉 그리스도 안에서만 의와 생명을 찾지 않으면 안 된다고 저희가 주장한다면, 즉각 자유의지와 그것의 여러 능력에 관한 반론이 우리에 대하여 일어날 것입니다.[2] 왜냐하면 만약 인간이 하나님께 대하여 스스로 공적을 쌓을 수 있는 힘을 가지고 있다면, 인간은 그리스도의 은혜로 말미암아 확고한 구원으로 들어가는 것이 아니라 그 일부분을 스스로 담

1 483이하.

2 Nam cum hominem iubeamus, extra seipsum, hoc est, in solo Christo, iustitiam & vitam quaerere: quia penes se nihil, nisi peccatum & mortem, habeat: primum nobis de libero arbitrio, eiusque facultatibus, exoritur certamen(483). 칼뱅은 『기독교 강요』 제2권 1장에서 인간의 원죄에 관하여 심도 있게 다룬 후, 2-5장에서 이른바 "자유의지"라는 문제를 논한다. 이러한 논술을 통하여, 결국 예수 그리스도, 우리의 구속주 하나님에 관한 지식을 위한 기반을 제공한다. 자유의지의 유무에 관한 논리보다도, 인간의 구속/구원이 인간의 자유의지에 달려 있지 않다는 사실을 강조한다. 참조. 『로마서 주석』 서문; 고전 12:6(모든 능력의 근원은 오로지 하나님), 엡 2:10(하나님으로 말미암지 않고는 아무런 선을 행할 수 없다) 주석.

당하게 되기 때문입니다. 또한 만약 구원이 하나에서 열까지 그리스도의 은혜로 귀속되어야 한다면, 인간이 자기 스스로, 즉 자신의 공덕으로 구원을 획득하기에 도움이 될 만한 것이 인간에게는 하나도 남아 있지 않다는 결론이 나옵니다. 그런데 우리의 적대자들은 인간이 선행을 행하기 위해 성령의 도움을 받지 않으면 안 된다는 것을 인정하면서도, 그럼에도 불구하고 인간을 위해서 인간에게 부분[적 역할]을 요구합니다. 그들이 그렇게 하는 것은 최초의 부모가 타락함으로써 우리의 본성이 얼마나 깊은 상처를 입게 되었는지를 이해하지 못하기 때문입니다.[3] 그들은 우리와 함께 원죄를 인정하지만, 그 후에 인간의 힘은 약해졌을 뿐, 완전히 무(無)가 된 것은 아니라고 판단하여 원죄의 힘을 가볍게 취급합니다. 따라서 그들은 다음과 같이 생각합니다. 정말 인간은 원죄의 부패로 말미암아 썩었고 힘이 약해졌기 때문에 선행을 행할 수 없지만, 하나님의 은혜의 도우심으로 말미암아 어떤 유익한 것을 자기 자신의 것으로, 또한 자신으로부터 가지며, 가질 수 있다고 말입니다. 우리가 성령의 지배를 받게 되면, 인간이 자발적으로 자유의지를 지니고 행동한다는 것을 인정하지 않는 것은 아니지만, 인간의 본성은 완전히 타락했기 때문에 자기 자신에 의해서 선행을 행한다는 것은 완전히 불가능합니다. 따라서 우리는 다음과 같은 점에서 우리의

3 "우리의 본성에서 선한 것을 찾으려 하는 것 자체가 헛된 일이다"(II.iii.2). "사람의 본성을 전적으로 부패한 것으로 보는 우리의 논지…평생토록 지극히 존귀한 삶을 사는 사람들…속에(는) 하나님의 은혜가 개입하고 있다는 점을 생각해야 한다"(II.iii.3).

가르침에 반대하는 자들과 의견을 달리합니다.[4] 즉 그들이 인간을 온전히 겸비하게 하지도 않고 또한 거듭남의 은혜를 올바로 높이지도 않는 것과는 달리, 우리는 인간이 완전히 무(無)가 될 정도로 나동그라지게 되고, 영적인 의(義)에 속하는 일부분이 아니라 완전무흠한 의를 하나님께 바라보도록 배우게 합니다. 그다지 공평한 판단을 내리지 않는 일부 사람들에게는 우리가 너무 극단적이라고 생각될지 모릅니다. 우리의 가르침에는 성서나 고대교회의 공통적인 생각과 다른, 어떤 부조리한 것도 없습니다. 사실 우리가 말한 것을 아우구스티누스의 입으로 한 자 한 자 확증하는 것은 아주 쉬운 일입니다. 따라서 다른 점에서 우리의 주장에 찬성하지 않더라도, 보통 사람 이상의 판단력을 가진 대부분의 사람들은 이 점에 관하여 굳이 우리에게 반대하려고 하지 않을 것입니다. 상술했듯이, 우리가 다른 사람들과 다른 점은 오로지 다음과 같은 점입니다. 우리는 인간으로 하여금 자기 자신의 궁핍과 무력을 자각하게 하고, 보다 나은 참된 겸비함을 가르치고, 자기 자신에 대한 신뢰를 모두 내던져버리고, 온전히 하나님께만 의지하도록 인도함과 동시에 그를 감사함으로 인도하여 실제로 그가 그렇게 해야만 하도록 그가 가진 모든 선한 것을 하나님의 은혜로 돌리게 하는 것입니다. 따라서 그들은 인간으로 하여금 그 자신의 능력에 관한 잘못된 생

4 Nos vero, tametsi hominem sponte et libera voluntate agere, non diffitemur, quum a spiritu sancto regitur, ea tamen pravitate imbutam esse asserimus totam eius naturam, ut ad bene agendum prorsus sit a seiipso inutilis(483).

각에 도취하게 함으로써 파멸로 떨어뜨리고, 또한 하나님께 대한 불경건한 교만으로 팽창시켜 하나님께 의의 영광을 돌림과 동시에 이것을 자기 자신에게도 돌리도록 유도합니다.[5] 더욱이 다음과 같은 세 번째 죄악이 더해집니다. 말하자면, 그들은 인간 본성의 모든 부패에 관하여 논함에 있어서 육신을 보다 조잡한 욕망에 머물게 함으로써 보다 두려운 내적인 병에 관해서는 언급하지 않습니다. 그 결과 그들의 학교에서 교육받은 자들은 아주 무서운 죄에 관하여 그것이 숨겨져 있기 때문에 그들 자신이 어떤 죄도 범하지 않은 것처럼 안심하여 자기 자신을 용서하게 되는 것입니다.

## 선행의 공적(功績 또는 공로[功勞])

다음은 행위의 공적과 가치에 관한 문제가 존재합니다. 우리는 진실로 선행을 칭찬하며, 또한 그것에 대한 하나님 앞에서의 상급이 있다는 사실을 부정하지 않습니다. 그러나 우리는 지금까지 인간의 구원에 관하여 남겨진 모든 논의의 주요한 문제들에 관계하는 다음의 세 가지 예외를 명확히 하고자 합니다. 첫째로 저희는 다음과 같이 주장합

5 impia adversus Deum arrogantia inflant, ne sibi minus quam Deo iustitiae gloriam assignet(484).

니다. 어떤 종류의 인간의 행위라 할지라도, 그것이 하나님 앞에서 의롭다고 인정되는 것은 오로지 하나님께서 전혀 행위를 고려하지 않고, 그를 은혜에 의해 그리스도 안에서 받아들이고 그리스도의 의를 그 자신의 의로 그에게 전가해주시는 무상(無償)의 은혜에 의해서만 그렇다는 것입니다. 우리는 이것을 믿음의 의라고 칭합니다.[6] 그것은 인간이 행위에 대한 모든 신뢰를 버리고 자기가 소유하지 않은 그리스도의 의를 빌림으로써, 하나님께서 받아주시는 것이 유일한 [구원의] 길이라는 것을 확신하는 것입니다.[7] 이 세상은 언제나 다음과 같은 점에서 실수를 범하고 있습니다. 왜냐하면 이런 잘못은 거의 모든 시대에 걸쳐서 일어나고 있기 때문입니다. 즉 "인간은 일부분 타락했지만, 어느 정도 그 행위로 말미암아 하나님께로부터 은혜를 받을 만한 자격을 가지

6 Primum dicimus, qualicunque sint ullius hominis opera, non aliunde tamen iustum coram Deo censeri, quam ex gratuita misericordia, quod Deus, citra alique operum respectum, gratis eum in CHRISTO amplectitur, CHRISTI iustitiam illi, tanquam propriam, imputando. Hanc nos fidei iustitiam vocamus(484). 칼뱅은 『기독교 강요』 제2권 마지막 장에서 그리스도 예수의 공로가 가지는 구원론적인 의미를 다루면서, 속죄론을 전개한다. 그리고 그다음 권으로 진행하면서, 그리스도의 공로가 어떻게 성도들에게 적용되는지를 논의한다. 그리스도의 공로가 전적으로 우리의 공로가 되는 것은 성령 하나님의 "은밀하신 사역"(arcana efficacis)에 속하는 것이다. 따라서 삼위일체론적인 긴밀한 구조속에 그리스도의 공로론이 전개된다. 즉 성령의 역사 없이는 그리스도의 공로가 우리에게 무익하다는 것이다(III.i.2; III.iii.19; III.xi.1). 즉 유일하신 하나님의 은혜로만 구원받는다. 제3권 15장에서 특히, 우리의 행위적 공로가 아니라, 그리스도 안에서 택함을 받은 백성들에 대한 그리스도의 공로에 의한 구원이다.

7 우리 밖에(extra nos)에 계신 그리스도께서 우리 안에(in nobis) 계심으로써 우리와 하나(unum)가 된다는 것이다. 그분께 접붙임(롬 11:27)을 받는 것은 그분의 옷을 입는 것이다(갈 3:27).

는 자가 될 수 있다"라고 생각하는 점입니다. 그러나 성서는 "율법서에 기록되어 있는 모든 것을 완전히 실행하지 못하는 자는 모두 저주받을 것이다"[8]라고 선언하고 있습니다. 행위에 의해서 평가되는 자는 모두 필연적으로 이 저주 아래 존재합니다. 그러나 행위에 대한 신뢰감을 완전히 포기하고 그리스도로 옷 입어 하나님께서 무상으로 받아주셔서 그분 안에서 의롭게 되는 자만이 그것으로부터 제외되는 것입니다. 따라서 우리가 의롭게 되는 것은 하나님께서 우리의 행위를 보시지 않고 오로지 그리스도만을 보시고, 우리를 그분 자신과 화해시키셔서 무상으로 우리에게 아들이 되는 신분을 주셨다는 사실로 말미암아 진노의 자식에서 하나님의 아들로 거듭나게 하심으로써입니다. 왜냐하면 하나님께서 우리의 행위를 보시는 한, 하나님께서 우리를 사랑하실 만한 이유를 발견하지 못하시기 때문입니다. 따라서 그 결과 필연적으로 하나님께서는 우리의 죄를 숨기시고, 그분 자신의 눈앞에 오로지 존속할 수 있는 유일한 그리스도의 순종을 우리에게 돌리시고, 그 공적에 의해서 우리를 의로운 자로 받아주시는 것입니다. 이것이야말로 바울이 율법과 예언자들에 의해서 증거되었다고[9] 말하는 성서의 명확하고 영구적인 가르침입니다. 그러나 [그것과 동시에] 복음을 통하여 그 이상 명확한 법칙을 기대해서는 안 된다는 것이 분명하게 언급되고 있

8 신 27:26; 갈 3:10.
9 롬 3:21.

습니다. 바울은 율법에 의한 의를 복음의 의와 비교하여, 전자를 행위에 그리고 후자를 그리스도의 은혜에 두었습니다.[10] 그는 우리가 하나님 앞에서 의롭다 인정받는 이유를 행위와 그리스도로 분할하지 않고, 단지 모든 것을 그리스도에게로 돌리고 있습니다. 여기서 문제는 둘로 나누어집니다. 하나는 "우리의 구원의 자랑이 우리와 하나님 사이에서 분할되는 것인지 어떤지?"라는 문제이며, 또 하나는 "우리의 양심이 하나님 앞에서 행위에 대한 신뢰에 의해 확실히 안심할 수 있는가?"라는 문제입니다.[11] 전자의 문제에 관하여 바울은 다음과 같이 단언합니다. "그것은 모든 입을 막고, 온 세상이 하나님의 심판 아래에 있기 위함이다. 모든 사람은 동일하게 불의의 죄를 범하였으매 하나님의 영광에 이르지 못하고, 그들은 값없이 하나님의 은혜로 그리스도 예수의 속죄로 의롭게 되는 것이다. 그것은 하나님 그분께서 스스로 의가 되시기 위해, 하나님의 의로우심을 나타내시기 위한 것이지만, 동시에 하나님께서는 그리스도를 믿는 자를 의롭다 하신다"[12]라고. 이것으로부터 모든 육체의 자랑이 배제되는 것입니다. 우리는 단순하게 이런 생각에 따라갑니다만, 우리를 반대하는 자들은 인간이 자신의 행위가 일부분 상찬(賞讚)되지 않는다면, 하나님의 은혜에 의해서 의롭게

10 롬 10:5.

11 Duo hic in quaestionem veniunt: utrum inter nos et Deum dividenda sit salutis nostrae gloria; utrum in operum fiducia tuto acquiescere coram Deo conscientiae nostrae possint(485).

12 롬 3:19-26.

되지 않는다고 주장합니다. 두 번째 문제에 관하여서도 바울은 다음과 같이 논합니다. 만약 생명의 상속이 율법에 의한 것이라면, 믿음은 헛된 것이 되고 약속은 무효가 된다고 말입니다.[13] 이것으로부터 다음과 같이 결론을 내릴 수 있습니다. 약속이 확실한 것이 되기 위해서는 믿음에 의해서 우리가 상속자가 되어야 한다는 것입니다.[14] 그리스도 안에서 의롭다 함을 받은 자들은 평화를 얻었습니다.[15] 따라서 하나님께 나아가는 일이 두렵지 않게 되는 것입니다. 그는 다음과 같은 것을 말하고자 합니다. 다시 말해서 "행위"에 의한 방비로 눈을 돌리는 한, 우리 모두 스스로의 양심으로 끊임없이 고뇌하고 동요될 수밖에 없을 것입니다. 그러나 그리스도를 진실로 신뢰하기에 충분하고 유일한 포구로서 믿게 될 때 평온하며 안정된 평안을 누리게 되리라는 것입니다. 이 가르침에 우리는 어떤 것도 부언하지 않습니다. 그러나 바울이 정말 우매한 것으로 규정하고 있는 회의(懷疑)에 의하여 불안해지는 양심을 우리의 적대자들은 그들의 믿음의 제일 공리로 가르치고 있다는 것입니다.

13 롬 4:14.
14 롬 4:16.
15 롬 5:1.

## 상죄(償罪, satisfactio)[16]

우리가 반대하는 두 번째 포인트는 죄 용서에 관한 것입니다. 왜냐하면 우리의 대적자들도 인간이 한평생 흔들리며 때로는 넘어지는 것을 부정할 수 없듯이, 원하든 원하지 않든 간에, 모든 사람이 잃어버린 의를 얻기 위해서는 용서가 필요하다는 사실을 인정할 수밖에 없기 때문입니다.[17] 그런데 그들은 죄를 범한 사람들이 그것으로 말미암아 하나님의 은혜를 얻을 수 있다는 "상죄"라는 것을 고안해냈습니다. 이 "상죄"라는 단계에서 그들은 첫째로 통회와 둘째로 행위를 두었습니다. 이 행위는 "추징금"[18]이라고 불리는 것으로, 죄인에 대하여 하나님께서 벌주고자 부과하신 것입니다. 그리고 그들은 이런 상죄가 올바

16 485. 가톨릭교회에서는 일반적으로 "보속"(satisfactio)으로 번역된다. 가톨릭교회에서 죄 용서란 세 가지로 구성된다. 통회(contritio, 지은 죄를 회개하고 반성하는 것), 고백(confessio, 사제에게 죄를 고백하고 용서를 얻는 것), 그리고 상죄(satisfactio, 마지막으로 죄 용서에 합당한 보상을 하는 것)이다. "고백"과 "상죄" 사이에 "용서"(absolutio)를 삽입하여 네가지로 말하는 경우도 있지만, 그러나 용서는 고백과 용서로 취급하여, 세 가지로 말하는 것이 일반적이다. "상죄" 또는 "보속"이란, 넓은 의미에서 손해배상(compensatio) 또는 보환(restitutio)를 뜻하는 것으로, 신학에서는 지은 죄를 적절한 방법으로 보상하거나 대가를 치르는 것을 말한다. 세례받기 전에 범한 죄는 세례로 다 사하게 되지만, 세례 후에 범한 죄는 이런 과정을 통하여 사해진다. 그들은 말하기를 죄의 벌까지도 다 사해지는 것이 아니라 영원한 지옥 벌만 용서받을 뿐, 잠벌은 남는데, 잠벌(暫罰, poena temporalis)을 연옥벌이라고 한다. 이는 우리 자신이 보속으로 갚아야 한다.

17 『기독교 강요』 제3권 20장 9절과 45절에서 특히 죄의 용서를 다루고 있다.

18 supererogatio(485)는 추가로 지불하는 것 또는 여분으로 지불하는 것을 의미한다.

른 척도로부터 너무나도 동떨어진 것을 알고 있었기 때문에, 다른 곳, 즉 열쇠의 은혜로부터 새로운 종류의 상죄를 불러들이고 있습니다. 그들은 말합니다. 교회의 보화는 열쇠에 의해서 열리고, 그것으로 말미암아 우리에게 부족한 것이 그리스도와 성인들의 공적으로 보충된다고 말입니다. 이것에 대하여, 우리는 인간의 죄가 값없이 용서되는 것을 주장하며, 그리스도의 희생에 의해서 우리의 죗값이 지불되어 이것으로 지불된 상죄 외의 어떤 상죄도 인정하지 않습니다. 따라서 저희는 오로지 그리스도의 은혜만으로 하나님과 화해되며, 그곳에는 어떤 지불도 고려될 수 없다는 것과 하늘의 아버지는 오로지 그리스도의 상죄만으로 만족하시며 우리에게는 어떤 상죄도 요구하시지 않으신다고 선언합니다. 비록 "우리의" 증거가 아니라 보편교회의 증거라고 불러야 하겠지만 말입니다. 우리는 성서 가운데서 우리의 교리의 현저한 증거를 보게 됩니다. 왜냐하면 사도는 하나님과 화해하는 방법을 오로지 다음과 같은 은혜에만 두고 있기 때문입니다. 다시 말해서, 죄를 알지도 못하는 분이 우리 때문에 죄가 되셨습니다. 그것은 우리가 그분 안에서 하나님의 의(義)가 되기 위한 것입니다.[19] 또한 다른 곳에서 말하기를, 그가 죄인의 용서에 관하여 언급하는 곳에서, 그 용서를 통하여 "행위가 없더라도" 우리에게 의가 전가된다는 것을 증거하고 있습

19 고후 5:21.

니다. 따라서 우리는 단언합니다.[20] 적대자들은 그들의 상죄에 의해서 하나님과 화해를 가질 수 있으며, 또한 하나님의 심판으로 말미암아 짊어지게 된 벌을 배상할 수 있다고 공상하지만, 이는 정말로 저주받을 수밖에 없는 모독입니다. 왜냐하면 그것으로 말미암아 이사야가 그리스도에 관하여 언급한 것, 즉 "그는 우리의 평화를 위해서 시련과 징벌을 받았다"는 것이 부정되기 때문입니다.[21] 왜 우리가 "추징금"이라는 저 바보스런 날조를 배척하는지 그 이유는 많이 있습니다. 그 가운데 무엇보다 중요한 이유는 다음 두 가지입니다. 하나는 "인간이 하나님께 대하여 당연히 할 수 있는 것 이상으로 뭔가를 할 수 있다는 생각이 도저히 용납될 수 없다"는 것이며, 또 하나는 "그들이 [추징금]이라는 말로써 그저 자기 멋대로의 예배를 이해하고 있다"는 것입니다. 그런 자기 멋대로의 예배는 인간이 자신의 머리로 날조하여 하나님께 밀어붙인 것이기 때문에, 이곳에는 인간이 수고할 뿐이기 때문에, 그것을 하나님의 진노를 누그러뜨리는 배상으로 간주할 수 없습니다. 죄에 대하여 합당하게 부과된 벌을 지불하기 위해 그리스도의 피에 순교자들의 피를 섞어서 공로나 상죄로 뒤범벅이 되도록 날조한 것을, 저희는 도저히 용납할 수 없었으며 또한 용납해서도 안 되었습니다. 왜냐하면 아우구스티누스가 말한 것처럼, 어떤 순교자의 피도 결단코 죄

20 롬 4:5.
21 사 53:5.

용서를 위해 흘린 것이 아니었기 때문입니다. 그것은 오로지 그리스도께만 속한 사역이며, 우리가 모방할 수 없고 오로지 감사로 받아야만 하는 것이며, 따라서 그분이 그분의 사역으로 우리에게 주신 것입니다.[22] 레오의 다음과 같은 말도 아우구스티누스와 일치합니다. "많은 성도의 죽음은 하나님의 눈에는 존귀한 것이지만, 아무리 죄 없는 자가 죽더라도 그것은 이 세상을 위한 속죄의 제물이 아니었다. 의인들은 면류관을 받았지만, 그것을 주지는 않는다. 신자들의 영웅적 태도로부터 인내의 모범이 생겨나지만, 의의 은사는 생겨나지 않았다."[23]

## 선행의 상급

우리가 마지막으로 반대하는 점은 행위의 상급에 관한 것입니다.[24] 다

22 아우구스티누스, 『요한복음강해』 84(2), MSL 35.1847.

23 레오 3세, 『서한』 81, 87. MSL 54, 915f., 945f. 서한의 한글 본문은 다음을 참조하라. 김산덕, 『고백하는 교회를 세워라』 (서울: CLC, 2015), 199-213.

24 루터의 신학적 강조점은 칭의 교리("교회가 서느냐, 넘어지느냐 조항": articulus stantis et cadentis ecclesiae)이다. 칼뱅의 경우는 먼저 성령에 관한 논술, 그리고 믿음에 관한 설명, 3권 3장에서 믿음에 의한 중생, 즉 회개를 설명하고, 6-10장에 그리스도인의 삶을 다루면서 성화에 관하여 전개한다. 그리고 11장에서 13장에 이르기까지 칭의론을 다루고, 14-19장에서 칭의론의 계속적인 관점에서 성화를 다룬다. 그는 특히 칭의를 죄를 씻는 일이며, 그리스도의 의가 전가되는 것이라고 말한다(III.xi.12). 이런 구조 속에서, 성화론적 입장에서 칼뱅은 하나님께서 우리에게 선행을 주시고 상까지 주신다고 주장한다(III.xviii.2, 4, 5).

시 말해서, 그것은 행위의 공적 또는 가치에 의한 것이 아니라 오히려 하나님의 은혜에 의한 것으로 생각해야 한다는 것입니다. 진실로 적대자들은 행위의 공적과 그 상급 간의 형평성을 취하기가 힘들다는 사실을 인정합니다. 그러나 이 문제에서 무엇보다도 중요한 것은 제아무리 신자의 선행이라 할지라도 용서의 은혜 없이는 [그것이 하나님의 뜻에] 합당할 정도로 거룩한 것이 아니라는 사실을, 그들이 생각하지 않는다는 것입니다. 또한 다음과 같은 점도 말씀드리고 싶습니다. 그들은 율법이 명하는 완전무결한 하나님에 대한 사랑으로부터 출발하지 않기 때문에, 언제나 어떤 얼룩이나 더러움을 몸에 항상 지니고 있다는 사실을 망각하고 있다는 것입니다. 따라서 저희는 이렇게 가르칩니다. "신자들의 선행이라는 것은 하나님의 눈앞에 설 수 있을 정도로 완전한 거룩함을 언제나 가지지 못한다. 아니, 보다 올바르게 고려한다면 어떤 의미에서는 불의하다." 그러나 하나님께서는 일단 신자들을 은혜로 말미암아 아들로 받아주시고, 또한 그들의 인격만이 아니라 그 행위도 받아주시고 사랑하시며, 이것에 상급을 주십니다. 요컨대 인간에 관하여 말한 것과 동일하게 우리의 행위에 관하여 생각하는 것입니다. 즉 행위는 그 자체의 가치에 의해서가 아니라 오로지 그리스도의 공적에 의해서만이 의롭게 됩니다.[25] 그리고 본래적으로는 하나님의

25 따라서 하나님께서 주시는 상급은 행위 그 자체에 대한 가치에서 출발하는 것이 아니니, 하나님의 은혜에서 출발하며, 하나님의 은혜에 의해서 주어진다. 『기독교 강요』 제3권 15장에서 로마교회의 공로주의를 비판하면서, "공로"라는 말 자체가 성서에 없는 위험

뜻에 합당하지 않는 죄악도 그리스도의 희생에 의해서 감추어집니다. 이런 사실을 아는 것은 다음과 같은 점에서 아주 유익합니다. 그것은 인간으로 하여금 하나님을 두려워하는 것에 머물게 하며, 하나님 아버지의 은혜로부터 생겨나는 것을 자신의 행위에 덧붙여 자랑하지 못하게 하며, 또한 최상의 위로에 의해서 그들을 세워주시기 때문에, 그들은 자신들의 행위가 비록 더럽고 불완전하다고 여길지라도 그것을 하나님 아버지의 관대하심에 의해서 받아주신다는 사실을 듣게 됨으로써 낙담하지 않습니다.

한 용어라고 주장한다. 제3권 18장 4절에서 "공로"라는 말을 사용하는 자는 하나님의 은혜를 모독하는 것이라고 단언한다.

# 5 ◆ 성례전[1]

이상의 가르침에 이어서 성례에 관하여 말씀을 드리자면, 우리가 수정하여 새롭게 한 것에 대해서는 분명하고 음미된 권위에 의해 모든 것이 변호 가능합니다. 일곱 개의 예전이 하나님에 의해 규정되었다고 믿고 있지만, 우리는 그 가운데 다섯 개를 제외하면서, 그것들이 인간적인 방법에 의해 도입된 의식이라는 사실을 증명했습니다. 그러나 결혼만은 예외입니다. 왜냐하면 그것은 정말 하나님께서 명하신 것이지만, 우리는 이것을 성례로서 도저히 인정할 수 없기 때문입니다. 인간의 생각에 의해 부가된 모든 의식은 그 자체로서 악한 것도 아니며 무익한 것도 아니지만, 그리스도께서 자신의 입을 통하여 우리에게 명하신 가장 거룩한 상징으로부터 그런 예식을 구별하고자 함에 있어서 우리가 결코 무의미한 논쟁을 하는 것이 아닙니다. 그리스도께서는 이런 상징을 인간의 권능 가운데서가 아니라, 인간이 그것에 관하여 거의 증명할 수 없는 영적인 은사의 증거가 되도록 원하십니다. 우리의 마음에 하나님의 숨겨진 자비하심을 각인시키고, 그리스도를 제공하고, 또한 우리가 그분에 의해서 받은 은사를 눈에 보이는 형태로 나타내는 것은 결코 저속한 일이 아닙니다. 이것이 그리스도의 예전이 가지

1 487이하.

는 역할이기 때문에, 그런 의식을 인간에게서 유래하는 의식과 구별하지 않는 것은 하늘과 땅을 뒤섞는 것과 같습니다. 여기서 사람들은 두 개의 잘못을 범하게 됩니다. 하나는 신적인 것과 인간적인 것의 구별을 없애버림으로써 예전의 모든 효력에 관계하는 하나님의 거룩한 말씀에 심히 상처를 입히는 것이며, 또 하나는 잘못하여 그리스도를 단지 인간에게서 유래하는 것의 창시자로만 생각하는 것입니다.

## 세례

동일하게 우리는 세례로부터 무익하고 미신적인 의혹이 가는 많은 부가물을 제거했습니다.[2] 사도들이 그리스도께로부터 받아서 전 생애에 걸쳐 지켜왔고, 마지막에는 후계자들에게 건네준 세례 형식은 일반적으로 알려져 있습니다. 그런데 그리스도의 권위와 사도들의 집행에 의해서 승인되어온 이 단순함에 후세대는 만족하지 않았습니다. 지금 저는 성유, 소금, 침, 촛불을 나중에 부가한 사람들이 얼마나 타당한 이유를 가지고 있는지를 논하는 것이 아닙니다. 제가 말씀드리고 싶은 것은, 그리고 이것은 누구든지 알고 있는 것이지만—세례의 진리 그 자체보다도, 전술한 부가물이 중요시될 정도로 미신이나 우매함이 깊다

2 참조. 『기독교 강요』 IV.xv 이하.

는 것입니다. 또한 우리는 외적인 행위에 집중하여 조금이라도 그리스도께로 향하려고 하지 않는 잘못된 신뢰감을 제거하는 데 노력해왔습니다. 왜냐하면 학교에서나 설교에서도, 그들은 사람들에게 그리스도를 바라보기보다는, 눈에 보이는 제 요소에 의지하는 것을 가르칠 정도로 표징의 효력을 강조하기 때문입니다. 마지막으로, 우리 교회에서는 [성례전이] 가르침과 함께 집행되는 고대의 관습을 부활시켰습니다. 우리는 성례전이 우리에게 주는 유익과 그 합법적인 사용방법을 열심히 그리고 충실하게 설명했기 때문에, 적대자들도 이 점에 관해서는 어떤 비난할 만한 이유를 가질 수 없을 것입니다. 오의(奧義)에 대한 설명도 없이, 전혀 도움이 되지 않는 눈에 보이는 것을 백성에게 과시하는 것보다 더 성례의 본질에 위배되는 것은 없습니다. 그라티아누스(Gratianus)[3]가 아우구스티누스로부터 인용한, "물은 요소 외에 아무것도 아니라"는 글은 유명합니다.[4] 그런데 이어서 그는 "말씀"이 무엇을 의미하는가에 관하여 다음과 같이 설명합니다. 이것은 우리가 선교

3 Johannes Gratianus 또는 Franciscus Gratianus 또는 Giovanni Graziano로도 알려진 12세기 수도자이며, 신학자로서 교회법의 아버지로 불린다. 특히 그가 편집한 『그라티아누스 교령집』(*Decretum Gratiani* 또는 *Concordantia Discordantium Canonum*, 1140년경)을 편집하여 교회법을 편찬했다. 볼로냐에서 교회법을 가르쳤던 자이다. 저서로서는 『교회』가 있다.

4 아우구스티누스, 『요한복음』 80.3. MSL 35, 1840. Nihila quam esse, nisi elementum, si desit verbum; Inst.IV.xiv.4. 성례와 말씀은 불가분리의 관계에 있다. 성례는 하나님 말씀에 근거된다. 즉 보이는 말씀(visibile verbum, IV.xiv.6)이다. 세례의 물은 그 자체가 변하는 것이 아니라, 약속의 말씀이 첨가될 때 우리를 위해 이전과 다른 것으로 되기 시작한다고 한다. IV.xvii.15.

하는 믿음의 말씀이라고 합니다. 따라서 설령 우리의 적대자들이 오의(奧義)에 대한 이해로부터 분리된 표징의 전시를 부인했다고 할지라도 이를 신기한 것으로 간주해서는 안 됩니다. 왜냐하면 그것은 그리스도에 의해서 제정된 질서를 무너뜨리는 모독적인 분리이기 때문입니다. 더욱이 [성례전의] 집행에 관하여 이상의 것 외에 또 하나, 즉 다른 곳에서 일반적으로 행해지고 있는 다음과 같은 악폐를 부가합니다. 그것은 마술적인 주문에서 잘 나타나듯이, 사람들이 종교라고 생각하는 것을 잘 알지 못한다는 것입니다.

## 성례전과 미사에 대한 비판

그리스도의 교회가 가진 또 하나의 예전인 주님의 성만찬이 단지 더럽혀졌을 뿐만 아니라 거의 폐지되어버렸다는 사실을 앞에서 이미 지적했습니다. 그렇기 때문에 우리는 이것을 다시 정결케 하기 위해 더욱 노력하지 않으면 안 되었습니다. 첫째로 많은 부조리를 그 자체적으로 담고 있었던 희생에 관한 불경건한 허구를 인간의 영혼으로부터 제거하지 않으면 안 되었습니다. 왜냐하면 그리스도께서 명확하게 제정하신 것에 반대하여 희생의 제의가 세워졌다는 것 이상으로, 이 행위에 상죄(償罪)라는 아주 두려운 생각이 부가되었다는 것입니다. 그렇게 함으로써 오로지 그리스도만이 소유하셨던 대제사장의 자격이 죽을 수밖에 없는 인간에게로 옮겨졌고, 또한 그리스도의 죽음의 효력이 인간의 행위로 대체되어버렸다는 것입니다.[5] 그 결과로 그것이 살아 있는 자에게도, 그리고 죽은 자에게도 적용되었습니다. 저희는 이렇게 날조된 희생 제의를 버리고, 거의 낡아 버릴 수밖에 없었던 성찬식을 다시 부활시켰습니다. 사람들은 "일 년에 한 번만 주님의 식탁으로 다가가기만 한다면, 나머지 기간은 사제에 의해서 집행되는 것을 보는 것만으로도 충분하다"고 생각하게 되었습니다. 실로 주님의 만찬이라는 이름 아래서 행해지지만, 그러나 그곳에는 성찬의 흔적이 하나도 존재하지 않습니다. 왜냐하면 주님께서 무엇이라고 말씀하셨습니까? 그분은 말씀하시길 "받아서 너희들 사이에 나누라"고 하셨습니다. 그런데 미사는 받는 것 대신에 희생과 같은 것이 있습니다. 그곳에는 분배도 부르심도 없습니다. 말하자면 사제는 몸에서 분리된 다른 지체가 된 것처럼, 자기 혼자만을 위해서 [희생을] 준비하고, 혼자만 받기 때문입니다. 이것들 사이에는 얼마나 큰 차이가 있겠습니까? 저희는 백성을 위해서 잔의 예식을 부활시켰습니다. 그것은 이전에 주님이 허락하셨을 뿐만 아니라 권고하신 것입니다. 그렇다면 이것을 폐지한 장본인은 사탄이 아니면 그 누구이겠습니까? 저희는 여러 예전에 대하여

5 Praeterquam enim quod, contra disertam Christi institutionem, erectus fuerat oblationis ritus: addita fuerar pestilentissima opinio: actionem illam expiationem esse pro peccatis. Ita sacerdotii dignitas, quae in solum Christum competebat, ad homines mortales, & virtus mortis ipsius, ad horum opus translata fuerat(488).

그중 많은 것은 부정합니다. 그 이유 중 하나는 예전의 수가 의미 없이 늘어났기 때문이며, 또 하나는 그런 것의 일부분이 유대교와 상당히 비슷하기 때문이며, 또한 무지한 인간에 의해 날조된 것으로서 너무나도 중요한 오의와 거의 일치하지 않기 때문입니다. 그런 예전에 이유도 없이 삽입된 것 외에도, 해가 되지는 않는다 할지라도 일반 백성이 그런 예전에 마비되어 있다는 것이 분명하게 보이는 것만으로도, 그런 예전이 폐지되어야 하는 충분하며 당연한 이유가 아니겠습니까?

날조된 화체설과 빵을 보관하고 운반하는 방법에 관하여 저희도 더 이상 어떻게 할 수 없기 때문에 이제 비난할 수밖에 없습니다. 첫째로 그것은 그리스도의 명확한 말씀에 반대되며, 둘째로 그것은 성례전의 일반적 용법과 너무나 동떨어졌습니다. 왜냐하면 성례전이라는 것은 그것이 제시하는 영적 진리에 상응하는, 즉 눈에 보이는 상징에 주의(注意)가 집중되지 않는 곳에서는 존재하지 않기 때문입니다. 또한 성찬에 관하여 바울이 말하는 바는 명백합니다. "우리 모두는 하나의 빵이며 하나의 몸이다. 왜냐하면 우리는 하나의 빵에 참여하기 때문이다."[6] 만약 우리가 먹는 것이 빵이 아니고 마시는 것이 포도주가 아니라면, 또한 눈을 즐겁게 해주는 허무한 환영에 지나지 않는다면, 성찬에서 주님의 몸과 피와 눈에 보이는 표징 사이에 유비나 비슷함이 그 어디에 있겠습니까? 부언하자면, 이 허구에는 끊임없이 "실제로 그렇

6 고전 10:17.

게 보이듯이, 사람들이 마치 하나님께 달라붙은 것처럼 빵에 달라붙어 이것을 하나님으로 숭배하는" 보다 악질적이고 미신적인 것이 부착되어 있습니다. 성례전은 경건한 마음을 하늘까지 높이기 위한 수단이 되어야 함에도 불구하고, 세상 사람들은 성찬의 거룩한 상징을 완전히 반대의 목적으로, 다시 말해서 "그런 상징을 보고, 또한 그 예전으로 만족함으로써 마음을 그리스도까지 높이지 못하게 하는" 목적으로 남용합니다. 실제로 빵을 엄숙하게 가지고 다닌다든지, 또는 이것을 받들어 모신다는 목적으로 한층 높은 곳에 안치하고자 하는 것은 그리스도께서 설정하신 것과는 완전히 상반된 타락한 형식입니다. 왜냐하면 주님께서는 성찬에서 자신의 몸과 피를 우리에게 주셨는데, 그것은 우리가 그것을 먹고 마시기 위한 것입니다. 이처럼 그분은 첫째로 가지고 먹어라, 그리고 마시라고 명하시면서 약속을 덧붙여주셨습니다. 그 약속으로 말미암아 우리가 먹는 것이 그분의 몸이며, 마시는 것이 그분의 피라는 것을 증명해주셨던 것입니다. 따라서 숭배하기 위해 빵을 안치한다든지, 또는 가지고 다니는 자들은 명령으로부터 약속을 분리시키는 일입니다. 다시 말해서, 이는 분리해서는 안 되는 것을 분리시켜버리는 것입니다. 그들은 그리스도의 몸을 가지고 있다고 착각하고 있지만, 실제로는 그들이 꿈속에서 만들어낸 우상을 가지고 있는 데 불과합니다. 진실로 빵과 포도주라는 표징으로 자신의 몸과 피를 우리에게 제공해주신다는 그리스도의 약속은 그분의 손으로부터 그런 것을 받아, 그분 자신께서 명령하신 오의(奧義)의 예식을 집행하는 자들에게만 속합니다. 따라서 자신의 판단에 따라 빵을 다른 행위로 바꾸어버리는 자들은 약속을 훼손하는 것이기 때문에, 그들에게는 자신의 꿈 외에 아무것도 남아 있지 않습니다. 마지막으로, 저희는 백성에게 교리를 가르치고 그 오의를 설명하는 것을 부활시켰습니다. 이전에는 사제들이 이해도 안 되는 말을 사용할 뿐만 아니라, 그것에 의해 빵과 잔을 성별할 수 있다고 생각하는 말을 목소리를 깔면서 단지 중얼거릴 뿐이었습니다. 이 점에 관하여 저희를 비난하는 자들은 우리가 그리스도의 명령을 단순히 지키고 있을 뿐이라고 말하는 것 외에 어떤 말꼬투리도 잡을 수가 없습니다. 왜냐하면 그리스도께서 침묵의 주문으로 빵을 그분 자신의 몸이라고 명령하신 것이 아니라, 명확한 목소리로 사도들에게 자신의 몸을 주신다고 선포하셨기 때문입니다.

오늘에 이르기까지 우리는 세례의 목적과 함께 성찬의 목적, 효과, 유익, 사용방법에 관하여 할 수 있는 한 충실하게 열심을 다하여 백성에게 전해왔습니다. 첫째로 저희는 모든 사람에게 믿음을 가지고 성찬에 임하도록 권고하고 있습니다. 그렇게 하는 것은 그들의 눈에 보이는 것, 다시 말해서 이것에 의해서만 영혼이 양육되어 영원한 생명에 이를 수 있는 영적 식물을 내적으로 취할 수 있도록 하기 위해서였습니다. 실제로 주님께서 여기서 제시하신 것 외에 어떤 것 하나도 상징으로 약속하지 않으셨으며, 또한 지시하지 않으셨다는 것을 저희는 확신합니다. 그러므로 저희는 주님의 몸과 피가 성찬에서 주님께로부터 우리에게 주어지고, 또한 이것을 저희가 받는다는 사실을 전하는 것

뿐입니다. 이처럼 저희는 빵과 포도주가 상징이라는 것을 가르치지만, 그와 더불어 언제나 그것이 제시하는 진리가 동시에 그것에 결부되어 있다는 것을 믿습니다. 저희는 성찬으로부터 우리에게 주어지는 열매가 어떤 것이며 그것이 얼마나 훌륭한 것인지에 관하여, 그리고 여기에 우리의 양심이 구원과 생명에 대하여, 얼마나 확고한 보증이 있는지에 관하여 언급하지 않으면 안 됩니다. 뿐만 아니라 어느 정도 공평한 눈을 가진 사람이라고 한다면 이 오의가 [다른 어떤 사람들보다도] 우리 가운데서 보다 명확하게 설명되고 있으며, 또한 그 위엄이 일반적으로 다른 곳에서 나타나는 것보다도 더욱 많은 말씀으로 찬양되고 있다는 사실을 부정할 수 없을 것입니다.

# 6 ◆ 교회의 통치에 관한 제 문제[1]

## 성직자의 자격

교회의 통치에 관해서 저희가 다른 사람들과 상이한 생각을 가진 것은 아닙니다. 그러나 그 최선의 방책에 관해서는 충분한 설명이 필요합니다. 저희는 사도적 규칙 및 고대교회의 관습에 따라서 목회의 임무, 즉 누구든지 교회를 다스리는 자는 모든 것을 가르쳐야만 한다는 원칙을 부활시켰습니다.[2] 저희는 이 임무를 다하지 못하는 자는 언제나 그 지위에 머물러 있어서는 안 된다고 주장합니다.[3] 또한 저희는 그런 사람들을 택할 때에는, [다른 어떤 경우]보다도 한층 경건하고 신중한 태도를 취하지 않으면 안 된다는 것을 선언했습니다. 실제로 그런 태도를 취하고자 노력해왔습니다. 주교들이 그들의 부주교 또는 주교대리를 통하여 어떤 시험을 시행해왔는지는 잘 알려져 있습니다. 그리고

1 490이하.

2 quicunque Ecclesiae praesunt, doceant(490). 『기독교 강요』 제4권 제4장에서 고대교회의 상황, 교황제 성립 이전의 교회정치에 관하여 논한다. 바로 앞장, 제3장에서 교회의 교사와 사역자들, 그리고 그들의 선출과 사역에 관하여 논하고 있다. 하나님께서 자신의 교회를 다스리심에 있어 하나님 그분의 말씀으로 다스리시지만, 그러한 때에 인간의 사역을 통하여 사역하신다(IV.iii.2).

3 Eosdem retinendos in gradu non esse contendimus, nisi officium facere pergant(490).

그런 것에서 발생한 결과 그 자체로부터 "그 시험이 어떤 것인가"를 추측할 수 있습니다. 실제로 태만하고 무능한 어떤 인간이 이곳저곳에서 영예로운 사제의 자리로 올라가게 되었는지 관해서는 여기서 상세히 말씀드릴 필요가 없습니다.[4] 저희 가운데는 훌륭한 대학자이면서 성직자로 봉사하는 자가 보이지 않는다고 할지라도, 그러나 어느 정도 가르칠 능력이 없는 자가 임직자가 되는 것은 전혀 허용하지 않습니다.[5] "[왜] 모든 자가 보다 완전한 상태에 가깝지 못한가?"라는 데 대한 책임은 시대의 불행으로 돌려야 하는 것으로서, 우리에게 돌릴 것이 아닙니다. 그러나 다른 성직자들과 비교할 때, 저희 교회의 성직자들이 결코 적당히 선택되지 않았다는 사실에 대하여 저희는 현재 당연히 자랑스럽게 생각하며, 앞으로도 언제나 자랑스럽게 생각할 수 있습니다. 이처럼 저희는 시험과 선거라는 점에서 다른 자들보다 상당히 앞서며, 더욱이 우리 사이에는 직무를 다하지 않는 자는 누구도 목사의 지위를 가질 수 없다는 점에서 보다 훌륭하다고 생각합니다. 왜냐하면 저희

4 칼뱅은 교회 사역자를 택함에 있어 무엇보다도 부르심(소명)에 관한 논술부터 전개한다. 그러면서 내적 부르심 또는 은밀한 부르심에 관하여서는 교회가 증인이 될 수 없다고 주장하면서, 외적인 부르심을 언급하는 가운데 "목사의 자질"로서 학식과 경건을 비롯한 선한 목사의 자질이 필요하다고 언급한다. 하나님께서 그분의 직분을 수행하도록 "필요한 무기와 도구"를 공급하신다는 것이다(IV.iii.11-12).

5 목사란, "그리스도의 가르침으로 사람들을 교훈하여 참된 경건으로 향하게 하며, 성례를 시행하며, 올바른 질서를 유지하고, 권징을 시행"하기 위하여 세움을 받은 자다. 그리고 "무지로 말미암아" 백성이 멸망하게 된다면 그 사람의 피를 그들에게서 찾는다는 겔 3:17-18을 인용한다(IV.iii.6). 교사를 포함하는 목사에게 "가르치는 사역"이란 칼뱅에게 있어 가장 중요한 목사관의 하나다.

가운데서는 하나님의 말씀에 의한 질서와 바른 설교를 행하지 않는 교회를 찾아볼 수 없기 때문입니다.

저희의 적대자들은 이런 사항에 대하여 부끄러워서 부정할 수 없기 때문에(왜냐하면 그런 명백한 것을 주장하고서, 그들이 어떤 이익을 얻을 수 있겠습니까?), 첫째로 서품의 권리와 권능에 관하여, 둘째로 그 형식에 관하여 우리와 논쟁하는 것입니다. 그들은 주교나 성직자들로 하여금 이런 문제를 담당했던 사람의 교회법을 인용하도록 합니다. 그리고 그것에 의해서 이 권능이 사도들로부터 그들에게 직접 건네졌다는 연면(連綿)하는 전승을 주장하고 있습니다. 하여, 그들은 다른 일반 사람들에게 그것을 건네는 것은 올바르지 않다고 주장합니다. 그러나 저는 오히려 그들이 그렇게 자만하는 [권능의] 소유를 그들 자신의 공적으로 고집한다고 생각합니다. 첫째로 주교들이 몇 세기 사이에 어떤 규칙에 의해서 이 권한을 소유하게 되었는지, 둘째로 그들이 그런 입장에 관하여 어떤 일을 했는지, 셋째로 교회의 통치를 위탁한 자들이 보통 어떤 것을 고안해냈는지를 고려해본다면, 그들이 자만하는 그 전승이 오래전에 중단되었음을 알게 될 것입니다. 고대의 교회법에 의하면, 주교 또는 사제로 임명받고자 하는 자는 교리와 생활에 관하여 다시 한번 올바른 시험에 의해서 음미되는 것이 바람직합니다. 이것에 대한 분명한 증거는 제4회 아프리카 회의[6] 결의록 가운데 있습니다.

6 이 회의는 398년 아우렐리우스 아래서 모여진 것으로 알려진 제4회 카르타고 회의를 말

더욱이 누구든지 자기의 뜻과는 반대로, 또는 알지도 못하는 상태에서 성직자가 되어버리는 일이 없도록 하기 위해서, 성직자들에 의해서 임명된 자를 거부하거나 인정하는 결정권을 백성 및 행정관이 가지고 있었습니다. 레오 『서한』 90에 의하면, 모든 사람 위에 있는 자는 모든 사람에 의해서 택함을 받아야 합니다. 왜냐하면 음미되지 않고 비밀리에 임명되는 자는 반드시 힘으로 밀어붙이기 때문이라고 말합니다.[7] 또한 동일하게 『서한』 87에서는 귀현(貴顯)한 사람들의 증언, 성직자들의 승인, 당국과 백성의 찬동이 있어야만 하며, 이외의 방법은 정당하지 않다고 합니다.[8] 키프리아누스 역시 이런 사실을 강하게 주장합니다. 사제는 모든 사람의 증언에 의해서 정당한 자격을 가졌다는 것이 승인되어야 하며, 백성이 있는 곳에서 그리고 모든 사람들이 보는 앞에서 택함을 받아야 한다는 것입니다.[9] 그는 말하기를, 이것은 신적 권위에 의해서 비준되어 있다고 주장합니다.[10] 교회의 상태가 인내 가

한다. 397년에 개최된 제3회에서 성서의 정경이 규정되었다. 특히 제4회 회의에서, 성직자가 있는 동안, 또는 그들의 동의가 없으면 평신도가 설교하지 못하도록 결정했다(98항). 그리고 여성이 가르치는 것을 금한다. 그 자가 학식이 있든 거룩하든 관계없이(99항).

7 레오 1세, 『서한』 90, MSL 54, 932f.

8 레오 1세, 『서한』 87, MSL 54, 926f.

9 내적 소명과 외적 소명에 관하여, 칼뱅이 전자에 대하여는 교회가 증인이 되지 못한다고 주장하면서, 후자를 강조한 이유가 여기에 있다. 『기독교 강요』 제4권 제3장 15절에 의하면, "무리 전체가 손을 들어서" 선출을 했으며, "모든 이들이 보는 앞에서 감독을 택하기를 주장하면서 그렇게 해서 그 사람의 자질과 적절함이 공적인 결정과 증언을 통해서 입증되면 그것이 곧 하나님의 권위에서 비롯되는 것이라고 주장"했다.

10 키프리아누스 『서한』 55,8; 59,6; 67,4 MSL 4.

능했던 시기에는 이 규율이 일정 기간 지켜졌습니다. 실제로 그레고리우스 서한은 그의 시대에 이 규율이 충실하게 준수되었다는 사실을 보여주는 증언으로 가득합니다.

성서 가운데 성령께서 모든 주교에게 반드시 가르치지 않으면 안 된다고 명하고 있듯이, 고대교회에서는 가르치는 사역으로 말미암아 자기가 목사임을 증명할 수 없는 주교를 임명한다는 것은 기이한 일로 간주되었습니다.[11] 이런 조건을 떠나서는, 사람을 그 지위에 임명하는 일도 없었습니다. 동일한 방식이 특정한 교구에 임직된 각 사제에 대해서도 적용되었습니다. 그런 가운데 다음과 같은 교령이 반포되었습니다. 이 세상의 일에 연루되어서도 안 되며, 자기 교회로부터 너무 먼 곳으로 나가서도 안 되며, 너무 오랫동안 비워두어서도 안 된다는 것

11 Quemadmodum docendi necessitatem Episcopis omnibus iniungit Spiritus sanctus in Scripturis: ita simile portenti habitum fuisset in veteri ecclesia, episcopum nominari, qui non simul pastorem se, doctrina, exhiberet(491). 칼뱅에게 있어 가르침이란 말씀을 먹이는 사역 전체를 말한다. "스스로 참된 감독임을 보여주지 않는 사람은…어처구니없는 일…감독이 설교를 하지 않는 일은 용납되지 않았다." 그레고리우스를 인용하여 말하기를 "감독에게서 소리가 들리지 않으면 감독은 죽은 것이오. 설교의 소리를 내지 않는 채로 이리저리 배회하면, 그 스스로 숨어계신 재판장의 진노를 불러일으키는 것이다." 결론적으로 칼뱅은 말하기를 "감독의 주요 임무가 사람들을 하나님의 말씀으로 먹이고, 건전한 교리로써 공적으로나 사적으로 교회를 세우는 데 있다"(aedificare ecclesiam publice ac privatim sana doctrina)고 한다(IV.iv.3). 하나님의 말씀을 전한다는 것은 설교자가 어떤 의미에서 비인간화가 일어나는 사건이다. 동시에 설교자에게 인간화가 요구된다. 이와 관련하여 『기독교 강요』 IV.i.5와 스타우퍼의 『칼빈의 인간성』을 보라. Richard Stauffer, *La humanité de Calvin*, Cahier théologiques NO. 51, 1964.

이었습니다. 이미 주교를 안수함에 있어서, 그 지방의 모든 주교는 모임을 가져야만 한다는 것이 교회회의에서 결의되었습니다. 그리고 만약 그때 모든 주교가 출석할 수 없다면, 적어도 세 사람의 주교가 출석하지 않으면 안 된다고 정해졌습니다. 이 교령의 목적은 누구든지 문제를 일으켜 주교권을 찬탈하든지, 은밀히 들어온다든지, 계략을 꾸며 탈취하지 못하도록 하기 위한 것이었습니다. 사제를 임명함에 있어서도, 각 주교는 자기에게 속한 사제의 모임을 가졌습니다. 이것에 관하여 보다 길게 논하고, 보다 엄밀하게 확증하는 것이 가능하지만, 저희는 여기서 서론의 일부분을 논하는 정도로 그치고자 합니다. 왜냐하면 주교들이 저희의 눈을 속이기 위해 주장하는 전승이라는 연기(煙氣)가 여기서 어느 정도의 중요성을 가지는지, 용이하게 판단하실 수가 있기 때문입니다.

그들은 그리스도의 사도들로부터 그들만이 자신들이 원하는 자를 교회에 임명할 수 있는 권한을 부여받았다고 주장하며, 또한 우리가 그들의 권위를 빌리지 않고 성직의 직무를 다하고 있는 것은 엄청난 모독이며 그들의 영역을 침범하는 것이라고 투덜거립니다. 그러나 그들은 어떤 이유로 이것을 증명할 수 있겠습니까? 그들은 그 권한을 사도들로부터 끊임없이 연속성에 의해서 받았다고 말합니다. 그러나 다른 모든 점에서는 [사도들과 전혀] 다른데 이렇게 말한다고 해서 그것이 충분하다고 보십니까? 이런 말을 한다는 것이 실로 우스꽝스럽습니다. 그런데도 그들은 그렇게 말합니다. 그들이 택함을 받을 때, 생활에 관하여도, 교리에 관하여도, 어떤 고려도 없었습니다. 백성은 선거의 자유를 박탈당했던 것입니다. 아니, 그뿐 아니라 주교좌성당 참사회원은 다른 성직자들을 무시하고, 막무가내로 모든 권능을 자기의 소유로 만들어버렸습니다. 더욱이 로마 교황은 서품권을 지방의 주교들로부터 탈취하여 자기 소유로 만들어버렸습니다. 그들은 마치 세속을 지배하는 직위에 임명된 것처럼,[12] 주교직의 일을 수행함에 있어서 그것과 거의 다를 바 없는 것처럼 생각하고 있습니다. 말하자면, 그들은 사도들이나 교회의 거룩한 교부들과 전혀 상통하는 점이 없다는 사실을 인정하면서도, "사도들로부터 연면히 이어져온 것이다"라는 것만을 구실로 삼고 있습니다. 이는 마치 그리스도가 이전에 "교회를 다스리는 자는 그가 어떤 사람이든 사도로 인정되지 않으면 안 된다"고 율법을 명하신 것과 같습니다. 더욱이 이는 자격이 있는 사람의 경우와 마찬가지로, 자격이 없는 사람에게도 마치 그것이 세습재산처럼 이전될 수 있는 것과 같습니다.[13] 밀레시아 사람에 관한 이야기가 말해주듯이,

12 정치를 좋아하는 정치꾼들에 대한 간접적 비판.

13 aut quasi haereditaria aliqua sit possessio, quae ad indignos, non minus quam ad dignos, transeat(492). 세습 문제를 정면으로 비판하는 것은 16세기 개혁가들이 교회를 개혁하기 위한 중요한 이슈로 생각한 것이다. 성직매매 문제는 행 8장에 유래하는 시모니아(simonia)로서, 서방교회에서는 사제 서임때에 주교가 어떤 형태로던 금품을 받는 습관이 생겨났다. 또한 세속권이 성직자를 서임하는 권능을 행사하는 것 역시 시모니아에 속한 것이었다. 사유교회제도는 시모니아를 불가피하게 만들었던 것이다. 성직자들은 자신의 "아들"(이라고 부르지 못하기 때문에 조카[nepos]라고 불렀던 것에서 네포티즘[nepotism]이라는 말이 유래했다)에게 세습하려고 했다. 네포티즘의 교회적 현상은 한국교회의 과제 가운데 하나다.

그들 사이에는, 선한 사람은 절대로 그들에게 들어갈 수 없다고 합니다. 또는 우연히 그런 사람이 잘못하여 들어갔다고 하더라도, 그들은 그 사람이 그들 가운데 머무는 것을 허락하지 않았습니다. 저희는 대다수의 사람들이 그렇다고 말씀드립니다. 왜냐하면 저는 그들 가운데 극히 소수의 선량한 사람이 있음을 부정하지 않기 때문입니다. 그러나 그런 사람들은 두려워서 침묵하고 있든지, 또는 사람들이 그들의 말하는 바에 귀를 기울여주지 않든지, 둘 중 하나일 것입니다. 따라서 검이나 불로써 그리스도의 가르침을 압박하는 자들, 그리스도에 관하여 신중하게 말하는 것을 용서하기는커녕 처벌하는 자들, 모든 가능한 방법을 동원하여 진리의 발전을 저해하는 자들, 그들에 의해서 상처 받은 교회가 다시는 재건되지 못하도록 힘으로 강하게 압박하는 자들, 교회의 구원에 관하여 바르고 경건하게 생각하는 모든 자를 의심하여 그들을 성직으로부터 밀어내는 자들, 만약 이미 임직을 받았을 경우에는 그들을 추방하는 자들, 이런 자들은 이제 백성에게 순수하게 종교를 가르치는 신실한 성직자들의 인도를 받아 자신들을 대신하여 그 직무를 담당할 수 있도록 소망해야 할 것입니다.

그런데 "특권을 남용하는 자들이 그 특권을 박탈당하는 것은 당연하다"는 그레고리우스의 문구(文句)가 그들 가운데서 격언으로 사용되고 있기 때문에, 그들은 다른 사람들로 대체되든지, 교회를 다스리기 위해 다른 사람을 택하든지, 또는 다른 방법을 취하든지 해야 할 것입니다. 그리고 "부당하게 자신들의 권한에 속한 것을 탈취당했다"고

투덜거리는 일은 그만두어야 합니다. 보다 정확하게 말하자면, 그들이 이전에 주교좌에 앉았던 방식과는 다른 방식으로 앉아야 하며, 별도의 방식이나 의식에 의해서 서품되어야 합니다. 만약 그들이 주교로서 인정받고 싶다면, 백성에게 먹을 것을 나누어줌으로써 자신들의 직무를 다해야 했던 것입니다. 만약 그들이 사제들에게 임명이나 서품을 집행하는 특권을 확보하려고 생각한다면, 오랫동안 그들 사이에서는 이미 낡아버린 교리와 생활에 관하여 바르고 진실한 시험이 부활되어야 합니다. 실로 다음과 같은 하나의 이유가 천의 이유에 필적한다고 생각해야 합니다. 다시 말해 "어떤 칭호를 가진다고 자만하더라도, 누구든지 실제의 행실을 가지고 스스로 건전한 가르침의 원수라는 것을 나타내 보이는 자는 교회에서 모든 권위를 잃어버린다"는 것입니다. 고대 교회의 회의가 이단자에게 무엇을 명했는지, 그들에게 어떤 권위를 남겨두었는지는 잘 알려져 있습니다. 따라서 교리의 순수함으로 교회의 일치를 지키지 않는 자는, 결코 이 권리를 확보할 수 없습니다. 저희는 말합니다. 오늘날 주교의 이름으로 교회를 다스리는 자들은 경건한 교리의 충실한 옹호자나 사역자가 될 수 없을 뿐만 아니라, 오히려 가장 상대하기 힘든 그들의 원수입니다. 다음과 같이 말할 수도 있습니다. 그들의 노력이 가지는 유일한 목적은 그리스도를 그 복음의 진리와 함께 제거해버리고, 우상숭배, 불경건, 가장 심하고 가장 무서운 오류를 견고한 것으로 만드는 것이라고 말입니다. 그들은 단지 말로써만 경건의 참된 교리를 집요하게 미친 듯이 공격할 뿐만 아니라, 어두운 곳으로부터 그것을 구원하려는 모든 자들에게 잔혹함을 맛보게 합니다. 그런 것들을 가지고 그들이 방해하려는 모든 사악한 것에 대하여, 저희는 교회를 위해서 전력을 다하여 싸우고 있는 것입니다. 이에 대하여 그들은 저희가 부당한 방식으로 그들의 영역을 침범했다는 이유로, 우리에게 불평을 늘어놓는 것입니다.

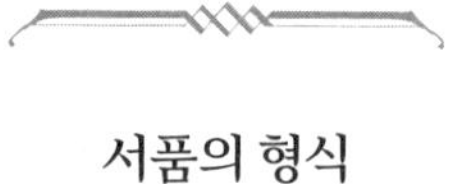

### 서품의 형식

서품의 형식이나 예식에 관하여 말씀드리자면, 이것은 그들이 저희를 곤란하게 하는 적당한 문제입니다.[14] 우리 사이에서 사제의 손에 성유를 붓지 않는다든지, 사제의 얼굴에 숨을 내뿜지 않는다든지, 사제에게 흰옷이나 그 외 여러 종류의 의복을 입히지 않는다는 이유로, 그들은 우리가 바른 서품을 집행하고 있지 않다고 생각합니다. 그러나 저희는 안수 외에 어떤 예식도 이전에는 행하지 않았다는 사실을 읽어서 알고 있습니다. 그런 것들은 최근에 시작되었으며, 지금 열심히 신앙적으로 준수하고 있다는 것 외에 어떤 칭찬을 받을 만한 이유가 없습니다. 그러나 이는 아주 중요한 것입니다. 왜냐하면 이런 중요한 문제는 인간의 권위를 넘어선 그 이상의 것이 요구되기 때문입니다. 따라

**14** 참조. 『기독교 강요』 IV.v.4를 보라.

서 인간에 의해서 발명된 것은 시대의 상황에 맞춰 종교와는 무관하게 이것을 변경하는 것도 허용됩니다. 하물며 아주 오래전부터 있었던 것이 아닌 것은 중요성도 없습니다. 그들은 잔과 쟁반을 그들이 임명한 사제들의 손에 건넵니다. "왜 그렇게 하는가?"라고 묻는다면, 희생으로 드리기 위해 그것을 정결케 하기 위해서라고 합니다. 그러나 이는 어떤 명령에 의해서 행해지는 것입니까? 왜냐하면 그리스도께서는 사도들에게 결코 그런 의식을 명하지 않으셨으며, 또한 그들의 후계자들에 의해서 그 예식이 채용되는 것을 원하지 않으셨기 때문입니다. 저희는 그 점에서 그리스도의 제정하심, 사도들의 방식, 고대교회의 관습과 조금도 다르지 않습니다. 또한 저희가 소홀히 여긴다고 그들이 비난하는 그들의 방식에 관하여, 그들은 하나님의 말씀으로부터도, 어떤 확고한 이유로도, 또는 오래되었다는 구실로도 이를 변호하지 못합니다.

### 교회의 제 규칙: 육식, 성직자의 독신제도, 고해

교회의 다스림의 문제에 관하여, 양심의 함정에 빠지지 않고 오히려 공공의 안녕에 도움이 되는 것으로서 우리가 기쁘게 받아들이는 법률도 있습니다. 그러나 다른 한편으로는 양심을 속박하고 억제하기 위해 독재적으로 만들어진 것으로서, 또 덕을 세우기보다는 오히려 미신을 조장하는 것으로서, 저희가 폐지해야만 하는 법률도 있습니다.[15] 여기서 우리의 적들은, 첫째로 까다롭고 귀찮은 것을 너무 많이 말한다는 이유로 저희를 비난하며, 둘째로 규율의 멍에를 제거함으로써 하고 싶은 대로 내버려두기 때문에 우리가 육욕(肉慾)을 바라고 있다고 탄핵합니다. 그러나 전술했듯이, 저희는 신자들 사이에서 만사가 적절하고 질서 있게 행해지는 것을 목적으로 만들어진 모든 법률을 존중하는 데 결코 반대하지 않습니다. 또한 저희는 우리가 폐지한 법률 하나하나에 관하여, 왜 그렇게 되지 않으면 안 되는지 그 이유를 언급하는 데 결코 반대하지 않습니다. 실제로 교회가 인간적 전통의 무거운 짐에 의하여 극단적으로 고통을 받아왔으며, 따라서 만약 교회를 걱정한다면 그 무거운 짐을 제거하지 않으면 안 되었다는 것입니다. 이를 증명하는 것은 결코 어려운 일이 아닙니다. 아우구스티누스는 "하나님께서 그 인자하심으로 해방시키고자 하셨던 교회가 심히 압박을 받았다. 이것에 비교하자면 유대인들의 상태가 보다 양호했다"고 하면서, 그의 시대가

15 16세기에 이미 "양심의 자유"라는 개념이 존재했다. 특히 루터가 말하는 『그리스도인의 자유』는 그것의 환언이라고 말할 수 있다. 루터의 영향을 받은 칼뱅 역시 양심에 대한 중요성을 강조하며, 『기독교 강요』 제3권 제19장에서 "그리스도인의 자유"를 논하면서, 16절은 양심의 자유에 설명하고 있다. 그에 의하면 "양심은 하나님과의 관계"에 속하는 문제이며, 따라서 "양심이란 하나님을 섬기고자 하는 살아 있는 성향이며, 경건함과 거룩함으로 살기를 바라는 순전한 열심"이라고 주장한다. 루터와 칼뱅의 양심에 대한 이해는 인문주의적 영향아래서 형성되었다고 주장할 수 있지만, 약간의 상이점이 존재한다. 전자는 초-도덕적 양심을 주장하지만, 후자는 하나님 인식에 근거한 양심론을 주장한다. David L. Foxgrover, *John Calvin's Understanding of Conscience* (Claremont, 1978, Ph.D Dissertation).

가졌던 불행에 관하여 심히 슬퍼하고 있습니다.[16] 그의 이런 탄식은 잘 알려져 있습니다. 아우구스티누스의 시대로부터 무거운 짐이 열 배나 증가했다는 사실은 거짓말이 아닙니다. 더욱이 그런 무거운 짐을 강요하는 가혹함은 그 이상으로 불어났습니다. 만약 어떤 성인이 지금 다시 살아나서, 이처럼 무한히 많은 법률 아래 찌들어 있는 불쌍한 양심의 상태에 시선을 고정했다면 어떻게 되겠습니까? 이 질문에 대하여 저희를 비난하는 자들은 혹시 저희가 뭔가 마음에 들지 않는다면, 아우구스티누스와 함께 눈물을 흘리는 것이 좋을 것입니다. 그러나 아마도 그것을 개선하려고 손을 대서는 안 된다고 대답할 것입니다. 이 반대론을 물리치는 것은 쉽습니다. 왜냐하면 인간의 법률을 지켜야만 한다고 이전에 생각했던 이 위험한 오류는 개선되어야 하기 때문입니다. 앞에서 말씀드렸듯이, 저희는 외적인 정치를 위해서 만들어진 법률을 충실하게 지켜야 한다는 것을 부정하지 않습니다. 그러나 양심을 지배하는 문제에 관하여 말씀드리자면, 하나님 한 분만이 입법자가 되십니다. 성서의 많은 곳에서 하나님 그분 자신께 속하는 것으로 말씀하시는 이 권위는 오로지 하나님께만 속해야 합니다.[17] 이 문제에 있어서,

**16** 아우구스티누스, 『야누아리우스(Januarius)의 심문에 관한 제2서한』 MSL 33,221.

**17** 참고. Inst.III.xix.7,15,16. 하나님의 뜻이 우리의 모든 행동과 계획보다 앞서야 마땅한데, 여기서 문제가 되는 것이 바로 양심이다. "무엇이 하나님의 뜻인가, 아닌가?"에 대한 통제적 원리로서 양심이 언급된다. 하나님 인식, 즉 하나님의 뜻과 밀접한 관계를 가지는 양심은 결국 하나님의 말씀과의 관계 속에서 이해되어야 한다. 다음을 참조하라. Ronald S. Wallace, *Calvin's Doctrine of the Christian Life* (Edinburgh: Oliver and

첫째로 결코 더럽혀져서는 안 될 하나님의 영예가 전복되었으며, 둘째로 바울이 인간의 판단에 따르는 것을 극도로 금지했던 양심의 영적 자유가 전복되고 있습니다.[18] 이처럼 신자의 양심을 얽어매는 부당한 속박을 제거하는 것이 우리의 임무이기 때문에, 저희는 양심이 인간의 율법으로부터 벗어나 있고, 또한 그리스도의 피로 얻게 된 이 자유가 더럽혀서는 안 된다는 사실을 가르치고 있는 것입니다. 만약 누군가 이것에 있어서 우리에게 죄가 있다고 주장한다면, 동시에 그는 그리스도와 사도들을 동일한 죄책으로 몰아넣지 않으면 안 될 것입니다. 그러나 저희는 우리를 인간적인 전통 안으로 무리하게 끌어넣으려는 다른 해악을 헤아리지 않습니다. 저는 오로지 두 가지만을 말씀드리고자 합니다. 이것을 듣는다면 모든 공평한 독자들의 소견은 만족될 것으로 확신합니다. [그 하나는] 그런 율법 가운데 몇 가지가 요구하는 것은 실행 이상의 문제로서, 사람들로 하여금 오로지 위선으로만 인도하든지, 아니면 절망으로 빠트리는 것일 뿐입니다. [또 하나는] 그리스도께서 바리새인들을 향하여 비난하신 것, 즉 "그들로 말미암아 하나님의 계명이 무용한 것이 되었다는 사실이 이런 모든 율법에서 현실화되었다"는 것입니다.

이 사실에 대해 보다 알기 쉽도록 예를 들어보겠습니다. 그들이 우

Boyd, 1959).

**18** 참고. 롬 14:14, 22-23; 갈 4:5; 딤전 1:19; 딛 1:15; 고전 8:9; 10:28-29; 행 24:16.

리에게 가장 심하게 화를 내고 있는 것은 다음 세 가지입니다. 첫째는 우리가 아무 날에도 고기를 먹는 것이 문제가 되지 않는다고 말한 것입니다. 둘째는 사제에게 결혼을 허용했다는 것입니다. 셋째는 사제의 귀를 향하여 은밀히 실행되어온 고해를 폐지한 것입니다. 그렇다면 저희의 적대자들은 다음 제 질문에 정직하게 답변해주길 바랍니다. 금요일에 고기를 먹은 자보다도, 연중 쉴 새 없이 여자를 사들이는 자가 보다 엄한 벌을 받아야 하는 것이 아닙니까? 사제가 아내를 취하는 죄보다도, 간음의 죄를 백 번 범한 것이 더 무거운 죄가 아닌가요? 일 년에 한 번 사제의 귀를 향하여 고해하는 것을 어긴 죄보다도, 하나님의 많은 계명을 소홀히 하는 것이 보다 쉽게 넘어갈 수 없는 죄가 아닙니까? 저는 묻고 싶습니다. 하나님의 지극히 거룩한 율법을 범하는 것에 대해서는 너무나도 가볍게 용서받을 수 있는 과실로 생각하면서도, 인간이 규정한 것을 어기면 보상할 수 없을 만큼의 큰 죄악으로 생각한다는 것이 얼마나 이상합니까?[19] 물론 이것이 결코 새삼스러운 일은 아니라는 사실을 저는 인정합니다. 왜냐하면 앞에서 말씀드렸듯이, 그리스도께서 바리새인들에게 그들 자신의 전통에 의해서 하나님의 율법을 무효로 만들어버렸다고 말씀하시면서 그 죄를 고발하셨기 때문

19 Quale, obsecro, portentum, delictum videri leve et venia dignum, si quis sacrdosanctam Dei Lagem violauerit: si quis autem hominum placita transgressus fuerit, scelus inexpiabile haberi?

입니다.[20] 이는 정말 반(反)그리스도적 교만으로서, 바울은 이것에 관하여 스스로 하나님의 전에 앉아서 자기가 하나님이라고 선언하는 것과 같다고 합니다.[21] 왜냐하면 인간의 율법이 하나님의 영원한 명령에 우선할 정도로 이 죽을 수밖에 없는 인간이 교만해진다면, 그 어디에 하나님의 측량할 수 없는 위엄이 존재하겠습니까? 사도가 음식과 결혼의 금지를 "악령의 가르침"이라 부르는 것에 관해서는 생략하겠습니다.[22] 그곳에는 악 이상의 것이 있습니다. 그러나 불경건의 절정은 하나님보다도 인간을 높은 곳에 두는 것입니다. 만약 그들이 제가 진실을 말하고 있다는 사실을 부정한다면, 저는 사실 그것에 직소할 것입니다.

실제로 독신과 비밀고해(auricularia confessio)에 관한 두 계율은 영혼에 대한 가혹한 고문이 아니고 무엇이겠습니까?[23] 그들은 교회에 속한 모든 성직자들이 일평생 정결을 맹세한 이상, 그 맹세로 말미암아 아내를 얻는 것이 허용되지 않는다고 합니다. 만약 견인의 은사가 사라지게 된다면 어떻게 됩니까? 그들은 그런 실례가 하나도 없다고

20 마 15:6.
21 살후 2:4.
22 딤전 4:1-3.
23 독신에 관해 칼뱅은 『기독교 강요』에서 보다 상세하게 다룬다. Inst.IV.xii.26-28을 보라. 그는 말하기를 독신이란 "장식적인 정절"(26)이며, "결혼에 찬성한 고대교부들에게 무엇이라고 말할 것인가?"(26)라고 비난한다; 참조. 딜렌버거, 『그리스도교 개선에 관하여 독일 그리스도교 귀족에게 보내는 글』, 526-534.

말합니다. 그렇지만 경험상, 주교들을 정욕의 화로(火爐) 가운데 묶어서 끊임없이 타오르는 불로 열을 올리는 것보다는 오히려 그런 멍에를 그들에게 부과하지 않는 것이 훨씬 좋다는 사실은 너무나도 명백합니다. 저희의 적대자들은 동정(童貞)을 찬양하는 말을 가끔씩 합니다. 사제들은 결혼을 금지한 데에는 이유가 있다는 사실을 증명하기 위해 독신생활의 이점을 헤아립니다. 그들은 그것이 아름답고 깨끗한 것이라고 주장합니다. 그러나 그들은 이런 모든 것에 의해서, 그리스도께서 오로지 자유하시고 속박 받으심이 없는 자가 되셨다는 것을 증명할 수 있을까요? 또한 그 권위와 그 피의 대가에 의해서 해방된 양심을 덫에 걸려 넘어지게 하는 것이 허용되었다고 증명할 수 있을까요? 바울도 그런 것은 일부러 하지 않습니다.[24] 도대체 그런 새로운 제멋대로는 어디서 유래하는 것입니까? 더욱이 설령 동정(童貞)이 찬양으로 인해 하늘에까지 올라간다고 할지라도, 외설적인 것으로 세상을 더럽히고 있는 사제들의 독신제도와 그것은 어떤 관계를 가집니까? 만약 그들이, 말로 표현하는 정결을 사실 그 자체로서 실증한다면, 저는 그들이 "이렇게 하는 것이 적절하다"라고 말하는 데 대하여 인정할 것입니다. 그러나 결혼 금지가 사제들에게 방종과 방탕의 구실이 되어버렸다는 사실을 알지 못하는 사람이 없는 현 상황에서, 그들은 어떤 얼굴로 이 제도가 적절하다고 힘주어 말할 수 있는지, 그것을 저는 묻고 싶습니다.

24 고전 7:35.

실로 나쁜 평판이 퍼지지 않은 자들에 관해서는 여기서 장황하게 논의할 필요가 없기 때문에 그들을 하나님의 심판의 자리로 돌려드립니다. 그들은 그곳에서 자신들의 정숙에 관하여 논하면 될 것입니다. 이것에 대하여 어떤 사람은 "이 계율은 자발적으로 서약한 자들에게만 부과된 것이다"라고 반문할지 모릅니다. 그러나 그들로 하여금 서약할 수밖에 없도록 하는 필연 이상으로 더 큰 어떤 필연성을 생각할 수 있겠습니까? 모든 사람에 대하여 규정된 조건은 다음과 같습니다. 먼저 서약에 의해서 평생을 독신으로 지내겠다는 결심을 한 자가 아니라면 어느 누구도 사제 서품의 반열에 설 수 없다는 것. 일단 서약한 자는 자신의 의지에 반하여도 일단 받아들인 것을 실행하지 않으면 안 된다는 것. 이런 것에 관하여 어떤 반대의 이유도 받아들여지지 않는다는 것입니다. 그런데 이렇게 강요된 독신생활도 자발적인 것이라고, 그들은 말합니다. 결혼생활의 불편한 점과 독신생활의 편리한 점을 헤아려보는 것은 수사학자들에게 맡기고자 합니다. 그런 것에 관한 연설을 연습하는 것으로, 그들은 학교에서 언어용법을 개선할 수 있을 것입니다. 그러나 그들이 무엇을 말하든지, 성직자의 독신제도 때문에 불쌍한 영혼이 멸망의 덫에 걸려서 도망가지도 못하고 끊임없이 번민하며 고뇌할 수밖에 없다는 사실을 부정할 수는 없습니다. 그러나 이해할 수 없는 것은 이런 수치스러운 악행 가운데 위선이 있다는 것입니다. 다시 말해, 그들은 자기들이 어떤 사람이든 간에 아내를 두지 않는다는 이유로 인해 다른 사람들보다 훌륭한 사람으로 착각하고 있습니다. 고해에 관해서도 동일하게 말할 수 있습니다. 그들은 고해에 의해서 얻을 수 있는 유익을 헤아립니다. 그러나 저희는 반대로 당연히 두려워할 수밖에 없는 적지 않은 위험을 제시할 수 있으며, 그로부터 유발되는 수많은 해악을 용이하게 지적할 수 있습니다. 물론 이런 것이 어느 편에도 자신들에게 유리하게 논할 수 있는 논의라는 사실을 저는 인정합니다. 그러나 변경한다든지 이래저래 왜곡할 수 없고 절대로 반대할 수 없는 그리스도의 영원한 규칙이란 양심을 속박하고 강요해서는 안 된다는 것입니다.[25] 그들이 강요하는 계율은 영혼을 힘들게 하며, 결국에는 파멸로 치닫게 될 수밖에 없습니다. 왜냐하면 그것은 각 사람에게 일 년에 한 번씩 소속 사제에게 모든 죄를 고백하도록 명하며, 그렇지 않고서는 용서받을 만한 희망을 전혀 남겨두지 않기 때문입니다. 신중하게 다시 한번 말씀을 드린다면, 하나님을 두려워하면서 이것을 시도해본 모든 사람은 이것이 백 분의 일도 실행할 수 없는 사실임을 경험했다는 것입니다. 왜냐하면 사람들을 절망에 이르게 하는 것 외에는 벗어날 수 있는 길을 발견할 수 없기 때문입니다. 반대로, 간단히 다른 방

25 At perpetua est Christi regula, quae nec mutari, nec flecti huc vel illud potest: imo de qua nesas est movere controversiam: ne servitute urgeantur conscientiae(496). 참조. "그리스도 안에서만 완전한 안전 가운데서 안식할 수 있는 것이다…. 사도는 신자들이 양심의 자유를 얻었으므로 그 자유를 쓸데없이 불필요하게 속박할 필요가 없음을 말한다"(Inst.III.xix.3). "우리의 양심이 자유를 유지하지 않으면 그리스도께서 희미해지며"(Inst.III.xix.14). 마음의 평안을 가리켜 선한 양심이 하나님을 향하여 찾아가는 것이라고 한다(Inst.III.xix.15).

법으로 하나님께 죄를 보상하기를 원하는 자들에게 고해란 위선을 위해 편리한 위장막이 되었습니다. 왜냐하면 그들은 사제의 귀에 자신들의 죄를 내뱉는 순간에 하나님 앞에서 책임을 다한 것으로 생각하기 때문이며, 그 후에는 보다 자유롭게 죄를 범하기 때문입니다. 이는 무거운 짐을 내려놓는 방법이 너무나도 간단하기 때문입니다. 그들의 영혼에는 계명이 명하는 것을 실행했다는 확신이 붙어 있기 때문에, 어떤 방식으로 계산해도 자신들의 모든 죄가 그 가운데 포함되었다고 생각합니다. [그러나] 그것들 가운데 천 분의 일조차도 획득하지 못한 것입니다. 저희의 적대자들은 "왜 교회의 규율이 당신들에게 의미 없는 것이 되었는가?"라고 부르짖고 있습니다만, 그 이유를 생각해주시길 바랍니다. 이는 불쌍한 양심이 가장 잔혹한 폭정의 압박으로 멸망하지 않도록, 그것을 돕고 위선자들의 은밀한 집으로부터 백일하로 끌어내어, 그들이 가장 엄하게 자기 자신을 음미하며 변명의 구실로 삼고 있는 하나님의 심판에 관하여 보다 바른 생각을 가지도록 노력하게 하는 것 외에 아무것도 아닙니다.

그러나 사람들은 이렇게 말할지도 모릅니다. "물론 많은 남용이 있고 그것은 분명히 개선되어야 하지만, 계율은 거룩하며 유익하고 오랫동안 실시되어왔고, 어떤 의미에서는 거룩하게 구별되었기 때문에 지금 곧바로 폐지해서는 안 된다"고 말입니다. 저 역시 육식(肉食)에 관해서는 다음과 같이 답변하고자 합니다. 저희의 가르침은 고대교회의 그것과 일치한다는 것입니다. 그들에 의하면 고기를 언제나 먹는 것도 자유이며, 또한 먹지 않는 것도 자유라는 것입니다. 사제에 대한 결혼 금지가 예로부터 있었고, 그것과 동일하게 수도승이나 수녀가 종생토록 정결 서약을 하는 것도 이전부터 존재해왔음을 저도 인정합니다. 그러나 만약 그들이 하나님의 분명하신 의지가 인간의 관습 이상이라고 인정하다면, 그리고 우리가 그 하나님의 뜻을 견지하고 하나님 또한 우리를 명확하게 지지해주신다는 사실을 부정할 수 없다면, 왜 그들은 오래됨에 관하여 우리와 논쟁하려고 하는 것입니까? 성서의 말씀에, 모든 사람에게 결혼은 중요하다는 명백한 사실이 있습니다.[26] 바울은 감독이 특히 아내를 가져야 한다고 말합니다.[27] 또한 그는 일반론으로서, 모든 "정욕에 불타는 자"를 향하여 결혼하도록 권고하며 또 "결혼을 금하는 것은 악령의 가르침"이라고 말하고 있습니다.[28] 인간이 하나님 이상의 존재가 아니라고 한다면, 이런 명백한 성령의 음성에 반대하여 인간의 풍습을 세워가는 것이 도대체 어떤 도움이 되겠습니까? 따라서 이 문제에 관하여 고대교회의 관례를 저희에게 예로 드는 자들이 얼마나 공평하지 못한 판정을 내리는 자들인지 특별히 주의하지 않으면 안 됩니다. 도대체 사도 시대보다도 오래되고, 더 많은 권위를 가진 교회를 어떻게 알 수 있습니까? 진실로 저희의 적대자들도, 그 당시 교회의 모든 성직자에게 결혼하는 것이 허

**26** 히 13:4.
**27** 딤전 3:2; 딛 1:6.
**28** 고전 7:9; 딤전 4:3.

용되었다는 사실을 부정하지 않습니다. 만약 사도들이 사제는 결혼하지 않는 편이 좋다고 생각했다면, 왜 그들은 그 결혼의 은사를 교회로부터 박탈해버린 것입니까? 약 250년이 경과된 후인 니케아 회의 즈음에 소조메누스(Sozomenus)[29]가 말하듯이, 성직자들에게 독신을 부과하는 데 대한 논의가 있었지만 파프누티우스(Paphnutius)[30]가 개입함으로써 이 문제는 완전히 해소되었습니다.[31] 즉 본인은 독신이었지만 독신에 관한 것을 규칙으로 규정해서는 안 된다고 주장했고, 공의회에 참석한 모든 자들이 그에게 찬성했다고 전해오고 있습니다. 그런데 차츰 미신이 펴져가면서, 이전에 폐지되었던 규칙이 급기야 시행되었습니다. 따라서 오래되었다는 고대성(古代性) 때문이 아니라, 저자가 분명하지 않기 때문에 사도의 작품으로 간주해버린 교회법 가운데 "성가의 제창자 및 낭독자를 제외한 성직자는 일단 서품된 후에는 아내를 취할 수 없다"는 교회법이 있습니다. 그러나 보다 오래된 교회법은 주교와 조제(sacerdotes ac diaconi)가 종교적 이유로 아내를 멀리하는 것을 금하고 있습니다. 강그라 공의회[32] 제4장에는 "기

29 기원후 5세기경의 교회사가로서 에우세비오스의 교회사를 요약하고, 그다음 시대(324-425)를 보충했다.

30 360년경 이집트의 주교로서 로마 황제 막시미누스(308-313)의 시대 때 박해를 받았다. 성녀 타이스를 회심시켰다는 것으로 유명하다.

31 일반적으로 독신제가 처음으로 교회회의에서 확정된 것은 306년 스페인 엘비라 교회회의였다고 알려지고 있다. 그러나 독신제는 철저하게 시행되지 않았다. 독신제는 1123년 라테란 회의에서 철저하게 규정했고, 1545년 트리엔트 공의회에서 재확인되었다.

32 345년 파플라고니아의 강그라에서 개최되어(Council of Gangra in Paphlagonia),

혼 사제와 독신 사제를 구별하여, 전자가 희생을 드릴 때 결석한 자들에게는 저주가 있을 것이다"라고 선언하고 있습니다. 이런 것으로부터 그 당시가 후세보다도 공정했다는 사실이 분명합니다. 그러나 저는 여기서 이 문제를 철저하게 논하고 싶지 않습니다. 부언하자면, 저희의 반대자들도 인정하는 순수한 초대교회가 저희와 의견을 달리하지 않고 있다는 것은 지적해둘 필요가 있습니다. 그런데 그것을 인정하면서도, 그들은 마치 우리가 거룩함과 속된 것을 혼동하고 있다는 듯이 우리를 신랄하게 탄핵하는 것은 왜 그렇습니까? 말하자면, 저희가 그들보다도 훨씬 더 고대교회와 일치하고 있음에도 불구하고, 이 문제에 대하여 저희가 그들을 쉽게 반박하지 못하는 자들이 된 것과 같습니다. 저희는 이전에 사람들에 의해서 금지되었던 사제의 결혼을 자유로운 것으로 만들었습니다. 그러나 그들은 그들 간에 여러 곳에서 행해지는 방탕에 관하여 우리에게 어떻게 답변하겠습니까? 그들은 그 사실을 인정할 것을 거부합니다. 그러나 만약 그들이 고대 교회법에 따른다고 한다면 보다 엄격한 제재를 가해야 할 것입니다. 네오카이사레아 교회회의(Neocaesariensis Synodus)[33]는 사제가 아내를

유스타티우스(Eustathius)에 의해서 제창된 극단적인 금욕주의를 부정하고 금욕생활의 올바른 방식을 제시했다. 다음을 참고하라. Philip Schaff, *History of the Christian Church*, vol. III. 70.

33 315년, 앙키라(Ancyra) 회의 직후에 폰투스(Pontus)시의 네오카이사레아에서 개최되었다. 니케아 공의회에 앞서서 모인 회의가 된다. 주로 교회의 규율과 결혼에 관한 15개의 교령을 정했다. 제1항에서는 만약 감독이 결혼한다면 그 직무를 포기해야 한다. 간음

취하면 벌을 내리고 서품을 취소했습니다. 그러나 사제가 간음과 방탕의 죄를 범하면 더욱 엄격한 벌을 내리고, 서품을 취소한 후에 파문했습니다. 그런데 현재는, 아내를 취하는 것을 중죄로 여기면서도, 백 번 창부를 매수해도 약간의 벌금을 먹이는 정도로 끝납니다. 만약 처음에 독신제도에 관하여 그런 규칙을 만든 사람들이 지금 되살아난다면, 반드시 지금의 실태로부터 깨달아 이것을 즉각 폐지할 것입니다. 여하튼 상술했듯이, 저희는 분명하게 하나님의 음성에 의해서 죄 없는 자가 되었음에도 불구하고, 저희를 인간의 권위로 정죄하는 것은 부당합니다.

고해에 관해서는 보다 간단하게 설명하고자 합니다. 사실, 저희의 적대자들은 인노켄티우스 3세[34] 이전에 고해의 의무가 신자에게 부과되었는지에 관하여 증명하지 못하고 있습니다. 다시 말해서, 그들이 이처럼 격렬하게 우리와 싸우고 있는 횡포적인 지배를 그리스도 교계는 1200년 동안 모르고 있었던 것입니다. "라테란 공의회 교령"이라는 것이 있기는 합니다.[35] 그러나 그런 종류의 교령은 많이 존재

의 죄를 범하면 파문된다.

**34** 로마 교황(재위1198-1216)으로서 로마 교황청의 강화와 잃어버린 교황령 회복에 노력했다. 재위 기간 동안 중세 로마 교황권의 명예와 권력은 절정에 달했다. 제4차 십자군을 파견하고, 라테란 공의회(1215)를 개최했으며, 순회설교와 사도적 청빈을 주장하던 왈도파와, 성직자들의 부패를 끊임없이 비판했던 알비파(Albigenses)를 이단으로 규정했다.

**35** 라테란 공의회는 7세기에서 18세기에 이르기까지, 가끔씩 개최되었다. 여기서 말하는 "라테란 공의회 교령"이란 1215년 인노켄티우스 3세에 의해 개최된 회의에서 작성된 교

합니다. 역사적인 지식을 어느 정도 가진 사람들이라면 그 시대의 무지와 조잡함을 알고 있습니다. 이것은 지배자들이 무지하면 무지할수록 횡포를 자행한다는 관례와 일반적으로 일치합니다. 그럼에도 불구하고, 누구든지 그 규칙을 지키지 않으면 안 된다고 생각하는 사람 모두가 어떤 미로에 빠지게 될지에 관해서는 모든 경건한 영혼이 우리의 증인이 되어줍니다. 양심에 대한 이런 잔혹한 고문에, 더욱이 그 가운데 죄 용서를 포함시키는 저주받기에 마땅한 교만을 더하고 있습니다. 왜냐하면 그들은 고해 서약을 하지 않으면 어느 누구도 하나님의 용서함을 받을 수 없다고 생각하기 때문입니다. 저는 묻고 싶습니다. 도대체 죄인이 하나님과 화해하는 방법을 인간이 자기 머리로 결정해버린다는 것이 무슨 의미입니까? 하나님께서는 신실하심으로 용서하시는데, 어찌하여 그들은 자기들이 첨가한 조건을 채우기까지는 용서해주시지 않는다고 주장할 수 있습니까? 다른 관점에서 말하자면, 백성들 사이에서는 자신의 무거운 죄 짐을 사제의 귀에 내려놓는 순간 모든 죄책으로부터 해방된다고 하는 무서운 미신이 펴져 있습니다. 많은 사람이 마음대로 죄를 범하기 위해 이런 생각을 남용하고 있습니다. 이들보다도, 하나님을 조금이라도 두려워하는 자들조차도, 그리스도보다 사제에 더욱 신경을 쓰고 있습니다. 그러나 이전에 교회와 화해할

령을 말한다. 이 교령에 의해서, 성체의 비적(秘跡, 화체설)이 규정되고, 모든 신자들은 1년에 1번은 고해성사를 받고, 부활절에는 성찬에 참여해야 한다는 규정을 만들었다.

수밖에 없었던 회개해야 했던 자들에게 언제나 공적으로 부과되었던 엄숙한 "죄의 고백"(키프리아누스가 그렇게 불렀지만[36])에 관하여 말하자면, 사실 그것이 제정된 목적에 합당하게 시행만 되었다면 건전한 사람들 가운데서 이것을 칭찬하고 기뻐하며 수용하지 않을 자가 없을 것입니다. 요컨대 저희는 이 문제에 관해서 고대교회와 어떤 의견의 상이함도 없습니다. 저희가 하고자 하는 것은 예전에는 없었지만 최근에 생겨난 횡포적인 지배를 신자들의 어깨로부터 제거하고 이것을 타파하는 것입니다. 이는 당연한 것입니다. 만약 누군가가 위로와 조언을 구하기 위해, 개인적으로 자기가 속한 성직자를 방문하여 그의 고통의 원인에 대하여 속마음을 털어놓았을 때, 그것이 강제적인 것이 아니라 자유롭게 행해졌다고 한다면 저희는 결코 이를 불경건하고 무익한 일로 이의를 제청하지 않을 것입니다. 제가 말씀드리고 싶은 것은 "이런 경우에, 각자 자신에게 적절하다고 생각한 것을 자유롭게 해야지, 어떤 규칙으로 양심을 구속해서는 안 된다"는 것입니다. 황제폐하 및 영예로운 제후 여러분이시여, 저는 여러분께서 이상의 변명을 온전히 공정한 것으로 바라보시며, 이것에 만족해주시길 바라 마지않습니다.

36 exomologesis. 고대교회가 말하는 고백(confessio)에는 1. 재판소에서 순교자가 행하는 신앙고백, 2. 교회적 훈련, 3. 찬양이라는 세 가지의 의미를 가졌다. exomologesis는 두 번째의 교회적 훈련으로 고해 또는 참회를 의미한다.

# 7 ◆ 개혁운동의 필요[1]

## 혼란의 책임

실로 진리의 가르침이 부패하여 그리스도교 국가 전체가 많은 죄악으로 오염되고 있는 사실을 우리가 탄식한다는 것은 지극히 당연한 일임에도 불구하고, 저희를 비난하는 자들은 이런 것이 원인이 되어 필연적으로 교회가 혼란스럽게 될 뿐이라고 합니다. 그들은 전 세계가 흔들리고 있다는 사실을 부정하고 있습니다. 저희는 사회적 소란을 어떻게든지 방지하지 않으면 안 된다는 사실을 깨닫지 못할 정도로 바보가 아니며, 또한 교회의 현실이 혼탁하다는 것을 알면서도 이것을 마음으로부터 두려워하지 않을 정도로 둔감한 자도 아닙니다. 더군다나 저희가 현재의 혼란을 불러일으키지 않았음에도 불구하고 그 죄책을 저희에게 돌리는 것은 얼마나 불공평합니까? 아니, 모든 소동의 명확한 장본인들은 어떤 얼굴로 저희에게 교회 혼란의 죄를 부과하는 것입니까? 이것은 마치 이리가 어린양에 관하여 불평을 늘어놓는 것과 같습니다. 먼저 루터가 나타났을 때, 그는 도저히 참을 수 없을 정도의 극단적인 몇몇 남용에 관해서만 경종을 울렸습니다. 그는 그런

1 499이하.

남용을 본인 스스로 개선하기보다는, 다른 사람들이 개선하는 것을 바라보는 겸손함을 가졌기 때문에 그런 점을 지적했던 것입니다. 그런데 반대파는 "무력에 호소한다"라고 부르짖게 되었고 점차 싸움이 격렬해지면서, 저희의 적대자들은 힘과 폭력으로 진리를 압박하는 것이 최상의 수단이라고 생각하게 되었습니다. 그 결과 저희의 동료들은 우정을 가지고 서로 이야기해보자고 권유하며 온화한 방법으로 불화를 제거하기를 바랐음에도 불구하고, "죽여라"는 유혈 명령에 의해서 잔혹하리만큼 타격을 받아 결국 문제는 이런 비참한 분열로 발전하게 되었습니다.

그러나 이런 비방이 결코 새삼스러운 것은 아닙니다. 저희가 오늘날 귀로 들을 수밖에 없는 이런 비난과 동일한 것을 이전에 불신앙으로 가득한 아합이 엘리야에게 말했던 데에서 발견하게 됩니다. 말하자면 그는 "너는 이스라엘을 괴롭히는 자"라고 했습니다. 그러나 거룩한 예언자는 다음과 같이 답하여 저희의 죄를 해명해주었습니다. "내가 이스라엘을 괴롭게 한 것이 아니라, 당신과 당신의 아버지 집이 괴롭게 했습니다. 당신이 주를 버리고 바알들을 따랐기 때문입니다."[2] 위의 답변의 내용으로부터, 저희와 같은 엘리야를 죄로 규정한 것이 당연하다고 생각하지 않는다면, 오늘날 종교문제로써 그리스도교 신자들 사이에 이처럼 격렬한 싸움을 야기했다는 악담으로 저희를 압박하

**2** 왕상 18:17, 18.

는 것은 부당합니다. 엘리야는 오로지 다음과 같은 이유에서 변명했습니다. 그것은 그가 하나님의 영광을 지켜서 하나님께 드리는 순전한 예배를 재건하기 위해서 싸웠다는 이유입니다. 그리고 그는 소란과 투쟁이라는 죄를, 진리에 대항하여 소란을 야기한 자들에게로 돌리고 있습니다. 그런데 저희가 오늘날까지 행하여 왔고, 지금도 행하고 있는 것은 오로지 한 분 하나님께서 저희 가운데서 섬김을 받으시는 이 단순한 진리가 교회를 지배하는 것 외에 어떤 다른 목적을 가진 것이 아닙니다. 만약 저희의 적대자들이 이 사실을 부정한다면, "그들과 의견을 달리하기 때문에 저희가 죄를 범하고 있다"라는 사실을 말하기 이전에, 적어도 "저희가 불경건한 가르침을 전하는 죄를 범하고 있다"는 사실을 저희에게 납득시켜주어야 합니다. 도대체 저희는 어떻게 해야 합니까? 평화를 되찾기 위한 유일한 조건은 저희가 침묵함으로써 하나님의 진리를 배반하는 것입니까? 그리고 침묵하는 것만으로도 부족하여 저희가 불경건한 교리, 즉 하나님께 대한 서슴지 않는 욕된 말과 심각한 미신을 암묵적으로 찬성함으로써 인정하지 않으면 안 된다는 것입니까? 적어도 불신앙의 무리에 동참하지 않는다는 것을 분명하게 단언하는 것 외에 우리가 무엇을 할 수 있겠습니까? 따라서 저희는 저희의 의무였던 것을 진솔하게 다하고자 노력한 것밖에 없습니다. 사태가 이처럼 격렬한 대립행동으로까지 발전한 것의 책임은 경건하고 건전한 가르침을 인정하기보다는 오히려 천지를 뒤엎고자 하는 자들에게 있습니다. 그들의 의도는 일단 손에 얻은 횡포적인 지배를 어떻게든 확보하려는 데 있습니다.

그러나 "하나님의 지극히 거룩하신 진리가 저희 편이며, 저희도 그 것만을 주장하기 위해 싸워왔으며, 적대자들이 저희와 싸운다는 것은 곧 저희뿐 아니라 하나님께 대한 도전이라는 사실이 충분히 입증되었다"고 저희는 생각합니다. 말씀드리자면, 저희가 좋아서 이런 맹렬한 싸움에 가담한 것이 아니라 오히려 그들의 횡포에 의해 마음이 원치 않음에도 연루되어버린 것입니다. 따라서 어떤 일이 발생하더라도 저희가 증오받을 이유가 없습니다. 왜냐하면 저희에게는 사건을 억제할 수 있는 능력도, 실행할 수 있는 능력도 없기 때문입니다. 불경건한 자들이 복음의 교리로부터 소란(騷亂)의 씨앗을 끄집어내고, 또한 악함이 없음에도 분열의 원인을 이끌어내어 마치 복음이 그런 원인을 만들어낸 것처럼 그 치욕을 복음의 탓으로 돌리고 있는 것은 작금에 이르는 모든 시대를 통하여 그 예를 찾아볼 수가 없는 일입니다. 말하자면, 초대교회 당시 그리스도께서 백성에게 "부딪히는 돌과 걸려 넘어지게 하는 바위"[3]가 될 것이라는 예언이 성취되어야 한다고 말씀했듯이, 그 말씀이 저희 시대에도 여전히 진실하다는 것이 조금도 이상하지 않습니다. 정말 건축가가 기초공사의 주요한 돌이 되어야 할 돌을 버렸다면, 이는 분명 기이한 일이라 생각하지 않을 수 없습니다. 물론 그리스도의 경우에 처음부터 그렇다고 했다면, 오늘날 동일한 일이 일어났

3 벧전 2:8.

다고 해서 저희가 조금도 놀랄 일은 아닙니다.

황제폐하 및 영예로운 제후 여러분이시여, 여기서 저는 여러분께 이하의 것을 호소하고자 합니다. 즉 교회의 이런 불행한 분열, 그리고 분쟁으로 야기되는 그 외의 많은 재난을 고려한다든지 또한 다른 사람들로부터 그런 이야기를 듣는다면 부디 다음과 같은 사실을 기억해주시길 바랍니다. "그리스도께서 반대의 목표가 되셨다는 것, 그리고 그분의 복음이 선포될 때마다 즉시로 불경건한 자들이 미친 듯이 반항하도록 그들을 부추겼다[는 것을 말입니다]." 분쟁으로부터 반드시 혼란이 일어납니다. 이 세상이 복음 선교에 대하여 격렬하게 반항하고 대응하는 것은 복음이 처음부터 끝까지 언제나 짊어져야 할 운명입니다. 그러나 이런 재난이 일어나는 원인에 주의하는 것은 현명한 것입니다. 누구든지 이것에 눈을 돌리는 자는 용이하게 저희를 모든 비난으로부터 자유롭게 해줄 것입니다. 실제로 저희가 이미 행한 것처럼, 진리를 위해서 증언한다는 것은 반드시 필요합니다. 만약 세상이 그리스도께서 가져다주신 평화를 받아들이지 않고 오히려 그분에게 대항하여 싸움을 건넨다면 "화 있을진저"입니다. 왜냐하면 그리스도로부터 징계받음에 있어 인내하지 못하는 자가 상처를 입게 되는 것은 분명하기 때문입니다.

여기서 다시 다음과 같은 반대론이 저희에게 제출될지 모릅니다. 즉 "교회의 모든 악덕(惡德)은 그렇게 난폭한 방법으로 개선되거나 근절되지 않을 것이며, 또한 약이 만인에게 효력이 있는 것도 아니다. 그렇기 때문에 만약 개선하기가 곤란하다면, 어떤 종류의 악덕은 천천히 제거하고, 어떤 종류의 악덕은 눈감아주어야 한다[고 말입니다].” 이것에 대하여 저는 이렇게 답변하겠습니다. 저희는 교회가 지금까지 어떤 악덕에 의해서 더럽혀져왔으며, 앞으로도 항시 더럽혀지리라는 것을 알지 못할 정도로 일반 생활에 관하여 무지하지 않다는 것입니다. 그런 악덕은 신실한 자들부터 비난받아야 할 것이었지만, 그런 악덕의 원인에 대해서 정색을 하고 대들기보다는 오히려 인내해야 할 것입니다. 그러나 적대자들은 저희가 빙산의 일각과 같은 작은 오류 때문에 번거로운 일을 교회에 떠맡기는 깐깐한 자들이라고 말하면서 우리에게 부당한 처사를 가중시키고 있습니다. 왜냐하면 그들은 여러 가지 다른 비방에 다음과 같은 또 하나의 비방을 더하기 때문입니다. 즉 그들은 저희가 문제 삼고 있는 사항들을 가급적 모든 수단을 동원하여 대수롭지 않은 것으로 취급하려고 하며, 또한 저희가 바른 주장 때문이 아니라 오히려 싸움을 좋아하는 욕망 때문에 여기까지 온 것처럼 보이게 하려고 노력합니다. 그들은 이 사실을 알지 못하고 행하는 것이 아니라 간계함으로 행하고 있습니다. 왜냐하면 그들 자신이 저희에게 덮어씌우는 냉혹함보다 더 혐오스러운 것이 없다는 사실을 그들도 알고 있기 때문입니다. 그러나 그들은 모든 문제 가운데서 가장 중요한 문제에 관하여 이처럼 경멸적인 태도로 말한다는 사실로부터 그들 자신의 불경건이 폭로되고 있습니다. 하나님께 드리는 예배가 더럽혀지고, 하나님의 영광이 소홀히 되고, 구원의 가르침이 위험한 오류에 많이 연루되고, 그리스도의 덕능(德能)이 감추어져 버렸다는 것, 말하자면 모든 거룩한 것이 모독되었다는 데 대해 저희가 탄식하고 있음에도, 그들은 마치 저희가 대수롭지 않은 문제를 논의함으로써 저희 자신과 세상 사람들을 무의미하게 피곤하게만 하는 것처럼 저희를 오매한 자로 조롱합니다. 실제로 그렇지 않습니까?

그러나 이상과 같은 여러 문제를 간단하게 언급하는 것으로 마무리될 수 없기 때문에, 저희가 문제로 삼고 있는 사항의 가치와 중요성을 보다 상세하게 설명하고자 합니다. 그렇게 함으로써 그런 사항들이 간단하고 소홀히 취급해서는 안 된다는 사실이 분명해질 뿐 아니라, 만약 우리가 하나님께 대하여 최대의 죄악과 불신실한 배신을 범하지 않고자 한다면 이것을 결코 못 본 체할 수 없다는 것이 분명해지기 때문입니다. 이것이 처음에 제가 논하고자 했던 세 가지 중 세 번째 항목이었습니다. 무엇보다도 먼저 저는 하찮은 이유로, 또한 까닭도 모르면서 교회를 분열시키고 혼란에 빠트렸다고 저희를 고발한 자들이 어떤 얼굴로 자신들만이 그리스도인이라 자칭하는지 알고 싶습니다. 왜냐하면 만약 적대자들이 고대의 우상숭배자들이 자신들의 미신에 대하여 가졌던 열심만큼이나 우리 종교에 열심이었다면, 우상숭배자들이 모든 배려와 일보다도 우선적으로 그 종교의 견지를 위해서 지불했던 열심을 결코 가볍게 여기지는 않았을 것입니다. 왜냐하면 우상숭배자들이 제단과 화덕 때문에 싸우게 된 것을 언급했을 때, 이것이 최선의 그리고 최대의 이유라고 맹세했다고 생각되기 때문입니다. 그런데 저희의 적대자들은 하나님의 영광과 사람의 구원을 위해서 행해지는 전투를 하찮은 싸움으로 간주하는 것 같습니다. 왜냐하면 상술했듯이, 저희가 가치 없는 당나귀의 그림자에 관하여 논쟁한 것이 아니라 그리스도교의 모든 본질적인 사항을 문제 삼았기 때문입니다. 만약 이런 것 외에는 어떤 것도 문제가 되지 않는다면, 하나님께서 저렇게 많은 현저한 증거로서 확실한 것임을 증명하시고, 그 확증을 위해 저렇게 많은 예언자나 순교자들이 죽도록 내버려두시고, 또한 하나님의 아들이 몸소 고지(告知)하는 자가 되시고 증인이 되셔서 최후에는 자신의 피를 가지고 서명하셨던, 범할 수 없는 하나님의 영원한 진리가 유린당하는 것을 침묵으로 바라만 보아야 할 정도로 저희에게 가치 없는 것입니까?

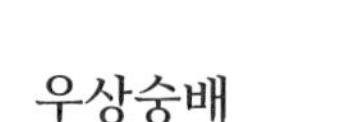

## 우상숭배

이제는 보다 상세하게 하나하나씩 검토하고자 합니다. 저희는 우상숭배가 하나님께로부터 얼마나 저주받을 일인지 알고 있습니다. 이스라엘 민족을 통해서 그리고 다른 민족들과 모든 역사를 통해서, 이것에 대해 얼마나 무서운 벌이 가해졌는지를 알려주고 있습니다. 저희는 하나님 자신의 입으로부터 모든 시대에 동일한 벌이 선고된 것을 익히 들어서 잘 알고 있습니다. 왜냐하면 하나님께서 자신의 거룩한 이름으로 약속하셨을 때 그 영광이 우상으로 옮겨가는 것을 용서하지 않으신다고 저희에게 말씀하셨고, 또한 그분 자신께서 질투하시는 하나님이시며, 그 죄를 다른 죄와 함께, 아니 다른 죄에 앞서서 벌하시고 그 벌을 삼사 대까지 이르게 하신다는 것을 선언하셨기 때문입니다. 그 죄 때문에, 평상시 온유한 마음을 가졌던 모세가 하나님의 영으로 불타서 레위 사람들에게 숙영지를 돌면서 그 형제들의 손을 피로써 거룩하게 구별하도록 명했습니다. 또한 이 죄로 말미암아 하나님께서는 때때로 그 백성을 힘들게 하여 질병, 기근, 칼 등 말하자면 모든 종류의 재난을 더하셨습니다. 그리고 특히 이 죄 때문에 먼저 이스라엘 왕국이, 다음으로는 유다 왕국이 멸망하여 거룩한 성읍 예루살렘이 무너졌으며, 그 당시 지상에 하나밖에 없었던 신전마저 파괴되었습니다. 이 백성은 모든 백성 가운데서 특별히 택함을 받아 하나님께서 언약을 맺으시고, 오로지 한 하나님의 표징을 가졌으며, 따라서 하나님의 가호와 지배 아래서 살았던 백성이었으며, 마지막에는 그리스도께서 이 백성으로부터 태어났습니다. 그러나 이 백성은 모든 종류의 고난을 받아 모든 영예를 잃어버리고 포로로 끌려가 거의 멸망 상태에 이르렀습니다. 여기서 이런 것을 더 이상 언급하자면 길어지게 될 것입니다. 이 죄 이상으로 하나님을 격노케 하는 죄가 없다고 모든 예언자의 글은 부르짖습니다. 그렇다면 도대체 어떻게 되는 것입니까? 저희는 우상숭배가 공공연하게 세상의 모든 곳으로 펴져가는 것을 알면서도 모른 척해야 합니까? 그러나 그렇게 하는 것은 세상 사람들의 머리를 쓰다듬어 잠이

들게 하여 두 번 다시 눈뜨지 못하게 하는 것과 같은 것으로 멸망에 빠트리는 것 외에 아무것도 아닙니다.

혁혁한 공을 세우신 폐하 및 가장 영예로운 제후 여러분이시여, 제가 앞에서 하나님께 드리는 예배가 많은 오류로 더럽혀졌다는 것을 말씀드렸습니다만, 그런 것을 기억해주시길 바랍니다. 그렇다면 경건하지 못한 것들이 홍수처럼 범람하고, 그런 것들로 말미암아 종교가 완전히 질식되어 있다는 사실을 충분히 납득하실 것입니다. 또한 그런 불경건으로 말미암아 신적 영광이 조상(彫像)에 드려지고, 모든 곳에서 사람들이 조상을 향하여 기도하며, 그런 조상에 하나님의 위엄과 권능이 속해 있다고 생각하게 되었습니다. 이런 것으로부터 이전에 이스라엘 사람들이 바알 신들을 섬겼던 것과 별반 다르지 않은 방식으로, 죽은 성인들이 숭배받게 되었습니다. 이외에도 사탄의 책략으로 말미암아 하나님의 영광을 더럽히는 많은 방법이 고안되었습니다. "만약 어떤 우상이 세워진다면 질투하여 진노할 것이라"고 주께서 말씀하셨고, 바울은 하나님을 섬기는 자들은 하나님의 영광을 주장하기 위해 열심일 수밖에 없다는 사실을 그 자신이 모범으로 보여주었습니다.[4] 모든 신자의 마음을 사로잡고 있는 하나님의 집에 대한 열심은 결코 진부한 것이 아닙니다. 그러므로 하나님의 영광이 심히 더럽혀지고, 아니 오히려 갈기갈기 찢겨 있음에도 불구하고, 만약 우리가 침묵

4 행 17:16.

으로 바라만 본다면 저희는 불신실한 인간이지 않겠습니까? 개조차도 그 주인이 폭행당하는 것을 보면 즉시로 짖어대는데, 하물며 하나님의 거룩한 위엄이 실로 많은 모욕스런 행위에 의해서 상처받고 있다는 사실을 우리가 침묵으로 바라보기만 할 수 있는 것입니까? [만약 그렇게 한다면] "당신을 비방하는 자의 비방이 내게 미쳤나이다"[5]라는 성구는 어디로 가버렸습니까? 사람들이 오로지 하나님을 외면적인 모습과 인간의 바보스런 날조만으로 섬기려는 그런 조롱에 대하여 침묵하고 못 본 체하는 것이 정말로 올바른 것입니까? 저희는 하나님께서 어떤 위선을 미워하시는지 잘 알고 있습니다. 그 위선이야말로 모든 곳에서 행해지고 있는 저 날조된 하나님께 대한 예배를 지배하고 있습니다. 모든 예언자들이 인간의 무분별함으로 만들어진 예배에 대하여 어떤 격렬한 언어를 사용하며 공격했는지, 저희는 들어서 잘 알고 있습니다. 즉 무엇이든 하고 싶은 대로 하는 미친 것 같은 욕망이 하나님께 드리는 예배의 최선의 규칙, 선한 의도라고 생각하고 있다는 것입니다.[6] 그렇게 규정된 하나님께 드리는 모든 예배 가운데 하나님의 말씀에 의해서 뒷받침될 만한 것은 거의 없습니다. 저희는 저희 자신의 판

5 시 69:9.

6 Bona intentio, hoc est, insana quidliber audendi libido, optima colendi Dei reglula putabatur(503). 오늘날 많은 예배 형식이 교회 안에 존재한다. 특히 예배 형식과 순서는 칼뱅에게 중요한 문제였다. 칼뱅의 예배에 관하여는 다음을 참조하라. 김산덕, "칼뱅의 예전신학: 그것의 역사적 배경과 신학적 의미", 「역사신학논총」 제27집 2014, 한국복음주의역사신학회, 32-71; 김산덕 역, 『칼빈의 교회론』.

단에 의해서도, 또는 다른 사람들의 판단에 의해서도 이 점에 관하여 공고히 할 수가 없습니다. 오히려 저희는 하나님의 음성에 청종하지 않으면 안 되었습니다. 그 하나님의 음성은 말합니다. "인간이 하나님의 말씀의 한계를 넘어서 자기들 마음대로 하나님께 드리는 예배의 방법을 날조했을 때, 하나님께서 이런 모독을 어떻게 평가하시겠는가?"라고 말입니다. 이스라엘 백성이 교회적 경건으로 거룩한 통치를 포기했을 때, 왜 하나님께서 이 백성을 벌하시고, 이것에 맹목적이 되도록 내버려두셨는가? 이유는 두 가지입니다. 그것은 위선과 "에텔로트레스케이아"(ἐθελοθρησκεία),[7] 다시 말해서 인간이 날조한 하나님께 대한 예배의 방식이기 때문입니다. 하나님께서는 이렇게 말씀하십니다. "이 백성이 입으로는 나를 가까이 하며 입술로는 나를 공경하나 그들의 마음은 내게서 멀리 떠났나니, 그들이 나를 경외함은 사람의 계명으로 가르침을 받았을 뿐이라"[8]고 말입니다. 하나님께서 저희를 일으켜 세우셨을 때, 명확하게 이것과 비슷한, 아니 이보다도 더 심각하고 사악한 것이 교회를 지배하고 있었습니다. 하나님께서 하늘로부터 천둥번개와 같은 음성을 내뿜고 계시는데, 저희가 빈둥거리고만 있어도 되겠습니까?

하나님께서 명확하게 금지하고 계심에도 불구하고 "교회에서 엄숙

7 문자대로 하자면, "자기 멋대로의 예배"라는 뜻. 골 2:23 참조.
8 사 29:13.

한 기도를 무슨 소리인지도 모르는 말로 드리는 풍습을 아주 작은 오류"라고 그들은 생각할 것입니다. 그러나 이런 방법으로 하나님이 경멸당하는 것이 너무나도 명확하기 때문에, 저희가 충분 그 이상의 충분으로 정당하게 주장하고 있다는 사실을 그들은 부정할 수 없습니다. 경건한 사람이면 누구나 듣고 놀라지 않을 수 없는 모독적인 언어가 공적인 찬송가 가운데서 노래되고 있다는 데 대해 어떻게 생각해야 좋겠습니까? 마리아에게 붙여진 수사구는 유명합니다. 즉 그녀가 "하늘의 문", "희망", "생명" 및 "구원"이라고 노래합니다. 그들이 미친 듯이 열중함으로써, 그리스도의 명하시는 권위가 그녀의 것으로 되어버릴 정도입니다. 왜냐하면 오늘날에도 여전히 많은 교회당에서 "아버지께 구하라, 아들에게 명하라"[9]는 저주스럽고 모독적인 노래가 불리고 있기 때문입니다. 그들은 그들 자신의 생각으로 성인 반열에 포함시킨 몇몇의 성인들을 마리아와 같이 엄숙한 찬양으로 섬기고 있습니다. 왜냐하면 그들은 클라디우스[10]에게 바치는 많은 찬양 가운데서, 그를 "맹인의 빛", "방황하는 자의 길", "죽은 자의 생명과 부활"이라 부르기 때문입니다. 그들이 일상적으로 사용하는 기도문은 이런 모독적인 어구로 가득 차 있습니다. 맹세나 기도에서 주님의 이름을 바알 신들

9 마리아가 아버지 되신 하나님께 기도하고, 아들 그리스도에게 명령을 내린다는 의미.
10 클라디우스 아폴리나리우스(Claudius Apollinarius)는 히에라폴리스(Hierapolis)의 주교로서 2세기 변증가였다. 마르쿠스 아우렐리우스에게 헌정한 『신앙의 변호』『이교도의 진리』『진리에 관하여』 등의 저작이 있다. 그는 몬타누스 논쟁과 부활절 논쟁에서 지도자적인 입장에서 선도했다. 후에 성인으로 추앙되었다.

의 이름과 함께 사용하는 자들에 대하여, 주님께서는 그들을 엄중하게 벌하신다고 말씀하십니다. 만약 우리가 단순히 성인들을 한 단계 낮은 신들로서 그리스도와 함께하는 것뿐만 아니라, 하나님이 그리스도에게 부여하신 고유하고 특별한 칭호를 그리스도로부터 박탈하여 이것을 피조물로 옮겨버리는 공공연한 모욕을 자행한다면, 우리 머리 위에 어떤 형벌이 주어지겠습니까? 이런 경우에서조차 저희가 침묵하여 그 반역적 침묵으로 말미암아 이런 무거운 벌을 받아야겠습니까?

누구든지 확실한 믿음으로, 즉 진솔하게 하나님께 기도하지 않았다, 또한 기도할 수 없었다는 것에 관해서는 제가 말씀드리지 않겠습니다. 왜냐하면 그리스도께서 이전에 그가 장사되신 것과 같은 방법으로 장사되어버렸기 때문에 사람들은 필연적으로 언제나 다음과 같은 것을 의심하게 되었기 때문입니다. 그것은 "하나님께서 자신들에게 아버지로서의 자비로운 사랑을 가지고 계신지 어떤지, 자신들을 도와주기를 원하시는지 어떤지, 자신들의 구원을 위해 배려하고 계신지 어떤지"라는 것입니다. 진실로 그리스도의 영원한 제사장직을 마치 전시된 전리품과 같이, 임의적으로 만든 성인에게로 옮기는 것은 용서될 수 있는 작은 죄입니까? 우리는 "그리스도께서 자신의 죽음으로 말미암아 스스로 영원하신 변호자이시며 평화를 만드는 분이시라는 영예를 확립하셨다"는 것을 기억하고 있습니다. 그분은 우리 자신과 우리의 기도를 아버지께 드리고, 우리를 위해서 아버지께 은혜를 간구하시며, 우리에게 구하는 것은 받을 것이라는 희망을 품게 해주셨습니다. 그분만이 우리를 위해 죽으셨고, 그 죽음으로 우리를 구속하여 주셨기 때문에, 누구든지 이 영예로운 자리에 들어오는 것을 허락하시지 않습니다. 따라서 우리의 적대자들이 종종 말하는 "그리스도는 정말로 유일하신 구속의 중보자(mediatorem)이시지만, 모든 성인들도 중재자(intercessionis)이다"라는 것보다 더 무서운 모독이 어디 있겠습니까? 마치 그리스도께서 일단 죽음으로써 제사장의 직분을 다한 후에, 그 사역을 이제는 사제들에게 위임한 것처럼 생각한다면, 그리스도의 영광이 상처를 입게 되는 것이 아니겠습니까? 그리스도께서 그런 대가를 지불하시고 얻게 된 그 특별한 권위가, 심한 모욕에 의해서 강제적으로 그분으로부터 박탈되어 전리품과 같이 성인들 사이에 분배되는 현 상황에서 저희가 침묵하고 있어야겠습니까? 물론 그들은 그렇게 말을 하면서도, 그리스도께서 지금도 우리를 위해서 중보하고 계신다는 것을 부정하지는 않습니다. 그러나 이 경우 그분이 성도들과 함께, 다시 말하면 그 무리 가운데 임의적인 한 사람[한 성인]과 함께 그렇게 하고 계신다고 이해하지 않으면 안 될 것입니다. [다시 말씀을 드리자면] 그리스도께서 그 피로 말미암아 값진 영예를 얻으셨지만, 그것은 그분께서 성 위그(Hugonis)나 루비누스(Lubini)[11], 그 외의 로마 교황이 마음대로 날조한 성인들과 함께 가장 보잘것없는 찌꺼기들 가운

11 특정한 인물을 지칭하는 것이 아니라, 칼뱅은 생각나는 대로 이름을 한번 불러본 것으로 보인다.

데 한 친구가 되기 위해서 오로지 이것을 얻었다는 조건하에서의 이야기입니다. 왜냐하면 이 경우에 문제는 성인들이 기도를 하는가 안 하는가에 있는 것이 아닙니다. 이 문제에 관하여 성서가 아무런 말도 하지 않기 때문에 모르는 것이 좋습니다. 저희가 문제로 삼고자 하는 것은 "그리스도를 지나간다든지, 아무렇게나 취급한다든지, 또는 그분으로부터 완전히 떠나서 성인들에게만 수호를 의뢰하는 것이 가능한지 어떤지"라는 것입니다. 보다 정확하게 말하자면, 그리스도는 우리를 위해 아버지 하나님의 지성소를 여신 분이시며, 오로지 이 한 분만이 우리를 그곳까지 손으로 이끌어 인도하시는 분이시며, 그 중보 기도로 말미암아 아버지께서 우리의 기도를 들어주도록 하는 분이시며, 그리고 우리가 그 비호 아래 몸을 숨기며 기도할 때 그 이름을 불러야만 하는 분이 맞는가, 아니면 그 임무를 다른 성인들과 함께 가지고 계신 분인가라는 문제입니다.

이상으로 저는 그리스도께서 단지 사제의 영예뿐만 아니라 그 모든 은혜에 대한 감사까지도 대부분 다 빼앗겼다는 것을 증명했습니다. 왜냐하면 그분이 구속주라 불리고 있음에도 불구하고, 인간은 자유의지에 의해서 죄와 죽음의 노예로부터 자기 자신을 해방시킬 수 있기 때문입니다. 그렇습니다. 그분이 "의와 구원"으로 불리지만, 그럼에도 불구하고 인간은 행위의 공적으로 구원받을 수 있기 때문입니다. 왜냐하면 인간이나 천사의 유창한 언변으로도 충분히 말할 수 없는 그 무한한 구속의 은사를, 스콜라 학자들은 다음과 같이 제한하는 것을 부끄럽지 않게 생각하기 때문입니다. "그분은 우리에게 최초의 공적(그들은 이것을 공적으로 얻기 위한 기회라고 해석)을 부여하셨다. 이 도움을 받은 이상 우리는 자기 자신의 행위에 의해서 영원한 생명을 얻을 수 있다", "그렇습니다. 그리스도의 피에 의해서 우리는 죄로부터 깨끗함을 얻게 되지만, 그럼에도 불구하고 각자는 그것으로부터 얻은 씻음으로 자기 자신을 정결케 한다"라고 그들은 고백합니다. 그렇습니다. 그리스도의 죽음을 희생이라고 이름을 붙이지만, 그럼에도 불구하고 죄는 인간이 매일 드리는 희생에 의해서 보상(expietur)되어야 한다는 것입니다. 또한 그리스도께서 우리를 아버지 하나님과 화해시켜주셨다고 말하지만, 이것은 인간 자신이 하나님의 심판에 의해서 당연히 받아야 할 벌을 자신의 상죄(satisfactionibus suis)에 의해 보상해야 한다는 조건이 붙어 있습니다. 이처럼 [속죄의] 보충이 열쇠의 축복으로부터 요구되는 이상, 그리스도는 키프리아누스나 키리키우스[12] 이상의 영예를 가지지 못하는 것입니다. 왜냐하면 교회의 재산을 쌓아가기 위해서 그들은 순교자들의 공적과 그리스도의 공적을 함께 섞어버렸기 때문입니다. 이상으로 저희가 들은 말은 이것뿐이지만, 그리스도의 영광을 갈기갈기 찢어서 상처 입히기에 충분한 저주스런 모독이 아니겠습니까? 그것에 의해서 그리스도는 거의 무(無)가 되어버렸고, 이름만

12 키프리아누스(Thascius Caecilius Cyprianus, 200?-258). 키리키우스(Cyricius)에 관하여는 학자들마다 의견이 다르다. 칼뱅이 키리아쿠스(Cyriakus, 디오클레티아누스 황제 때 순교)와 헷갈렸을 가능성도 있다고 말한다.

있고 실제적 힘은 잃어버렸습니다. 아버지께서 모든 지배와 모든 권능과 영광을 부여하시고, 또한 우리에게 그분만을 찬양하라고 명하신 하나님의 아들이 자신의 종들보다 조금 뛰어나신 단계로 뒤로 물러나 계신다는 사실을 알면서도, 그래도 저희가 침묵할 수가 있다는 말입니까? 그분의 은혜가 잊혀버리고, 그분의 덕능(德能)이 인간의 망은으로 장사되어버리고, 그분의 피의 가치가 사라져버리고, 그 죽음의 결과가 허무한 것이 되어버린, 다시 말해서 그분 자신보다 무력한 환영과 같은 것이 되어버렸다고 생각될 정도로 인간의 허위와 오염된 생각에 의해서 왜곡되어버렸음에도 불구하고, 저희가 침묵하며 한가롭게 있어야만 합니까? 하나님의 영광이 무너지지는 않았지만 상처를 받았음이 분명한데, 만약 우리가 보고도 모른 체하고 지나칠 수 있을 정도의 가벼운 충격에 불과하다고 한다면, 그것이야말로 죄악스런 인내일 것입니다. 만약 그리스도의 은혜에 대한 기억이 불경건한 저주에 의해서 이처럼 질식되어버리는 것이 허용된다면, 그런 은혜는 우리에게 잘못 주어진 것입니다.

### 성인과 순교자들의 공적

그리스도교 교리의 두 번째 포인트로 다시 한번 돌아가고자 합니다. 사람들이 행위의 공적(operum merito)에 의해서 영원한 생명을 얻을 수 있다고 생각할 때, 그들이 일반적으로 망상을 품고 있다는 것을 누가 부정할 수 있겠습니까? 그 경우에 저는 그들이 하나님의 은혜를 자신들의 행위와 연관 짓고 있다는 것을 인정합니다만, 그러나 은혜를 받을 수 있는 것이 스스로 그런 자격을 획득함으로써 가능하다고 믿는 한, 그들의 믿는 구석과 자랑이 "행위"에 있다는 것은 분명합니다.[13] 각 사람은 그 가치에 따라서 하나님으로부터 사랑받는다는 것은 모든 스콜라 학자들에 의해 숙지되고 수용된 교리로서, 거의 만인의 마음 가운데 깊이 자리잡고 있는 생각입니다. 악마적 자신감으로 이런 생각을 수용하게 된다면, 그 후에 보다 심각한 절망의 심연으로 빠져들지 않겠습니까? 그들이 적어도 진실한 복종에 의해서가 아니라, 무용하며 쓸모없는 복종으로 하나님을 차지하려고 하는 것은 도대체 무엇입니까? 그런데 공적이 된다는 행위 가운데 무엇보다도 중요한 것은 다음과 같은 것들입니다. 많은 기도 문구를 중얼거리는 것, 제단을 세워서 그 위에 조상(彫像)이나 화상(畫像)을 안치하는 것, 예배당을 항시 참배하고 예배당에서 예배당으로 순회하는 것, 많은 미사를 듣는 것, 무엇인가를 구입하는 것, 그리스도교의 금식과는 어떤 관계도 없는 절식(絶息)으로 육신을 고통스럽게 하는 것, 인간의 전통을 열심히 지키기 위해서 노력하기에 급급한 것. 그들이 이교도들의 관습에 따라서 하

13 Coniungunt, fateor, interim cum suis operibus Dei gratiam. Sed cum non aliter se gratos esse confidant, quam si digini sunt, eorum et fiduciam et gloriationem, in operibus residere constat(506).

나님과 화해하기 위해 보상의 희생을 바랄 때, 상죄(償罪)라는 관점에서 본다면 이 이상으로 어리석은 행동이 어디에 있겠습니까? 이런 짓을 시도하여 피곤하기만 하지, 과연 그들이 무엇을 얻었겠습니까? 왜냐하면 그들이 이 모든 것을 의심과 두려운 양심을 가지고 행할 때, 전술한 것처럼 공포스런 불안 또는 무서운 가책이 언제나 그들을 엄습하기 때문입니다. 이렇게 말씀드리는 것은, 그들이 "자신들의 행위로 말미암아 하나님이 싫어하시는 자가 되지는 않았는지 의심하도록" 명령을 받기 때문입니다. 이런 방식으로 신뢰를 잃어버린다면, 바울이 말하듯이, 곧 필연적으로 영원한 상속의 약속이 폐기되어버릴 것입니다. 그렇게 된다면 인간의 구원은 어디에 있겠습니까? 이렇게 말할 수밖에 없을 때, 만약 우리가 침묵한다면 우리는 오로지 하나님께 대하여 은혜를 모르는 불신실한 자가 될 뿐만 아니라, 인간에 대해서도 무자비한 자가 됩니다. 왜냐하면 만약 바른 길로 돌아오도록 하지 않는다면, 모든 사람 위에 영원한 멸망이 닥치고 있다는 사실을 저희가 알고 있기 때문입니다.

만약 개가 성례전에서 하나님께서 받은 모독과 같은 정도의 무례함을 그 주인이 받는 것을 본다면, 그 개는 즉시로 짖으며, 또한 주인이 폭행을 당하는 것을 가만히 보기보다는 오히려 자처해서 자신의 생명을 위험에 노출시킬 것입니다. [그렇다면] 동물이 일반적으로 인간에게 보여주는 충성조차도, 저희가 하나님께 보이지 않아도 됩니까? 그들이 그리스도에 의해 규정되고 하늘로부터의 권위에 의해서 추천된 오의(奧義)를 단순히 인간의 의지에서 비롯된 의식과 같은 선상에 두는 그 자체가 엄히 비난받아야 할 것이기 때문에, 이것에 관해서는 말씀드리지 않겠습니다. 그럼에도 불구하고 그 오의가 전술한 바와 같이 많은 미신에 의해서 상처를 입고, 많은 잘못된 생각에 의해서 더럽혀지고, 어떤 경외감도 없이 보기 힘들 정도의 수치스러운 돈벌이에 빠져버렸는데, 저희가 모른 체하고 있어도 된다는 것입니까? 그리스도께서는 돈 바꾸어주는 자들을 신전에서 추방했고, 그 탁상을 손으로 뒤엎어버렸고, 그 상품을 흩트려버렸습니다. 물론 모든 사람이 채찍을 손에 들 수 있도록 허락되지 않았음을 저는 인정합니다만, 스스로 그리스도의 사람이라고 고백하는 모든 자는 당연히 그리스도께서 아버지의 영광을 지키기 위해 분기하신 것과 같은 열심을 불태워야 할 것입니다. 따라서 그리스도께서 성전의 더러움에 대하여 저렇게 격분하셨던 것처럼, 적어도 우리는 자유롭고 확고한 언어로 분명하게 이것을 비난해야 하지 않겠습니까? 시장에 펼쳐져 있는 상품과 같이, 지금까지 오랫동안 성전에서 성례를 팔아왔던 것을 누가 알지 못하겠습니까? 또한 어떤 성례는 가격이 정해져 있는 반면에, 어떤 것은 몇 번의 흥정을 거친 후에야 가격이 결정되기도 합니다.

## 미사

그러나 성만찬의 경우는 다른 어떤 경우보다도 그 실례가 명확하고 한층 더 혐오스럽습니다. 그렇기 때문에 성만찬에 대하여 모독을 하는 것을 저희가 어떤 양심으로 못 본 체할 수가 있다는 것입니까? 지금 저는 그런 모독을 폭로하는 말로써 하지 않았음에도 불구하고, "그런 것을 비난함에 있어서 저희가 극단적이었고 격렬했다"라고 저희의 결점을 지적하는 것은 도대체 무슨 권리에서 그렇게 하는 것입니까? 황제폐하 및 영예로운 제후들이시여, 여기서 여러분께, 우리를 위해 희생이 되신 그리스도의 거룩한 몸과 그분께서 우리의 죄를 위해서 흘리신 보배로운 피에 의거하여 부탁드리고 싶습니다. 저희에게 식물로 몸을 제시하고 음료로 피를 제시하시는 그 오의(奧義)가 얼마나 위대한 것인지, 또한 [그것들이] 더럽혀지지 않도록 어떤 경건과 관심을 가지고 지켜야만 하는지를 마음으로 계속해서 생각해주시길 바랍니다. 그러므로 만약 누군가가 그리스도께서 값비싼 진주와 같은 것으로 우리에게 권고하신 하늘로부터의 오의가 돼지발에 짓밟히는 것을 그저 바라보면서 침묵하기만 한다면, 이는 정말 배은망덕한 행동일 것입니다. 그런데 저희는 이 오의가 단지 짓밟힐 뿐만 아니라 모든 종류의 더러움으로 오염되고 있음을 잘 알고 있습니다. [다음과 같은 것들입니다.] 그리스도의 죽음의 효과가 인간의 연극으로 변해버렸다는 것, 희생을 드리는 사제가 그리스도의 후계자가 되어 하나님과 인간의 중보자로 양자 사이에 들어왔다는 것, 유일한 희생의 효력을 허무하게 만들어 죄를 보상하기 위해 한 마을에서도 하루에 몇 천 번의 희생이 드려지고 있는 것, 또한 그리스도께서 우리를 위해 한 번 죽으신 것이 마치 불충분한 것처럼 매일 몇 천 번씩 그분이 희생되는 것. 이런 것들은 과연 어떤 모욕입니까? 이런 모든 것으로 그리스도를 모욕하면서 [더욱이] 그들은 가장 거룩한 성찬의 명칭을 남용하고, 모든 것이 희생이라는 유일한 이름에 포함되는 것으로 생각하고 있습니다. 나는 적대자들이 이렇게 심각한 우론을 속이기 위해서 현재 주장하고 있는 해석을 알지 못한다고는 생각하지 않습니다. 그런데 그들은 지금까지 위에서 언급한 것과 같은 혐오스런 풍습을 뻔뻔스럽게 실행해왔지만 이제 발각되었기 때문에 새로운 땅굴을 파고 있습니다. 그러나 그것으로도 그들은 자신들의 비열함을 감출 수 없을 것입니다. 미사란 단지 살아 있는 자들만이 아니라 죽은 자들의 죄까지도 보상하는 희생이라고 그들은 가르쳐왔습니다. 그러나 그런 변명으로는 자신들의 사려 없음을 폭로하는 것 외에 어떤 이익을 얻을 수 있겠습니까? 말씀의 명백한 고지(告知)에 의해서 바른 성별[의 방법]이 잘 알려져 있음에도 불구하고, 숨을 내뿜고 난 후의 중얼거림에 의해서 빵이 깨끗해진다는 것, 또는 빵이 신자들이 모인 자리에서 분배되지 않고 한 사람에 의해서 별도로 먹는다든지, 또는 다른 사람들을 위해서 따로 떼어둔다든지, 또는 배찬할 때에도 주님께서 분명하게 금지한 명령에 반대하여 백성은 반쪽 즉 잔을 얻지 못하는 것이 얼마나 성례전에 대한 모독입니까?[14] 그들은 자신들의 푸닥거리에 의해서 빵의 실체가 없어지고 그리스도로 변화된다고 생각하는데, 이 얼마나 허튼소리입니까? 또한 구둣방에서나 할 것 같은 뻔뻔스러운 미사의 장삿속(mercimonium)이 얼마나 부끄러운 줄 모르는 것입니까? 왜냐하면 만약 그들이 "그리스도의 죽음의 공적을 판다"고 말할 때 그것이 바른 것이라고 한다면, 그들은 그리스도의 얼굴에 침을 뱉는 데 뒤지지 않는 모욕을 그분에게 더하는 것이 되기 때문입니다.

혁혁한 무공을 세우신 황제폐하시여, 그리고 영예로운 제후 여러분이시여, 이전에 이 예전(禮典)의 남용이라는 단 하나의, 그러나 일견 그렇게 중요하지 않은 것 때문에 고린도교회 사람들 사이에서 일어났던 일을 생각해보시길 바랍니다. 각자가 집에서 식사를 가지고 왔습니다만 모두가 다 같이 가져오지 못했기 때문에, 부자들은 많이 먹었지만 가난한 자들은 배고팠습니다. 이로 말미암아 주님께서 그들을 심한 역병으로 징계하셨다고 바울이 말하고 있습니다. 그러나 바울은 이것이, 주님께서 그들을 회개로 인도하시고, 부성애에 의한 채찍이라고 주의를 환기시켰습니다. 이것으로부터 우리가 지금 무엇을 기대해야

14 루터, 『교회의 바벨론 포로』 제1장 성찬을 참조하라(딜렌버거, 322-360). 예를 들자면, 루터는 다음과 같이 말한다. "가장 중요한 증거이자 내게는 온전히 유력한 증거는 그리스도께서 '이는 너희와 많은 사람들의 죄 사함을 위하여 흘린 내 피다'라고 하신 말씀이다. 여기서 당신은 피가 모든 사람들에게 주어졌으며 모든 사람들의 죄를 위하여 흘려졌다는 것을 명백하게 볼 수 있을 것이다. 아무도 감히 피가 평신도들을 위하여 흘려지지 않았다고 말하지 못할 것이다"(326).

할 것인가를 추측해주시길 바랍니다. 우리는 그리스도의 올바른 규정으로부터 조금만 이탈한 것이 아니라, 그곳으로부터 무한히 오랫동안 동떨어졌고, 또한 단 한 가지 점에서 그 순수성에 상처를 입힌 것이 아니라 두려운 많은 방법으로 이것을 왜곡했고, 또한 임의적으로 하나의 남용에 의해서만 그 합법적 용법을 교란시킨 것이 아니라 그 집행 전체를 뒤엎었던 것입니다. 하나님께서 이미 이런 경건하지 못함을 벌하기 시작하셨다는 것이 확실합니다. 세상은 이미 다년간에 걸쳐서 수많은 고민이나 재난에 의해 압박받아왔으며, 이제는 비참의 구렁텅이에 떨어지려고 합니다. 저희는 자기가 받은 재난에 놀라든지, 아니면 왜 하나님께서 우리를 고통스럽게 하는가에 관하여 오히려 다른 이유를 상상하고 있습니다. 그러나 오늘날 우리 사이에 성찬을 모욕하고 더럽히고 있는 실로 많은 오점과 비교하자면, 고린도 사람들이 성찬을 능욕한 그 오류가 얼마나 가벼운 것이었는지를 저희는 생각하게 됩니다. 그렇다면 이전에 그렇게 엄하게 그들을 벌하신 하나님께서 우리에 대해서는 한층 더 진노하심이 당연할 것인데, 왜 그렇게 하시지 않는지 이상할 뿐입니다.

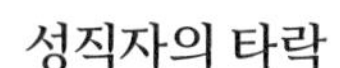

## 성직자의 타락

교회 통치의 타락 상태가 얼마나 부끄러운 것인가를 살펴보려고 한다면, 저는 끝없는 숲속으로 들어가게 될 것입니다. 사제들의 생활에 관해서는 여러 이유 때문에 여기서 언급하는 것을 그만두겠습니다. 그러나 다음 세 가지 죄악은 용서할 수 없는 것으로, 각자 스스로 숙고할 수 있는 것들입니다. 첫째로 사제직이 모든 곳에서 바른 소명의 질서(vocationis ordo)도 없이 힘으로, 성직매매(simonia)에 의해서, 또는 그 외의 극악무도한 책략으로 점령당하고 있다는 것입니다. 둘째로 위에 군림하는 자들이 각자 자신의 임무에 진력한다는 점에서 참된 성직자가 아니라 오히려 무력한 그림자나 죽은 유령이라는 것입니다. 셋째로 그들은 하나님의 말씀에 의해서 양심을 다스리지 않으면 안 됨에도 불구하고, 부당하고 포악한 다스림으로써 사제직을 압박하고, 또한 많은 불경건한 율법의 사슬로 이것을 속박하고 있다는 것입니다. 그 결과 단지 하나님과 인간 간의 법이 소홀하게 될 뿐 아니라, 수치감은 완전히 사라지고, 주교와 사제를 임명함에 있어서 무서운 혼란이 지배하며, 정의를 대신한 욕망이 함부로 설쳐대며, 성직매매가 빈번하게 일어나며, 또한 이런 악이 사소한 일인 것처럼 그 시정(是正)이 아주 먼 장래로 연기되고 있습니다.[15] 도대체 성직자의 특성인 가르침의 배려가 어디로 가버렸습니까? 양심의 영적인 자유를 위해서 바울이 얼마

15 Itane, ut non modo spretis Dei et hominum legibus, sed proiecta omni verecundia, foeda confusio in promovendis episcopis et presbyteris regnet: libido pro iure valeat: raro absit simonia, et tanquam levia essent haec mala, correctio in futurum saeculum differatur?(509)

나 많이 싸웠는지, 또한 어떤 싸움으로 이것을 변호했는지, 저희는 잘 알고 있습니다. 올바른 판단을 내릴 줄 아는 사람이라면, 지금 저희가 바울보다도 싸워야 할 더 정당한 이유를 가지고 있음을 이해할 것입니다. 따라서 경건한 교리가 이처럼 심히 왜곡된 것과 성례전을 이처럼 심히 모독적으로 더럽힌 것, 교회가 이처럼 개탄의 상태에 빠졌다는 것, 이런 것들 때문에 저희가 격분의 마음을 품지 않을 수 없었다는 것을 인정하지 못하는 자들에 대해서는, 저희가 하나님께 드리는 예배, 그리스도의 영광, 인간의 구원, 모든 성례전의 집행, 그리고 교회의 통치를 불경건한 인내로 배신하는 것 외에 그들을 만족시켜줄 수가 없었습니다. 관용이라는 말은 좋은 것이며, 아름다운 칭찬을 받아 마땅한 덕목입니다. 그러나 다음과 같은 것은 어떤 어려움이 있어도 지켜야만 할 규칙입니다. 바로 "하나님의 거룩한 이름을 불경건한 모독으로 상처를 입히는 것, 하나님의 영원한 진리를 악마적인 허구로 찔러 죽이는 것, 그리스도께 침을 뱉는 것, 그 오의를 더럽히는 것, 불쌍한 영혼을 잔혹하게 죽이는 것, 교회가 치명적인 병으로 고통 받아 지쳐 있는 것을 그대로 방치하는 것"에 대하여 참고 인내해서는 안 된다는 것입니다. 만약 그렇게 한다면 이는 온유한 것이 아닙니다. 다른 모든 것은 차치하고, 무엇보다 가장 우선시해야 할 문제에 대하여 무관심하기 때문입니다.

# 8 ◆ 교회의 규율[1]

## 복음주의자들에 대한 비난에 관한 변명

지금까지 말씀드려온 것으로부터, 교회의 결함을 고치기 위해 저희가 필요 이상으로 격렬하게 행하지 않았다는 사실이 충분히 나타났다고 저는 생각합니다. 저희를 비난하는 자들도 이것을 모르는 바는 아닐 것입니다. 그런데 그들은 다른 죄를 우리에게 덮어씌움으로써 도망가려고 합니다. 그들은 다음과 같이 말합니다. "저들이 소란을 피움으로써 얻게 된 것은 격렬한 투쟁이며, 적어도 이전에는 평화스러웠던 그리스도교계에 불을 붙였다. 그런 싸움으로 말미암아 개선되기는커녕 모든 것이 이전보다 훨씬 더 악화되었으며, 또한 그들의 가르침을 받아들인 자들 가운데 적은 소수만이 좋아졌고 대부분이 그렇지 못하며, 오히려 일부 사람들은 보다 대담하게 잘못된 것을 제멋대로 하기 시작했다"[고 말입니다]. 또한 그들은 다음과 같이 반론합니다. "그들의 교회에는 규율, 금욕의 규칙, 겸허한 실천도 없고, 멍에로 억제되지 않는 백성이 자유분방하게 하고 싶은 대로 한다." 마지막으로, 그들은 우리가 교회의 재산을 강탈했다고 중상모략을 합니다. 다시 말하자면 "우

1 509이하.

리 측의 제후들이 마치 전리품에 사로잡힌 것처럼 교회 재산을 덮쳐서, 상식에 어긋난 폭력으로 교회를 허무하게 만들었다. 그리고 지금도 교회재산은 혼잡한 분쟁상태로, 권리도 정당한 명목도 없이 빼앗아 차지한 자들에 의해서 마음대로 갈취당하고 있다"고 말입니다.

물론 저는 "불경건한 자가 제멋대로 설치고 있는 그 지배영역"을 우리가 "공격했다"는 것을 부정하지는 않습니다. 그러나 건전하고 경건한 교리가 세상을 비추기 시작했을 때, 즉시로 모든 사람이 당연히 그렇게 해야 했던 것처럼, 기쁨과 용기를 가지고 자발적으로 이것을 도와주었더라면 이전에 적그리스도가 폭정을 행했던 것에 못지않게 오늘날 그리스도의 나라는 빛났을 것이며 모든 교회 사이에는 온화와 평화와 조용함이 존재했을 것입니다. 따라서 만약 진리의 발전을 분명하게 방해하는 자들이 그리스도께 도전장을 내밀지 못하도록 했다면 곧 바로 최선의 일치를 얻게 되었을 것입니다. 아니, 자신들이 일으킨 불화의 책임을 우리에게 돌리는 것을 그만두는 것으로도 좋을 것입니다. 왜냐하면 그들이 경건한 교리를 욕보이고, 그리스도를 또다시 무덤에 매장시켜버리며, 또다시 적그리스도가 교회를 통치하도록 허용하는 것은 아니라고 하면서, 어떤 평화의 조건도 받아들이지 않는다는 것은 부당하며 더욱이 자기들은 죄가 없다고 자랑하면서 오히려 우리를 모욕하는 것은 더욱 부당하기 때문입니다. 환언하자면, 그들이 자신들은 마치 순수한 것처럼 과시하면서 우리를 모욕하는 것은 너무나도 부당합니다. 저희는 일치의 유일한 끈이 하나님의 영원한 진리이기 때문에 그 외에는 어떤 것도 바라고 있지 않습니다. 그럼에도 불구하고 그런 저희가 마치 싸움의 장본인 것처럼, 모든 범죄와 증오를 받지 않아야만 한다면 그것은 정말 부당합니다. 적대자들은 비난하기를, 저희의 가르침으로부터는 어떤 열매도 생겨나지 않는다고 합니다. 그와 마찬가지로 "낫지 않을 병을 만지작거리고 돌리는 것은 그 병을 한층 악화시킬 뿐이다"는 이유로 불신앙의 사람들로부터 조롱받고 있다는 사실을 저희는 잘 알고 있습니다. 왜냐하면 그들은 "교회가 이처럼 타락하여 회복의 희망이 보이지 않는다면 아무리 낫게 하려고 해도 무의미하다"고 생각하기 때문입니다. 이것으로부터 그들은 진행을 멈추고 자리를 잡은 악보다 더 이상 나쁜 것은 없다고 결론 내리는 것입니다. 이렇게 말하는 자들은 "교회의 재건이 하나님의 사역이며, 또한 죽은 자의 부활이나 그와 비슷한 종류의 기적이 전혀 인간의 희망이나 생각에 의한 것이 아니다"라는 사실을 이해하지 못합니다. 따라서 저희는 이것의 빠른 달성이 인간의 의지나 시간의 경과로 성취된다고 기대해서는 안 되며, 오히려 절망의 한가운데를 돌파하여 뛰쳐나가야 합니다. 주님께서는 자신의 복음이 전파되는 것을 바라고 계십니다. 저희는 그 명령에 따라서, 하나님께서 저희를 부르신 임무를 다해야 할 것입니다. 결과가 어떻게 될지를 물어보는 것은 저희의 임무가 아닙니다. 오직 저희가 하지 않으면 안 되는 것은 최선을 원하여 이를 주께 간구하는 것이며, 또한 노력과 배려와 근면을 충분히 발휘하여 그렇게 되도록 노력하는 것이며, 또한 그 사이에 어떤 일이 일어나도록 평온한 마음으로 이것을 인내하는 것입니다.

이렇기 때문에 "저희가 노력하고 희망을 가질 수 있었다는 사실이 저희에게 도움이 되지 않았다"는 비난을 저희가 받는 것은 부당합니다. 하나님은 저희에게 심고 물주는 것을 명하고 계십니다. 저희는 그것을 한 것입니다. 성장시켜주시는 것은 하나님 한 분이십니다. 만약 하나님이 저희의 소원에 따라서 성장시켜주지 아니하신다면, 어떻게 되겠습니까? 만약 저희가 저희의 사명을 충실히 다한 것이 분명하다면, 저희의 적대자들은 더 이상 저희에게 어떤 것도 바라서는 안 됩니다. 만약 결과가 좋지 않다면, 하나님께 사정을 말해야 할 것입니다. 만약 그들이 "당신들의 가르침으로부터 어떤 열매도 없지 않느냐"고 반론한다 할지라도, 그것은 거짓말입니다. 외적 우상숭배나 수많은 미신과 오류를 시정하는 것이 의미 없는 일이라고 생각해서는 안 됩니다. 그러나 이것에 관해서는 생략합니다. 그렇지만 여기서, 진실로 경건한 자들이 저희로부터 다음과 같은 것을 수용했다고 한다면 어떤 효과는 있지 않겠습니까? 즉 그들은 이제 겨우 순수한 마음으로 하나님을 예배하는 것을 배우고, 진실한 양심으로 하나님께 기도하기 시작하며, 또한 영원한 고통으로부터 해방되어 그리스도를 진실로 경험하게 되었습니다. 그리스도 안에서 그들은 안식을 얻을 수가 있었습니다. 또한 저희는 만약 사람들의 눈에 분명한 증거를 요구받는다고 하더라도 결코 곤란해하지 않습니다. 왜냐하면 저희는 많은 증거를 거리낌 없이 제출할 수 있기 때문입니다. 이전에 타락한 삶을 살았던 사람들 중에 얼마나 많은 이가 회개하고 이제는 마치 새로운 사람이 되어버린 것으로 여겨질 만큼 변해버렸습니까? 이전에 타인으로부터 전혀 손가락질 받지 않던, 오히려 타인으로부터 존경받던 사람들 가운데 얼마나 많은 사람이 저희의 임무가 불모(不毛)하며 열매 없는 것이 아니라는 사실을 자신들의 삶을 통해 증명하고 있습니까? 저희의 적들은 비방으로 저희에게 상처를 줄 수가 있습니다. 특히 무지한 자들에게 그렇게 할 수가 있습니다. 그러나 그들은 다음과 같은 사실을 저희로부터 빼앗을 수가 없습니다. 말하자면, "그들 사이에 가장 훌륭한 자라고 생각되는 모든 자들 가운데서보다도, 저희의 가르침을 받는 자들 가운데서 한층 많은 순결과 온전함과 진실한 거룩함이 발견된다"는 것입니다. 자신의 불의한 고삐를 당기기 위해 복음을 남용하는 자가 많다는 것을 저희도 잘 알고 있지만, 그것이 결코 새로운 일은 아닙니다. 무엇 때문에 저희가 그들의 죄책까지 짊어지지 않으면 안 됩니까? 복음이야말로 올바르고 거룩하게 살아가는 유일한 법칙이라는 것이 이미 알려져 있습니다.[2] 그러나 만인은 이 법칙을 따르지 않으며, 일반적으로 사람들은 마치 멍에를 벗어던진 것처럼 하고 싶은 대로 행합니다. 이런 데에서 저희는 "그리스도께서 여러 사람의 마음의 생각을 드러내기 위해 주어졌다"[3]는 시므온의 말이 진실하다고 인정하는 것입니다. 만약 불경건한

2 Scitur Evangelium unicam esse bene sancteque vivendi regulam(511).
3 눅 2:35.

자들에 의하여 은폐된 불의를 압박하기 위해 복음의 빛을 비추는 것을 하나님이 좋아하셨다면, 복음 사역자들과 그들의 설교에 죄를 덮어씌우기 위해 범죄 사실을 날조하는 것은 정말 부끄러움을 모르는 나쁜 마음의 소행입니다. 따라서 실로 "그들이 우리에 대한 증오를 날조하고자 노력하고 있다"는 비난을 설령 그들에게 되돌린다 할지라도, 저는 결코 그들에게 부당한 처사를 행한 것이 되지 않습니다. 왜냐하면 소란한 싸움에서조차도 무엇이든 원하는 것은 마음대로 해도 문제가 되지 않는다고 생각하지 않는다면, 하나님을 바보로 만드는 자들은 마음대로 행하는 방종을 어디에서 가지고 오는 것입니까? 그러므로 그들은 자신들이 진리의 전진을 늦춤으로써 악인들의 방자(放恣)를 조장하고 있다는 사실을 인정해야 합니다.

백성이 질서 가운데 머물 수 있게 해주는 규율과 규칙을 우리가 소유하고 있지 않다고 적대자들은 저희를 비난하지만, 이런 비난에 대하여 저희는 즉각 다음과 같은 두 가지 답변을 드릴 수가 있습니다. 만약 제가 "우리 사이에 올바르게 규정된 질서가 있다"고 말한다 하더라도, 저희 사람들은 매일 설교를 통하여 "지금도 규율이 등한히 여겨지고 있다"고 슬퍼하고 있기 때문에, 저는 이런 설교에 의해서 반박될 것입니다. 저는 이 규율의 은사가 저희에게 결여되어 있다는 것을 부정하지 않습니다만, "오늘날까지 이 은사를 누리지 못하게 한 사람들, 그리고 지금도 그렇게 하고 있는 사람들이 누구인지 주목해야 한다"라고 말하고 싶습니다. 왜냐하면 그런 사람들이야말로 이 책임을 져야 할 것이기 때문입니다. 우리의 대적자들은 단지 교회를 형성하고 질서를 세우고자 하는 저희의 노력을 방해할 뿐만 아니라, 우리가 시작한 모든 것을 훼파하기 위해 필요 이상으로 책략을 사용했던 사실을 가급적 부정하려고 합니다. 저희는 현재 교회 형성을 위해 열심히 노력하고 있습니다. 그런데 저희가 열심히 하는 동안, 그들은 우리의 기초 만들기를 방해하기 위해 가끔씩 싸움을 걸어오면서, 저희가 교회의 내적 상태를 정돈할 수 있는 여유를 주지 않습니다. 그런 짓을 하면서도, 그들은 자신들이 야기한 황당한 비난을 저희에게 돌려놓습니다. 끊임없이 저희를 방해하면서, [동시에] 교회의 모든 면에서 질서를 세우지 못하게 하는 죄를 저희에게 돌리고 있음을 생각한다면, 그들이 얼마나 머리가 좋은 것입니까? 저희가 완전히 성취하기 위해서는 아직도 많은 것이 부족합니다. 그것에 관해서는 하나님이 저희의 신음소리에 대한 증인이시며, 사람들 역시 저희의 탄식에 대한 증인입니다. 진실로 저희는 규율에 속한 몇 가지를 폐지했습니다. 그러나 그것은 마치 무너지는 집을 다시 세우고자 하는 사람들이 일반적으로 아무렇게나 쌓아 올린 기왓장의 파편을 끌어모아서, 하나씩 소정의 장소에 나열하듯이 저희도 그렇게 하지 않으면 안 되었던 것들입니다. 왜냐하면 교회가 이렇게 심하게 황폐했다면, 설령 옛날 규율이 일부분 남아 있다 할지라도 [이미] 잡동사니에 내던져져 뒤죽박죽되어 옛날의 모습을 잃어버렸기 때문에, 그런 혼란 상태에서 끄집어내지 않는다면 사용할 수 있도록 정리되지 못하기 때문입니다.

그러나 저는 그들이 적어도 모범을 보여줌으로써 저희를 자극해 준다면, 하고 생각합니다. 그러나 사실은 어떻습니까? 그들이 "저들 가운데에는 어떤 규율도 없다"고 부르짖지만, 그들 자신은 규율을 가지고 있습니까? 그들은 자신들의 머리 위로 곧바로 되돌아올 수밖에 없는 이런 비난을 저희에게 퍼붓기보다는 오히려 우리와 함께 하나님 앞에서 그들 자신의 죄악을 인정하고, 이것을 고백하는 편이 좋지 않겠습니까?

## 성직자의 규율

규율에는 두 가지 측면이 있습니다. 하나는 성직자에 관한 것이며, 또 하나는 실로 백성에 관한 것입니다. 그런데 저는 그들이 어떤 엄격함으로 성직자들로 하여금 공명하고 정결한 생활을 영위하도록 하는지 알고 싶습니다. 저는 고대 교회법이 성직자들에게 부과했던 보다 순결하고 세련된 성결을 그들에게 요구하는 것은 아닙니다. 왜냐하면 만약 누군가가 오랫동안 사장되어 있었던 그런 규칙을 깊은 망각에서부터 일깨웠다고 한다면, 그들이 마음속으로 비웃으리라는 것을 저는 알고 있기 때문입니다. 제가 그들 편의 성직자들에게 요구하는 것은 보통 사람 이상의 순결한 생활을 영위하지는 않는다 할지라도, 적어도 "타락한 놈"(turpitudo)이라는 악평만은 받지 않을 정도의 일반적인 품위입니다. 만역 누군가 선물이나, 호의나, 더러운 추종이나, 거짓 추천에 의해서 사제직을 멋지게 손에 넣었다면, 교회법은 이것을 성직매매로 선고하여 처벌하도록 명하고 있습니다. 오늘날 위에 언급한 방법 외의 방법으로 사제가 된 자가 얼마나 있겠습니까? 앞에서 말씀드린 것처럼 진실로 그런 철저한 엄격함이 상실되었습니다. 만약 사제의 집(episcoporum domos)이 공공연한 수치스런 성직매매의 작업소라는 것을 규칙으로 금하지 않았다고 한다면 그것이 얼마나 부끄러운 일입니까? 로마 교황청이 사제직을 공공연히 경매(licitatio)에 부치는 것을 사소한 일로 생각하고 있으며, 또한 사제직이 추종이나 마술이나 그 외의 부끄러움을 모르는 죄악에 대한 대가(代價)가 되어버린 상황에서, 로마 교황청에 관하여 도대체 무엇을 말해야 합니까? 만약 저희 가운데 적어도 인간의 이성이 살아 움직인다면, 12세 소년에게 대주교의 직책을 위임한다는 것이 얼마나 기묘하다고 할 수 있습니까? 예전에 그리스도께서는 손으로 맞았지만, 이런 일로 말미암아 그분은 그것[손으로 맞는 것]보다 심한 모욕을 받는 것이 아니고 무엇이겠습니까? 어린 소년을 그리스도교 국가의 백성을 지배하는 자리에 임명시키고 또한 사제와 목사의 자리에 앉히는 것 이상으로, 하나님과 사람을 공적으로 조롱할 수 있는 일이 어디에 있겠습니까? 교회법의 "사제 및 주교에 관하여"(de presbyetris & Episcopis)는 각자가 각각의 부서에서 눈을 뜨고 지켜보아야 할 것이며, 누구도 그 교회를 오랫동안 비워서는 안 된다고 규정하고 있습니다. 그런데 실제로 저희에게는 이런 것이 적용되지 않았으며, 이런 사실은 도저히 상상할 수조차 없는 것입니다. 어떤 사람이 교회목사(pastor)로 임명되었음에도 불구하고, 만약 평생 동안 단 한 번도 그 교회에 출석하지 않았다면, 터키 사람들의 조롱에 의해서 기독교인의 이름이 오염될 것을 누가 깨닫지 못하겠습니까? 이처럼 목사가 임명된 장소에 상주(常住)하는 것은 오래전부터 보기 드문 사실이 되기 시작했습니다. 주교나 수도원장은 사택을 소유하든지, 아니면 보통 왕후(王侯)의 궁정에 살고 있습니다. 그 외의 무리는 각자 자기 좋은 대로, 자신의 기분에 맞는 장소를 선택하고 있습니다. 그런데 그런 장소보다도 한층 자신의 둥지가 마음에 드는 자들은 정말로 그 교회에 아예 정착해버립니다. 다시 말해서, 그들은 게으른 배(胃)이며, [먹는 사역 외에는] 아무것도 알지 못합니다. 한 사람이 두 개의 교회를 가지지 못하도록 고대 교회법은 금지하고 있습니다. 설령 그런 것이 규정되지 않았다고 합시다. 그렇다고 하지만, 한 사람에게 다섯 개 또는 그 이상의 사제직이 집중된다면, 그리고 아직 어린이에 불과한 사람이, 다른 사역은 고사하고 일 년에 한 번 순회하는 것도 어려울 정도로 교구가 서로 너무 멀리 떨어져 있는 주교구를 세 개나 소유한다는 말도 안 되는 부조리에 관하여 그들은 어떤 구실로 변명할 수 있습니까? 사제를 임명함에 있어, 교회법은 생활과 교리에 관하여 엄정한 시험을 요구합니다.[4] 물론 오늘날에는 사제들이 그토록 엄

4 Examen, in promovendis sacerdotibus, et morum, et doctrinae, canones requirunt

격한 형식에 매이지 않는다는 것을 저희가 인정한다고 하더라도, 무학자들 그리고 단순히 지식뿐 아니라 현명함이 부족한 모든 사람들이 얼마나 무분별하게 사제직에 임명되는지를 알고 있습니다.[5] 사제를 택할 때보다는 마부를 고용하면서 과거 생활에 관한 것을 보다 엄격하게 고려하고 있습니다.[6] 제가 있지도 않은 것을 날조한 것도, 과장한 것도 아닙니다. 그들은 무대 위의 배우처럼, 연극을 통하여 고대 양식과 비슷한 것을 연기하고 보여주고 있을 뿐입니다. 주교 또는 그들의 부주교(suffraganei)가 서품받을 자들이 진정으로 자격이 있는지 없는지를 질문합니다. 그러면 그곳에 있던 누군가가 "그들은 그런 자격이 있다"는 뜻으로 말합니다. 더 이상 증인을 요구하지 않으며, 또한 돈으로 매수하지도 않습니다. 왜냐하면 이 답변은 단지 의식적인 의미에 지나지 않

exactum et enucleatum(513).

5 참고. 『제네바교회 규정』(1541)에서 칼뱅은 교회의 직제에 관하여 4직분론을 주장한다. 즉 목사(pasteur), 교사(docteur), 장로(ancien), 집사(diacre)다. 목사직에 대하여 칼뱅은 evenquez, anciens, ministres 또는 surveillans 등 여러 명칭을 사용한다. 이 직분은 특히 하나님의 말씀선교, 교화, 견책, 권고, 징계, 성례전 집행, 형제애에 근거한 교정 등을 실시하는 것이다. 무엇보다 중요한 것은 목사의 선임이다. 목사를 선임한다는 것은 시험, 서임, 임직이라는 세 부분으로 구성된다. 교직을 지망하는 자는 이미 그 직분을 임명받은 자들에 의해서 성서와 교리의 지식에 관하여 시험을 받고, 그 생활에 관하여 심문을 받아야 한다. 이것을 통과한 자는 후보자로서 시참사회에 추천된다. 그리고 시참사회가 적임자로 인정할 경우, 교회 회중들에게 설교를 행하고, 전회중이 그것으로 후보자의 인격과 학식, 신앙을 판단한다. 회중이 찬성을 표명한다면 「신앙인 모임의 공통적 동의」에 의해서 목사로서 선임된다.

6 Et in mulione conducendo maior anteactae vitae ratio habetur, quam in eligendo sacerdote(513).

기 때문에 모든 근위병, 이발사, 문지기도 그것을 익히 잘 알고 있기 때문입니다. 서품이 끝나면, 고대 교회법에 따라서 성직자들의 방탕에 대한 약간의 의혹도 제거되지 않으면 안 되게 되어 있습니다. 만약 그가 범죄를 인정한다면, 사직과 파문에 의한 벌을 받지 않으면 안 됩니다. 그러나 저희는 고대의 이런 엄격함을 일부분 완화했습니다. 그런데 그들의 일상적인 방탕에 대하여, 마치 그것이 당연한 권리로서 허용되는 것 같은 관용의 태도를 취하는 것은 도대체 어떻게 된 일입니까? 성직자가 사냥, 도박, 연회, 춤 등에 빠지는 것은 절대로 용서받을 수 없다고 교회법이 선언하고 있습니다. 또한 교회법은 어떤 악한 소문에 연루된 자들은 모든 성직에서 박탈되어야 한다고 합니다. 동일하게 모든 교회의 직무를 소홀히 할 정도로 세속의 일에 연루된다든지, 정치의 용무에 개입하는 자들, 요컨대 자기 직무를 불성실하게 수행하는 자들에 관하여 교회법은 그들을 엄중히 다스리도록 하며, 또한 만약 그들이 회개하지 않는다면 사임하도록 명하고 있습니다.[7] 이것에 대하여 그들은 모든 악덕을 근절하는 이런 가혹한 시정법이 오늘날에는 도저히 통용될 수 없다고 답변할 것입니다. 그렇다면, 그렇다고 하겠습니다. 왜냐하면

7 Clericum, qui aut venationi, aut aleae, aut comessationibus, aut choreis indulgeat, nullo modo ferendum, pronunciant canones. Quin etiam eradunt ex ministerio, quicunque infamia aliqua notati sunt. Similiter eos omnes, qui se implicant profanis negotiis, qui civilibus officiis se ita immiscent, ut abstrahantur a ministerii cura, qui denique non sunt in munere suo exequendo assidui, corrigi graviter: nisi resipiscant, deponi praecipiunt(514).

제가 그들에게 그렇게 대단한 순수함을 강요하는 것이 아니기 때문입니다. 단지, 성직자들 가운데 이처럼 아무렇지도 않은 듯 마음대로 죄를 범하고, 또한 성직자들이 다른 어떤 계층의 사람들 이상으로 부패한 이 세상을 더럽히고 있다는 데 대해 누가 그들을 묵과하겠습니까?

## 백성의 규율

백성의 규율(plebis disciplina)은 진실로 다음과 같습니다. 성직자들의 지배가 확립되고, 그들의 공납이나 약탈이 감소되지만 않는다면, 다른 모든 것은 거의 불문에 붙이고 대충 눈감아버립니다. 저희는 인간의 생활방식이 여러 곳에서 모든 종류의 불의 가운데 빠져 있음을 알고 있습니다. 저는 이 사실의 증인으로서 황제폐하 및 영예로운 제후 여러분 외의 다른 사람을 환문할 생각은 없습니다. 왜 이렇게 되었는지에 관하여, 많은 이유가 있다는 사실을 저도 인정합니다. 그러나 그 많은 이유 가운데서도, 사제들이 자신들에 대한 관대함과 방탕 때문에 불경건한 자들의 욕망의 고삐를 당겼다는 것이 첫 번째 원인입니다. 오늘날 그들은 무엇을 하고 있습니까? 악덕을 정화하기 위해, 또는 적어도 이것을 억제하기 위해, 그들은 어떤 배려를 하고 있습니까? 어디에 그들의 훈계가 있습니까? 어디에 그들의 견책이 있습니까? 다른 수단에 관해서는 말하지 않더라도, 규율의 가장 주요한 수단인 파문이 어떻게 사용되고 있습니까? 그들은 파문이라는 이름하에, 그들이 완고한 자라고 부르는 자들을 타도하기 위한 무서운 번개를 가지고 있습니다. 그러나 그들이 말하는 완고함이란, 금전문제로 그들의 법정에 소환되었음에도 불구하고 재판관 앞으로 출두하지 않는다든지, 또는 궁핍 때문에 채권자에게 지불할 수 없는 자들이 가진 완고함 외의 그 무엇이겠습니까? 이처럼 그들은 범죄자를 교정하기 위한 가장 유효한 수술을, 오로지 죄 없는 가난한 자들을 고통스럽게 하는 수단으로만 남용하고 있습니다. 또한 도둑질한 것이 분명함에도 불구하고 찾지 못한다 하여, 버젓이 숨어 있는 범죄자들을 저주하는 것으로 매질한다는 자체가 정말로 우스꽝스러운 일입니다. 왜냐하면 이 방법은 그리스도께서 규정하신 것과는 반대되기 때문입니다. 그런데 공공연하게 많은 수치스러운 행위가 만인의 눈앞에서 행해진다고 하더라도, 그 경우 파문은 선고되지 않습니다. 만사를 이처럼 분열시키는 자들이 이래도 정말 저희를 향해서 "무질서"(ἀταξία)라고 의도적으로 비난을 퍼붓는 것이 가능합니까? 실제로 만약 저희가 동일한 죄책을 짊어지고 있다면, 저희가 그들의 죄를 탄핵한들 무엇을 얻을 수 있겠습니까? 왜냐하면 지금까지 제가 말씀드린 것은 우리에게 책임이 있다는 범죄를 그들에게 되던짐으로써 그들을 저희로부터 멀리하는 것이 아니라, 저희에 의해서 파괴되어버렸다고 그들이 불평하는 그 특별한 규율이 어떤 것인지를 나타내 보이기 위한 것입니다. 만약 비교가 가능하다고 한다면, 모든 경건한 사람이 저희의 무질서가 —그것이 어떤 것이든 그들이 자만하고 있는 모든 질서보다도 오히려 적어도 어느 정도는 바른 질서라고 판단하는 것을 의심하지 않습니다. 이렇게 말한다고 하여, 저는 저희의 악에 관하여 변명하려고 하는 것이 아닙니다. 저희는 저희에게 얼마나 많은 것이 부족한지 알고 있습니다. 물론 만약 오늘날 하나님께서 저희를 엄중하게 심문하신다면 변명하기가 곤란할 것입니다. 그러나 저희의 적대자들에게 답변을 해야 한다면, 저희는 더욱 좋은 할 말을 가지고 있으며, 또한 원하는 승리를 기쁘게 얻을 수 있을 것입니다.

## 교회재산의 관리[8]

그들은 저희가 "교회재산"(Ecclesiae opes)을 약탈하고 이것을 세속적인 목적으로 전용하고 있다고 말하지만, 이 역시도 동일하게 뻔뻔한 짓입니다. 물론 이것으로 저희가 전혀 죄를 범하지 않았다고 말씀드린다면 거짓말을 하는 것이 될 것입니다. 사실 이 정도의 변혁이 일어났다고 한다면, 반드시 그것과 함께 어떤 곤란함이 수반됩니다. 따라서 여기서 어떤 죄가 있다고 하더라도, 저는 변명하지 않겠습니다. 그러나 저희의 적대자들은 어떤 얼굴로 이 죄를 저희에게 돌리려고 위협하는 것입니까? 그들은 교회의 재산을 다른 목적으로 사용하기 위해

8 Inst.IV.iv.6-8을 참조하라.

전용하는 것을 모독적이라고 합니다. 이것에 저는 찬성합니다. 그런데 그들은 저희가 이런 짓을 하고 있다고 덧붙입니다. 이 문제에 관하여 저는 이렇게 답변합니다. 만약 그들이 자신들이 말한 핑계에 대하여 해명할 수 있다고 한다면, 저희도 저희가 변명하는 것에 관하여 조금도 핑계를 대지 않겠다고 말입니다. 여기서 저희 자신에 관하여 바로 말씀을 드리고자 합니다만, 그 전에 그들이 무엇을 하고 있는지 살펴보고자 합니다. 주교들에 관해서는 모든 사람이 알고 있는 것만을 말씀드리겠습니다. 그들은 오로지 호화스러운 복장, 사치스런 식탁, 시중드는 많은 하인들, 화려한 저택, 요컨대 모든 종류의 사치에 대하여 다른 제후들과 경쟁을 벌일 뿐만 아니라, 한층 가증스러운 것을 사용하기 위해 교회 재산을 탕진하고 흘리고 다닌다는 것입니다.[9] 사냥이나 도박놀이 그 외에, 전체 수입의 적지 않은 액수를 오락에 소비하는 것에 관하여는 일일이 말씀드리지 않겠습니다. 그런데 창부나 호객꾼에게 사용되는 돈을 교회로부터 쥐어짜 내는 것은 너무나도 불합당합니다. 단지 화려하고 보이는 것만으로 자만할 뿐만 아니라, 끝까지 그런 것에 빠져버리는 것은 실로 바보스러운 짓입니다. 이전에 사제들 사이에서 빈곤이 자랑거리가 되었던 때가 있었습니다.[10] 사실 아퀼레이아

9 De episcopis nihil dico: nisi quod omnes vident, eos non splendore modo vestium, mensarum lautitiis, copioso famulito, palatiorum magnificentia, omni denique luxus genere certare cum principibus: sed etiam in sumptus multo foediores dilapidare opes ecclesiasticas, ac profundere(515).

10 Fuit olim tempus illud, cum in sacerdotibus gloriosa praedicaretur paupertas(515).

공의회(Aquileiensis synodus)[11]의 교령에는 그렇게 기록되어 있습니다. 예전에는 주교가 교회로부터 멀지 않은 작은 집에서 살았고, 변변치 않은 식탁과 식기를 가지도록 규정했습니다.[12] 물론 이런 고대의 엄격함을 인용하지 않더라도, 심각한 부패와 타락이 풍유와 함께 나타난 이후에, 교회의 수입을 네 부분으로 나누도록 규정한 고대법이 재확인되었습니다.[13] 그것에 의하면 일부는 여행자를 대접하고 가난한 자를 받아들여 보살피기 위해 주교들에게 주어졌으며, 또 일부는 성직자들에게, 또 일부는 가난한 자들에게, 그리고 나머지 부분은 교회당 수리 비용으로 사용되었던 것입니다.[14] 그레고리우스는 이 규칙이 그의 시대에 효력을 가지고 있었다고 전합니다.[15] 또한 옛날 어떤 시대에는 전혀 이런 법이 없었고 지금도 없지만(왜냐하면 상술한 법은 다른 법과 동일

11 381년, 암브로시우스의 친구였던 주교 발레리아누스(Valerianus)의 사회로 열렸던 제1회 아킬레이아 공의회(Council of Aquileia).

12 제4회 카르타고 교회회의 교령집 제14장.

13 Inst.IV.iv.7. 교회 수입을 네 부분으로 나누었는데 이를 성직자들, 빈민들, 교회건물 수리, 그리고 본지방과 다른 지방의 불쌍한 사람들을 위해서 사용하도록 가르친다. 특히 "감독에게 돌렸다고 하더라도, 감독의 개인 수입이 되었다는 뜻이 아니다. 그것은 혼자서 쓴다든지, 마음대로 다른 사람들에게 주라는 것이 아니다."

14 postquam iam una cum opulentia multae corruptelae succreverant, tunc quoque tamen confirmata iterum lex antiqua fuit, ut proventuum ecclesiasticorum quatuor fieret portiones; una episcopo cederet, propter hospitalitatem, et susceptionem pauperum, altera clero, tertia pauperibus, quarta reparandis ecclesiis(515)

15 Inst.IV.iv.7; Decretum Gratiani II. xvi.3.2; xii.2.30 (MPL 187, 1029, 909; Friedberg I. 789, 697), from Gregory I, Letters 56 (MGH Epistolae II. 333; tr. NPNF [letter liv.] 2 ser. XIII, 74f). McNeil, 각주21에서 재인용.

하게 악폐로 말미암아 만들어졌기 때문에), 그럼에도 다음과 같은 히에로니무스의 말이 진실이라고 인정하지 않는 사람은 아무도 없을 것입니다. "가난한 사람을 금전적으로 구원하는 것은 주교의 자랑이며, 자기 자신의 부에 욕심을 가지는 것은 모든 주교에게 수치스런 일이다."[16] 동일한 곳에 나타난 다음과 같은 그의 명령은 보다 엄격하다고 생각할지 모릅니다. "주교의 식탁은 여행자나 가난한 자들에게 언제나 개방되어야 한다." 이것은 올바르고 진실한 말입니다. 수도원장들이 수입을 얻기 위해서 주교들에게 다가가면 갈수록, 그들과 비슷한 자가 되어버립니다. 사제직 하나만으로 자신의 폭식, 향락, 사치를 충분히 만족시킬 수 없기 때문에 주교좌성당 참사회원(canonicis)[17]이나 성당구 주임사제들은 이 불만족을 해소하기 위한 방편을 쉽게 발견한 것입니다. 그것은 한 사제가 네 개 또는 다섯 개 주교 관할 령의 수입을 받아 챙기는 것입니다. 일 년에 쥐어짜 내지 못할 액수를 한 달 안에 비틀어 짜내는 것을 금지할 만한 규칙이 없습니다. [백성이 짊어지게 되는] 무거운 짐에는 관심이 없습니다. 왜냐하면 약간의 돈만 쥐어주면 즉시로 모든 것을 대신 해줄 대리인이 있기 때문입니다. 주교직 하나로만, 수도원장 하나로 만족하는 사람은 거의 없습니다. 상속재산만으로 생활할 수 있음에도 불구하고 교회의 공적인 비용으로 생활하는 성

16 gloriam esse episcopi, pauperum opibus providere: ignominiam omnium sacerdotum, propriis studere divitiis(516). 히에로니무스, 『서간』 52.6, MSL 22,533.

17 canonicus, canonici, 흔히 주교좌성당 참사원으로 번역함.

직자들을 히에로니무스는 "모독자"라고 부릅니다.[18] 그렇다고 한다면, 동시에 세 개의 주교구, 즉 오십 또는 백의 귀중한 재산을 탐식하는 자들에 관해서는 어떻게 생각해야 합니까? 그들은 적은 죄책들을 자신에게 덮어씌우는 것이 부당하다고 불평하지만, 그렇다면 도대체 교회의 공적인 수입(publica Ecclesiae stipendia)을 낭비할 뿐만 아니라, 호객꾼이나 창부의 급료를 지불하기 위해서 이것을 낭비하는 자들에 관해서는 정말 어떻게 생각해야 하는 것입니까? 그런데 제가 어떤 특별한 것을 말하고 있는 것이 아닙니다. 만약 그들에게 "어떤 권리로 검소하게 보통 수입을 받는가"라고 묻는다 할지라도 자신들의 주교구에 살고 있는 소수들은(저는 "모든 사람"이라고 말하지 않지만) 이 문제에 답하지 않을 것입니다. 왜냐하면 그들이 이 월급에 걸맞은 어떤 사역을 하고 있습니까? 예전에 율법 아래서는 제단에 봉사하는 자들이 제단으로 생활한 것처럼, 지금도 복음을 전하는 자들은 복음으로 생활하는 것이 합당하기 때문입니다. 하나님이 이렇게 명하고 계신다고 바울이 말합니다(고전 9:13, 14). 그러므로 그들은 스스로 복음의 사역자라는 사실을 저희에게 보여주어야 합니다. 그렇게 한다면, 그들이 월급을 받더라도 문제가 없다고 솔직하게 인정합니다. 왜냐하면 곡물을 빻

18 sacrilegus, sacrilegi이란 거룩한 것을 훔치는 사람(sacer + leger)을 뜻한다. 성전을 도둑질하는 자들 또는 교회 헌금과 재산을 자신의 사적인 용도로 사용하는 자들을 지칭한다. Thomas Aquinas, *Summa Theolgiae*, II-III, Q., xcix을 참조. 히에로니무스에 대한 확인은 불가능.

고 있는 소에게 재갈을 물리지 말라고 하기 때문입니다. 그러나 밭을 갈아야 하는 소는 허기가 졌고, 게으름을 피우는 당나귀는 먹고 있다면, 이 얼마나 도리에 어긋납니까? 이런 것에 대하여 "우리는 제단에 봉사하지 않는가"라고 그들은 말할 것입니다. 그럼 저는 이렇게 답변할 것입니다. 율법 아래서 사제는 제단에 봉사함으로써 당연히 생활비를 받을 자격이 있습니다. 그러나 바울이 말하듯이, 신약성서의 경우에는 이것과 다릅니다. 설령 그렇다 하더라도, 생활비를 받을 자격이 있다고 그들이 자만하는 제단봉사(祭壇奉事)란 과연 무엇입니까? 사실 그들이 미사를 집행하고 회당에서 노래를 부르는 것은 일면 장난기가 섞인 무익한 작업을 하는 것이며, 다른 면에서는 모독적인 행위를 하는 것으로써 하나님의 진노를 부르는 것입니다. 따라서 도대체 무엇을 위해서 그들에게 공적으로 식물을 지급하고 있는지 모르겠습니다.

"그들 편의 제후들이 보상되지 못할 모독을 행했다"라고 호소하는 자들이야말로, 하나님께 드려진 교회의 재산을 부당하게 힘으로 갈취하여 세속적인 목적을 위해 낭비하고 있습니다. 앞에서도 말씀드렸듯이, 저는 저희 가운데서 일어난 모든 것에 관하여 변명하려고 생각하지 않습니다. 단지 저는 교회의 수입이 그것이 드려진 목적에 따라서만 사용되지 않고 있다는 사실에 불만을 가질 뿐이라는 것을 고백하고자 합니다. 모든 선량한 사람들도 저와 함께 이 점에 대해 탄식하고 있습니다. 그럼에도 지금 문제가 되는 것은 아래와 같습니다. 저희 측의 제후들이, "주교나 수도승들이 빼앗아간 것을 그들의 손으로부터 되찾아와서 자신의 것으로 했을 때, 그것이 모독적인 행위에 의하여 교회 재산을 약탈한 것이 되는 것인가?" [하는 문제입니다]. 그들의 배를 기름지게 하는 것 외의 목적으로 교회재산이 사용되는 것이 그것을 더럽히는 것입니까? 왜냐하면 저희의 적대자들은 그리스도를 위해서도 교회를 위해서도 일하지 않고, 자기 자신의 목적만을 위해서 일하고 있기 때문입니다. 저는 교회를 약탈하고 교회에 속한 것을 횡령하는 자들에 대하여 엄중한 심판이 선고될 것을 인정합니다. 동시에 이 경우에는 "그들이 정말로 성직자들로부터 생활의 재원을 횡령하고 가난한 사람들을 굶겨 죽였기 때문에, 그 피에 대한 책임이 그들에게 있다"는 이유가 덧붙여집니다. 그러나 저희의 적대자들에게 이것이 무엇을 의미하겠습니까? 도대체 그들 가운데 누가 이전에 암브로시우스가 자신에 관하여 다음과 같이 말한 것을 말할 수 있겠습니까? "내가 가진 모든 것은 가난한 사람들을 위해 사용될 비용"이라고 말입니다. 실로 주교가 가진 것 가운데 가난한 사람들 것이 아닌 것은 하나도 없습니다. 그런데 자신의 욕망에 따라서 마음대로 사용하는 것이 마치 허용된 것처럼, 자신의 소유물처럼 제멋대로 남용하지 않는 자가 그들 가운데 얼마나 있겠습니까?[19] 그러므로 가령 그들이 자신의 것을 도둑맞았다고 불평하더라도 그것은 무의미한 일입니다. 왜냐하면 그들은 부당하

**19** Imo quotusquisque est eorum, qui non aeque licenter eo, quod possidet, abutatur, ac si libidini suae, ad quamlibet profusionem, expositum foret(517). 성직자들의 교회 재산에 대한 횡포를 고발.

게 그것을 탈취하고 극악무도한 방법으로 탕진하고 있기 때문입니다. 실로 저희 측의 제후가 그렇게 하는 것은 허용되었을 뿐만 아니라, 어찌할 수 없었던 일이었습니다. 왜냐하면 그들은 교회에 진실한 성직자가 전혀 없다는 것과 성직자의 생활을 위해서 드려진 수입이 나태하고 빈둥빈둥하는 자들에 의해 횡령되고 있는 것을 알았고, 또한 그리스도와 가난한 자들의 재산을 소수의 사람들이 쥐어짜 내어 당치도 않게 진수성찬에 소비되고 있다는 것을 알았을 때, 어떻게 이것에 손을 쓰지 않고 있을 수가 있었겠습니까?[20] 진리를 완강히 거부하는 적들이 교회의 재산 위에서 태평스럽게 잠을 자고, 또한 그리스도를 공격하고 경건의 교리를 억압하기 위해, 그리고 그것을 섬기는 자들을 핍박하기 위해 그것들이 남용되고 있다는 사실을 알았을 때, 적어도 그들이 교회를 고통스럽게 하기 위해 완전 무장하는 일이 없도록 적들의 손으로부터 즉시 그것을 빼앗아야 했던 것이 아니겠습니까? 요아스 왕은 거룩한 헌물이 제사장들에 의해서 부정하게 낭비되고 있음을 알았을 때 반환요구를 위해 감정사를 임명하여 계산하도록 했는데,[21] 이것에 관하여 그는 성령의 증언으로 칭찬을 받았습니다. 그런데 그들은 하나님

20 Quid enim quum Ecclesiam veris ministris nudam ac destirutam cernerent: reditus autem, qui alendis ministris dicati essent, ab ociosis ignauisque hominibus supprimi: quum Christi ac pauperum patrimonium cernerent, vel ingurgitari a paucis, vel in sumptuosos luxus dissolute profundi, an non amouernet manum?(517)

21 대하 24:8-14.

이 일반적인 관리를 위해 임명하신 사제들입니다. 그렇다면 정규 성직자의 역할도 다하지 못하는 자들, 또한 그들처럼 회당 수리에 게으름을 피울 뿐만 아니라 교회를 파괴하기 위해 온갖 수단과 방법을 사용하는 자들에 관해서는 어떻게 해야겠습니까?

그렇다면 [교회의 수입은] 어떻게 관리해야 하느냐고 말할 것입니다. 물론 전혀 비난의 여지가 없는 관리라는 것이 있을 수는 없겠지만, 적어도 저희의 적들보다 훨씬 좋고 보다 신앙적인 관리가 있습니다. 구원의 가르침에 의해서 백성에게 양식을 주는 참된 성직자들은 적어도 교회의 수입에 의해 생활자원을 받고 있으며,[22] 또한 지금까지 목사가 없는 교회도 [목사가] 생활할 수 있도록 비용을 부담해왔습니다. 어떤 학교든 구빈원(救貧院)[23]이든 그대로 남아 있으며, 어떤 곳은 그 수입이 증가하면서 결코 줄어들지 않습니다. 또한 많은 곳에서 이전에는 없었던 구빈원이 수도원을 대신하여 세워졌으며, 어떤 곳에서는 새로운 학교가 세워졌고, 그곳에서는 선생들에게 일정한 봉급이 지급될 뿐만 아니라 어린이들이 장래에 교회를 섬긴다는 목적으로 교육을 받고 있습니다. 요컨대 여러 교회가 이전에는 사제와 수도승만이 낭비했던 재산을 많은 공익을 위해 사용하고 있다는 것입니다. 그 가운데 적지 않은 부분이 특별한 비용을 위해 배정되어 있습니다만, 그것은 아

22 Inde saltem aluntur veri ministri, qui populum salutis doctrina pascant(518); 참고 Inst.IV. iv-v.

23 ptochotrophia(518).

주 당연한 것으로서 계산되어야 합니다. 교회의 상호 관계가 명확한 질서에 의해서 잘 진행될 때보다도, 그것이 혼란스러울 때가 보다 많은 돈을 소비하게 되는 것은 확실합니다. 저희 측의 제후와 도시가 자신들의 이기적 편의를 위한 것이 아니라 교회의 공적 필요를 위해서 사용할 비용 지출을 허락하지 않는다면 너무나도 부당한 일입니다. 저희의 적대자들은 [하나님께] 희생을 드린다는 이유로 교회로부터 물품이나 부당한 세금을 뜯어냈지만, 이제 이런 것들이 줄어들었습니다. 그럼에도 불구하고 이하에 말씀드리는 하나의 이유만으로 지금까지의 모든 논의가 무익하게 됩니다. 즉 이미 3년 전에 저희 측의 제후들은 다음과 같이 선언했습니다. "부당한 이유로 잔뜩 모았고, 그것을 마음대로 관리했다는 죄를 범한 자들이 상기의 질서에 억지로 따른다고 한다면 결코 반환하는 데 주저하지 않을 것이다." 그러므로 혁혁한 공을 세우신 폐하시여, 제후들 한 사람 한 사람은 그 약속에 따라서 당신께 의무를 가지고 있습니다. 또한 그 증서는 사람들 눈에 분명해졌기 때문에, 이것은 교리의 일치를 위해서 결코 장애가 되지 않을 것입니다.

# 9 ◆ 교회의 일치[1]

## 분파주의자라는 비난에 대한 변명

적대자들이 저희를 비난하는 마지막, 그리고 주요한 죄는 교회로부터 분리했다는 것입니다. 더욱이 그들은 이 점에서 어떤 이유에 의해서든지 교회의 통일을 파괴하는 것을 용서하지 않겠다고 말하며, 저희를 맹렬히 공격합니다. 그러나 그들이 어떤 부당한 처사를 저희에 가하고 있는지는 저희 측 사람들의 저서가 증명하고 있습니다. 그러나 지금, 간단히 그들에게 이렇게 답변하고자 합니다. 저희는 교회로부터 분리하지도 않았을 뿐더러, 그 교제로부터 떠난 것도 아니라는 점입니다.[2] 그들은 교회라는 아름다운 이름 아래서 본래 경건하며 현명했던 사람들의 눈을 휘둥그레 만들었기 때문에, 황제폐하 및 영예로운 제후 여러분께, 저는 다음과 같은 사항을 부탁드리고 싶습니다. 첫째는 모든 편견을 버리고 저희의 변명을 공평하게 들어주시는 것이며, 둘째는 교회라는 말만 들어도 두려워할 것이 아니라 현재 우리와 로마 교황 및 그 모든 당파들 사이에 벌어진 싸움이 예전에는 예언자나 사도들과 그

1 518이하.

2 nos nec ab Ecclesia dissidere, nec ab eius communione esse alienos(519).

당시 거짓 교회들 사이에서도 일어났다는 사실을 기억해주시는 것입니다. 하나님의 명령에 의거하여 예언자나 사도들이 우상숭배, 미신, 신전과 성물에 대한 모독, 사제들의 무기력, 태만, 모든 사람들의 탐욕, 잔인함, 그리고 나쁜 욕망에 맞서 과감하게 싸웠을 때, 그들은 오늘날 우리의 적대자들이 항상 말하는 것처럼 "그들은 공통의 명제로부터 떠났고, 그것으로 말미암아 교회의 통일을 찢어놓았다"라고 언제나 비난과 공격을 받았습니다. 당시 통상적으로 교회의 지배권은 사제들의 수중에 있었습니다. 그들은 아무런 이유도 없이 주제넘게 이 직분을 취한 것이 아니라, 하나님이 율법에 의해서 그들에게 주셨던 것입니다. 이것을 일일이 말씀드린다면 길어질 것으로 생각되기 때문에, 예레미야를 한 예로 들고자 합니다. 그는 사제단 전부를 상대로 할 수밖에 없었습니다. 그를 혼내주기 위해 그들이 들었던 무기는 다음과 같은 생각이었습니다. "우리가 꾀를 내어 예레미야를 치자. 제사장에게서 율법이, 지혜로운 자에게서 책략이, 예언자에게서 말씀이 끊어지지 아니할 것이니."[3] 당시 그들에게는 대제사장이 있었고, 그 탁선에 따르지 않는 것은 중대한 죄가 되었습니다. 그리고 하나님께서는 이스라엘 교회의 지배를 위탁하신 모든 위정자들이 대제사장의 의견에 따르도록 했습니다. 만약 하나님의 진리로부터만 가르침을 받아서 바른 권력에 반항한 자가 교회의 통일을 깨트린다면, 어떤 위협에도 굴하지 않

3 렘 18:18.

고 사제들의 불경건에 대하여 끝까지 싸웠던 예언자는 분열주의자가 되는 것입니까?[4] 저희는 예언자와 사도들에 의해서 전해 내려온 하나님의 영원한 진리가 저희 편에 있다는 것을 언제나 증명할 수가 있습니다. 또한 이는 누구든지 즉시로 이해할 수 있는 것이기도 합니다. 따라서 어떤 이유에 의해서도 교회로부터의 분리는 용서될 수 없다는 충각(衝角, aries)으로 저희는 격퇴당하고 있습니다. 그러나 저희 자신은 그것을 강하게 부정합니다. 그들은 저희를 압박하는 어떤 이유를 가지고 있는 것입니까? 실로 그들에게는 교회의 정규 통치권을 가졌다는 것 외에 어떤 이유도 없습니다. 그러나 예레미야의 적들은 보다 명확한 권리를 가지고 이 점을 강조한 것이 아니겠습니까? 왜냐하면 그 당시는 적어도 하나님이 정하신 제사장법이 확립되어 있었기에 사제들의 소명은 확실했기 때문입니다. 그런데 오늘날 "주교"라 일컫는 사람들은 하나님의 법에 의해서도, 인간의 법에 의해서도 전혀 그들의 소명의 정확성을 증명하지 못합니다. 양자는 서로 비슷합니다. 서로 다른 점은 구약시대의 사람들은 거룩한 예언자에게 분열주의자라는 죄명을 입혔지만, 오늘날 이들은 교회와 관련하여 그런 허울 좋은 명목 외에는 저희를 공격할 근거가 없다는 것입니다. 저는 예레미야 한 사람만 예로 들었습니다. 그러나 다른 모든 예언자들 역시 불경건한 사

4 Si ecclesiae unitatem violat, qui sola Dei veritate instructus ordinariae se potestati opponit, schismaticus erit propheta, qui nihil eiusmodi minis fractus fuit, quominus bellum cum sacrerdotum impietate gerere constanter persisteret(519).

제가 그들을 방해하기 위해 교회의 이름을 남용했을 때, 동일한 싸움을 싸웠다는 것을 증언합니다. 사도들은 어떠했습니까? 그들에게 있어, 자신들이 그리스도의 종이라는 것을 고백하기 위해 유대인의 회당에 대하여 선전포고하지 않을 수 없었던 것이 아닙니까?[5] 그 당시 사제들은 명예와 지위를 잃어버리지 않았습니다. 그러나 그들[적대자들]은 이렇게 말할지 모릅니다. 사도들이나 예언자들은 교리라는 점에서 불경건한 사제들과 입장이 달랐지만, 희생이나 기도에서는 여전히 그들과 공통의 의식을 집행했다고 말입니다. 만약 이 말에 사도나 예언자가 우상숭배를 강조한 적이 없었다는 조건만 붙인다면, 저는 이것을 인정합니다.[6] 그러나 예언자들 가운데 누가 이전에 벧엘에서 희생을 드렸습니까? 그런 기사를 우리가 읽을 수 있습니까? 또한 경건한 사람들 가운데 누가 불순한 희생에 가담했습니까? 성전이 안티오코스(Antiochus)[7]에 의해서 더럽혀지고 그것에 모독적인 의식이 도입되었을 때, 우리는 그런 것들을 생각조차 할 수 있었겠습니까?

5 행 4:19.

6 Fateor, cum ad idololatriam non cogerentur(520).

7 Antiochus IV Epiphanes (BC 175-163). 셀레우코스 제국을 기원전 175년부터 죽을 때까지 다스렸다. 마카비 형제의 유대인 반란이 시작되었다.

## 복음의 가르침에 의한 일치

이상 제가 말씀드린 것은 요컨대 불경건한 왕국을 확립하기 위한 구실로 교회의 이름이 사용될 때, 주의 종들이 교회라는 허무한 이름으로 주저하며 망설였다고 당신들이 생각하지 않도록 하기 위함입니다. 그렇기 때문에 저희는 교회[라는 이름만으]로 자만하는 것이 충분한 것이 아니라, "참된 교회란 무엇인가? 그 통일성이란 어떤 것인가?"를 알 수 있도록 판단하지 않으면 안 됩니다. 그러나 무엇보다도 중요한 것은 교회를 그 머리 되신 그리스도로부터 분리해서는 안 된다는 것입니다. 제가 그리스도라는 말을 할 때, 저희는 그분의 피에 의해서 인 쳐진 복음의 가르침을 포함하는 것으로 이해합니다. 따라서 적대자들이 자기들만이 참된 교회라는 것을 저희에게 납득시키려고 한다면, 만사를 제쳐두고 그들 가운데 하나님의 순수한 가르침이 있다는 것을 증명하지 않으면 안 됩니다. 또한 저희가 종종 말하듯이, 건전한 가르침의 설교와 예전의 순수한 집행은 바른 질서가 세워진 교회의 영원한 징표입니다.[8] 왜냐하면 교회는 예언자적이고 사도적인 가르침의 토대 위에 세워진다고 바울이 말하기 때문입니다.[9] 이 토대의 받침이 없다

8 Atque id est, quod saepe dicimus, perpeua bene ordinatae ecclesiae insignia esse, sana doctrinae praedicationem et purum sacramentorum usum(520).

9 엡 2:20.

면, 교회는 반드시 즉각 와해되어버릴 것입니다.[10] 이번에는 저희의 적대자들에 관하여 논하고자 합니다. 그들은 그리스도가 정말로 그들 편에 있다고 콧대를 세우며 자만합니다. 그러나 만약 그들이 그런 말로 그리스도를 제시할 수 있다면, 그때에 비로소 그들에게 믿음이 있다고 생각할 수 있을 것입니다. 동일한 방법으로 그들은 교회라는 말을 강조합니다. 그러나 저희는 바울이 교회의 유일한 토대라고 했던 그 가르침이 어디 있는지 묻고 싶습니다. 황제폐하시여, 당신께서는 "저희의 적대자들이 저희를 압박하기 위해 교회의 진리로 무장하고 있는지, 아니면 단지 교회라는 이름만으로 무장하고 있는지", 따라서 "양자 사이에 심각한 차이가 있다"는 사실을 잘 알고 계실 것입니다. 저희는 "모든 신자의 공동의 어머니이며 진리의 기둥과 토대인 교회로부터 떠난 자들은 그리스도를 배반한 자이다"라는 사실을 솔직히 인정합니다. 그러나 저희가 바라는 교회는 썩지 않는 씨앗에 의하여 그 아들을 낳고, 그들에게 영생을 주고, 또한 그렇게 해서 낳은 아들을 영적 식물(그 씨앗과 식물은 하나님의 말씀입니다)로 양육하고, 하나님께서 그 품에 품어주시는 순수하며 완전한 진리를 그 성직에 의해서 지키려고 하는 교회입니다.[11] 상술한 표징은 의심스러운 것도 아니며 거짓 표징도 아

10 nisi hoc fundamento fulciatur, ruere extemplo necesse est(520).

11 sed ecclesiam requirimus, quae filios suos incorruptibili semine ad immortalitatem gignat: quae genitos alat spirituali cibo. (Semen autem illud, ac cibus ille, verbum Dei est): quae puram et integram custodiat suo ministerio veritatem illam, quam Deus in eius sinum deposuit(520).

닙니다. 그것은 하나님 당신께서 그 교회에 인명(印銘)하신 것으로서, 교회는 그것에 의해서 식별됩니다. 정말 저희가 잘못된 것을 요구하고 있는 것처럼 생각됩니까? 만약 그렇지 않다고 한다면, 그런 표징이 존재하지 않는 곳에는 교회의 얼굴이 결코 빛나지 않을 것입니다. 만약 어떤 이유가 필요하다면, 다음의 예레미야의 말이 잘 알려져 있습니다. 불경건한 사제들은 "이것이 주님의 신전이다, 주님의 신전이다, 주님의 신전이다"고 거짓말로 자만하지만, 그것은 허무한 것입니다.[12] 그들은 주님의 신전을 도적의 소굴로 만들어버렸습니다.[13]

마찬가지로 저희는 "바울이 말하는 교회의 일치성(unitas)이 저희에게 지극히 거룩하다"는 사실을 증언하며, 또한 어떤 방식으로라도 이것을 파괴한 모든 자들에 대하여 "저주받을지어다"라고 선고합니다. 바울은 이 원리로부터 다음과 같은 일치성을 내어놓습니다. "주님도 한 분이시요, 믿음도 하나요, 세례도 하나요. 우리는 한 소망 안에서 부르심을 받았느니라. 모든 사람의 아버지는 한 분이시라."[14] 여기서 바울이 명하듯이, 만약 저희가 한 하나님으로 돌아간다면, 즉 믿음의 줄로 서로 연결되어 있다면, 그때 저희는 한 몸, 하나의 영이 될 것입니다. 또한 바울이 다른 곳에서 말하듯이 "믿음은 하나님의 말씀에서 비

12 렘 7:4.
13 렘 7:11.
14 엡 4:4-6.

롯된다"[15]는 것을 생각하지 않으면 안 됩니다. 저희가 순수한 교리 안에서 일치하고, 한 분 그리스도를 향하여 성장해갈 때 비로소 저희 가운데 거룩한 통일이 확립된다는 것은 확실합니다. 그런데 만약 어떤 가르침도 좋다, 여하튼 어떤 가르침에서 일치하기만 하면 충분하다고 한다면, 도대체 저희는 어떤 표식에 의해서 하나님의 교회를 불경건한 자들의 모독적 당파로부터 구별할 수가 있겠습니까? 그러므로 사도는 조금 후에 다음과 같이 부가합니다. 교회를 세우기 위해 그리스도에 의한 봉사의 일이 정해졌습니다. 이는 우리가 신앙의 일치, 즉 하나님의 아들을 아는 지식에 이르기 위함이며, 또한 저희가 이제는 어린아이가 아니며, 어떤 가르침의 바람에 날려 가버리지도 않으며, 오직 사랑 안에서 진리를 추구하고, 머리 되신 그리스도께 도달하기 위한 것입니다.[16] 그리스도께로 향하는, 또한 그리스도를 아는 지식에 포함된 믿음으로, 또한 진리에 대한 순종으로 불러 세우는 것 이상으로 교회의 전체적 통일을 이룰 수 있는 거룩한 일치에 대한 명확하고 참된 가르침이 어디에 있겠습니까? 교회라는 것을 오로지 그리스도께서만 지배하시고, 오로지 그분의 음성만을 들으며, 그리고 타인의 목소리와 구별되는 양 우리로 생각하는 사람들에게는 이런 장황한 증언이 불필요할 것입니다. 실로 바울은 이것을 다른 곳에서 확인하고 있습니다.

**15** 롬 10:17.
**16** 엡 4:12-15.

그는 그곳에서 로마 사람들을 위해서 "모든 사람이 같은 하나의 생각을 품고, 그리스도를 본받아 마음을 하나로 하여 하나님께 영광을 돌리도록" 하나님께 기도하고 있습니다.[17]

## 사제의 권위

이런 까닭으로 말미암아 저희의 적대자들은 먼저 그리스도 아래로 가서 저희가 교리로 인해 부득이하게 그들로부터 분리했기 때문에 그런 분리의 죄를 저희에게 덮어씌워야 할 것입니다. 그러나 제가 이미 그리스도께서 그들의 교제로부터 쫓겨났다는 것과, 그분의 복음의 가르침이 근절되었다는 것을 분명하게 밝혔습니다. 그렇기 때문에 그들은 저희가 그들에게 붙지 않고, 그리스도께 붙었다는 이유만으로 저희를 범죄자로 취급하는 것입니다. 실로 인간의 권력에 굴복하지 않기 위해 그리스도와 그 진리로부터 떠나기를 거부하는 자들을 모든 분파를 만든 자로 간주하고 교회의 연합에서 이탈한 자들이라고, [과연] 그들은 누구를 납득시킬 수 있겠습니까? 물론 저는 사제에게 존경을 표해야 할 것과 바른 권위를 무시하는 것이 아주 위험한 것임을 인정합니다. 그러므로 만약 그들이 이유도 없이 정당한 권위에 반항해서는 안 된다

17 롬 15:5, 6.

고 말한다면, 저희는 솔직히 이것에 찬성할 것입니다. 왜냐하면 저희는 만약 위에 있는 사람들의 권위가 존중되지 않는다면 얼마나 심한 혼란이 장래에 일어날지 모를 정도로 바보가 아니기 때문입니다. 따라서 목자에게는 그에게 합당한 존경을 표해야 합니다. 그럼에도 불구하고 이것에 의해서 그리스도의 최고의 지배권이 조금이라도 상처를 입는 일이 일어나서는 안 될 것입니다. 그들과 모든 사람들이 하나가 되어서 그분께 순종하지 않으면 안 됩니다. 왜냐하면 하나님께서는 이전에 말라기를 통해서 "그들과 맺은 언약을 충실히 지킨다는 조건으로 이스라엘 교회에 대한 지배권을 제사장들에게 주었다"는 것을 증언하시기 때문입니다. 다시 말해서 "제사장의 입술은 지식을 지켜야 하고, 그들은 사람들에게 율법을 설명해야 할 것이다"(말 2:7)라고 언명하시기 때문입니다. 그 후에 제사장들이 이 약속을 지키지 않게 되자, 말라기는 그들의 불신에 의해서 그 언약이 파기되고 무효가 되었다고 선언했습니다. 만약 제사장들이 하나님의 진리를 섬기는 자이며, 또한 그 증인이라는 것 외의 조건으로 교회의 지배를 위임했다고 판단한다면, 그들은 잘못된 것입니다. 따라서 그들은 오랫동안 그들 자신의 직무규칙이나 방식에 반대하여 하나님의 진리와 싸워왔기 때문에, 설령 그들이 이전에는 사제였고 지금은 주교라 할지라도, 저희가 말씀드린 조건에 의해서만 하나님께서는 그들에게 권능을 부여하시기 때문에 그 이상의 권능을 그들이 뻔뻔스럽게 행사해서는 안 됩니다.

## 교황권[18]

그러나 그들은 교회의 교제를 자신들이 만들어낸 것과 같은 지배 방식 가운데 포함된 것으로 믿고 있습니다. 그렇기 때문에 "우리가 로마좌로부터 분리했다"는 죄를 저희에게 덮어씌울 때, 그들은 이것으로 승리했다고 생각했습니다. 여기서 저는 이 문제에 관하여 깊이 논의할 생각은 없습니다. 그것은 너무나도 장황하기 때문이며, 또한 저희 진영에 속하는 사람들에 의해서 충분히 다루어졌기 때문입니다. 황제폐하 및 영예로운 제후 여러분이시여, 저는 단지 다음과 같은 키프리아누스의 주장만이라도 들어주시길 여러분께 부탁드리고 싶습니다. 다시 말해서, 저희에게 대적하는 자들은 오로지 로마 교황만을 인용하고 있지만, 오히려 여러분은 어떤 질서로부터 교회의 참된 교제를 도출해야 하는지를 판단해야 할 것입니다. 왜냐하면 키프리아누스는 교회 일치의 원천을 오로지 그리스도의 감독직에 돌리면서도, 그 감독직이 각각의 주교들에게—그것이 공유되는 범위에까지는—전적으로 위임된다고 주장하기 때문입니다. 그래서 그는 다음과 같이 덧붙입니다. "교회는 하나이지만, 번식증가에 의해서 다방면으로 뻗어나간다. 그것은 마치 태양으로부터 많은 광선이 나오듯이 빛은 하나이며, 또한 하나의

18 교황권에 관하여는 칼뱅이 『기독교 강요』 제4권 7장에서 교황권의 기원과 발달로부터 여러 가지 문제점을 지적하고 있다.

나무에 많은 가지가 있지만 하나의 줄기가 강인한 뿌리로부터 나오는 것, 또한 하나의 샘으로부터 많은 작은 강들이 흘러가는 것과 같다. 파생된 많은 것들이 넓게 분산되어 그 수가 많은 것처럼 보이지만, 기원에 있어서는 하나다. 광선을 태양의 본체로부터 떼어버린다고 해도 태양은 하나이며, 분할된 것은 아니다. 가지를 줄기로부터 베어낸다면, 그 가지는 열매를 맺지 못한다. 물줄기를 샘으로부터 분리해버리면, 그 물줄기는 마르게 될 것이다. 그런 것과 같이 교회도 하나님의 빛을 받아서 세계 가운데로 뻗어간다. 그러나 빛은 하나이며, 그것이 모든 곳에 흩어져 가는 것이다. 그러나 본체의 일치성은 파괴되는 일이 없다."[19] 적대자들은 이것으로 말미암아 "이단과 분열이란 진리의 원천으로 돌아가지 않고, 머리를 구하지 않고, 하늘 교사의 가르침을 지키지 않는 것으로부터 생겨난 것이다"라고 말합니다. 그런데 만약 그들이 저희에게 다음과 같은 위계제도를 제시해준다면, 저는 그것에 정중하게 최대한의 경의를 표하며, 그것에 순종하지 않는 자들에게 "저주받을지어다"라고 선언해도 결코 부당한 것이 아니라고 인정합니다. 그 위계제도란, 그곳에서는 주교가 그리스도께 순종하는 것을 아끼지 않으며, 오로지 한 머리에만 매달리고 의지하며, 또한 그분께만 귀의한다는 이유로 존경받으며, 그들이 그 안에서 서로 형제의 교제를 맺으

19 키프리아누스, 『보편교회의 일치에 관하여』 5장, MSL 4, 512f; 참고. Inst.IV.ii.6에서 키프리아누스의 동일한 언급을 인용하면서, 그리스도를 머리로 모시는 것이야말로 연합과 일치의 조건임을 강조한다.

며, 그리스도의 진리라는 매듭으로만 그들이 맺어져 있다는 제도입니다. 그러나 어떠합니까? 정말 그들이 자랑하는 위계제도의 거짓스런 가면에 이것과 비슷한 점이 있습니까? 단 한 분 그리스도를 대신하여 로마 교황이 주권을 움켜쥐고, 법과 질서를 무시하고, 전제군주와 같은 방식으로, 아니 전제군주보다도 더한 난폭하고 무분별한 방식으로 지배하고 있습니다. 그 외의 지체들도 그리스도의 법칙이 아니라 로마 교황의 법칙에 따라서 만들어졌습니다. 키프리아누스가 말한 그 빛은 꺼져버리고, 샘의 출구는 막혀버렸습니다. 요컨대 뿌리로부터 절단된 줄기의 높이만을 뽐내고 있는 것입니다.

우리의 적대자들이 로마 교회의 교황좌(Romanae sedes)의 수위권을 주장하기 위해 노력하고 있으며, 그들이 그들 자신과 그들의 모든 것이 그것에 달려 있음을 인식하는 것은 당연합니다. 저 역시 그것을 잘 알고 있습니다. 그러나 황제폐하 및 영예로운 제후 여러분이시여, 부디 여러분은 그들이 언제나 무학한 자들을 속이고 있는 것처럼 그들의 하찮은 거탈에 속임을 당하지 않도록 주의하시길 바랍니다. 첫째로 그들이 자만하고 있는 수위권이란 것은 결코 하나님의 권위에 의해서 세워진 것이 아니라 오로지 인간의 판단에 의해서 세워졌다는 것은 그들도 인정하지 않을 수 없다는 사실이라는 것입니다.[20] 저희가 이

20 참고. Inst.IV.vii.17. 교황의 수위권이 확립되는 것을 논하고 있다. 특히 칼뱅은 페팽 3세와 교황 자카리아스와의 협정(751)에 의해서 교황의 세속적 권력의 한 시기가 시작되었다고 주장한다.

것을 제시했을 때, 그들은 분명하게 인정하지는 않았지만 적어도 이것에 반대하여 싸우는 것을 부끄럽게 생각했습니다. 그 후 일시적으로 그들은 그렇게 심한 허위를 확증하기 위해 대담하게 성서의 증언을 남용했습니다. 그러나 비로소 투쟁할 단계가 되면서, 저희는 그들이 멀리서 뽐내고 있던 칼과 나무줄기를 그들의 손으로부터 쉽게 비틀어 뽑아버릴 수가 있었습니다. 이처럼 그들은 하나님의 말씀을 잃어버렸기 때문에 진부한 지원군 아래로 도망가버렸습니다. 그러나 그곳으로부터도 저희는 힘들지 않게 그들을 쫓아내 버렸습니다. 왜냐하면 거룩한 교부들의 저서, 공의회의 교령 및 역사적 기술들에 의하면, 로마 교황들은 그들이 약 400년간 점유해온 이 최고의 영광의 자리에 조금씩 올라온 것입니다. 아니, 오히려 그 지위가 한편으로는 책략이나 부정한 수단으로 사취되었고, 다른 한편으로는 힘으로 비틀어 갈취되었다는 사실을 분명하게 말하고 있기 때문입니다. 여하튼 저희가 그들의 변명을 인정한다고 합시다. 그리고 로마 교황좌의 수위권이 하나님에 의해서 규정되고, 고대교회의 연속적 찬동에 의해서 확인되어왔다는 것을 그들이 저희에게 납득시켰다고 합시다. 그러나 그런 경우에도, 로마가 참된 교회와 참된 주교를 가진다는 조건에서만 그런 것이 인정될 수 있습니다. 왜냐하면 지위가 없는 곳에는 지위의 영예도 남지 않기 때문입니다. 저는 물어보고자 합니다. 도대체 어떤 점에서 로마 교황이 자신을 주교로 인정하라고 저희에게 요구할 수 있는지를 말입니다. 다음은 아우구스티누스의 유명한 말입니다. "주교란 직무상의 칭호이지, 명예에 대한 칭호가 아니다."[21] 예전에 고대 공의회는 주교의 직무를 다음과 같이 규정하고 있습니다. "말씀 설교에 의해서 백성을 양육하는 것, 성례전을 집행하는 것, 성직자와 백성을 거룩한 규율 가운데 머물게 하는 것 및 이런 직무를 소홀히 하지 않기 위해 이 세상의 모든 세속적인 생각과 걱정으로부터 몸을 떠나게 하는 것입니다."[22] 이런 모든 것에서 사제는 주교의 보좌역이 되지 않으면 안 됩니다. 이런 것들 가운데 어느 것 하나라도 교황이나 추기경들이 행하고 있다고 보십니까? 그들은 전혀 그런 직무를 행하지 않고 손가락 하나 깜짝하지 않으려는 태도 가운데, 도대체 어떤 이유로 합법적인 목자로 보이길 원하는 것입니까?

그러나 설령 저희가 [다음과 같은] 모든 것, 즉 자신의 직무를 전혀 다하지 않는 주교가 존재하며 말씀에 의한 봉사와 성례전의 순수한 집행이 결여된 교회가 존재하는 것을 양보한다 할지라도, [그 외의] 모든 것이 [참된 교회의 존재방식에서] 어긋나고 있다면 어떻게 해야 합니까? 이미 수세기 동안 불경건한 미신이나 공공연한 우상숭배나 잘못된 교리가 그 자리의 지위를 차지해왔고, 그리스도교의 중심점을 포함한 교리의 요점이 전도(顚倒)되어왔습니다. 성례전이 추잡한 돈벌이

21 아우구스티누스, 『하나님의 도성』 XIV 19, MSL 41,647.

22 pascere verbi praedicatione populum: sacrementa administrare, clerum et populum continere in sancta disciplina, et ne ab his distrahatur, prophanis omnibus huius seculi curis se abdicare(523).

나 그 외의 더럽히는 것으로 모독되어왔기 때문에, 그리스도께서 다시 한번 어떤 방법으로 십자가에 달리시지 않으면 안 될 정도로 심하게 조롱받아왔습니다.[23] 참된 교회의 용모뿐만이 아니라 그 윤곽조차 없어지고, 신자들 사이에 있어야만 할 거룩한 교제의 모든 줄이 갈기갈기 찢긴 교회를 어떻게 모든 교회의 어머니라고 말할 수 있습니까? 현재 로마 교황은 마치 그의 목숨이 위험에 처한 것처럼 부활의 복음의 가르침에 반항하고 있습니다. [이런 것은] 그가 그렇게까지 하여 그리스도의 나라를 타도하지 않는다면 그 자신의 지위를 안전하게 확보할 수 없음을 보여주는 것이 아니고 무엇이겠습니까? 황제폐하시여, 당신은 저희가 이 점에 관하여 얼마나 많은 이유를 가지고 있는지 알고 계십니다. 그러나 이 점에 대하여 간단히 결론 내리기 위해, 저는 교황좌가 두려운 배교 외의 어떤 것으로도 보이지 않으며, 따라서 사도적 좌(座)라는 것을 부정합니다. 더욱이 저는 베드로가 세운 모든 것을 파괴하려고 온 힘을 집중하는 자를 베드로의 후계자라고 하는 것을 부정합니다. 진실로 저는 유일한 머리 되신 그리스도를 떠나서, 그 횡포적 지배에 의해서 교회를 갈기갈기 찢어놓는 자가 교회의 머리라는 것을 부정합니다. 교회의 권위에 의해서 확실하게 음미된 복음의 가르침을 억압하는 데 대하여 전혀 두려워하지 않을 정도로 교회의 위계제도를

23 Prostitutis ad turpem quaestum aliasque pollutiones sacramentis, extremo ludibrio habitus fuit Christus, ut iterum quodammodo crucifigeretur(524).

로마좌의 지위에 동여매고자 하는 자들은 이상의 모든 점에 관해서 저에게 답변해야 할 것입니다. 정말 그들은 저에게 답변해야 합니다. 황제폐하 및 영예로운 제후 여러분이시여, 저희가 요구하는 것이 정당한 것인지, 아니면 부당한 것인지 고려해주시길 바랍니다.

저희의 적대자들이 말하길 저희가 불경건함과 뻔뻔함과 치료되지 못할 정도의 당돌함을 가졌다고 비난하지만, 지금까지 말씀드린 것으로부터 그들의 중상모략에 결코 귀를 기울일 가치가 없다는 사실을 여러분께서 이해하셨을 것이라고 확신합니다. 그들이 저희를 이처럼 비난하는 이유는, 저희가 로마 교황의 명령에 순종하지 않고 교리와 양식의 더러움으로부터 교회를 정화하려고 시작했다는 것 때문입니다. 그들은 그런 것들이 개인에게는 허용되는 것이 아니라고 주장합니다. 그러나 저희가 교회의 상태를 개선해야 하는 역할을 감당했던 사람들로부터 도대체 무엇을 기대할 수 있었겠습니까? 그래서 루터나 그 외의 사람들이 처음에 무엇을 했습니까? 그리고 그 후에 그들이 계속해서 무엇을 했는지를 생각해본 사람은 누구든지 저희에게 어떤 변명도 요구하지 않을 것입니다. 또한 만사가 잘 진행되었을 때, 루터는 교황에게 교회의 가장 고통스런 영혼의 질병이 치료되도록 노력해달라고 탄원했습니다.[24] 그 결과는 어떻게 되었습니까? 모든 그리스도교계는

**24** oravit pontificem Lutherus, gravissimis ecclesiae morbis in animum induceret mederi(524).

분명하게 이것을 요구하고 있었습니다. 따라서 교황이 모든 사람의 경건한 기원을 만족시키고자 생각했다면, 그렇게 할 수가 있었을 것입니다. 그런데 그는 여러 가지 장애를 이유로 내놓았습니다. 만약 가장 깊은 원인을 찾는 것이 허용된다면, 오로지 교황이 자신과 다른 사람에게 있어서 일이 잘 진행되지 않았던 원인이었다는 사실을 우리는 발견하게 될 것입니다. 제가 왜 앞에서 논의한 것과 비교해 볼 때 그렇게 중요하지 않는 논의에 힘을 쏟을 필요가 있겠습니까? 그것은 말하자면, 저희가 문제의 핵심에 들어가 보니 교황이 다시 한번 그리스도를 죽여 장사지내 이전보다도 더욱 확고한 수단으로 모든 불경건을 확립하는 것 외에 처음부터 지금까지 그 어떤 대책도 세우지 않았다는 사실만으로는 명확하지도 않고 충분한 설득력이 있는 것으로 보이지 않기 때문입니다. 환언하자면, 이것이 오늘날 적대자들이 교회의 재건에 손을 대는 것을 완강히 금지하는 이유입니다. 그것은 교회의 재건이 불필요하기 때문이 아니라(왜냐하면 이것을 부정하는 것은 더 이상 부끄러움이 되는 것을 모르기 때문에), 그들이 교회의 구원과 멸망을 오로지 로마 교황의 판단과 지도에만 의존시키기를 원하기 때문입니다.

## 교회회의[25]

여기서 "교회가 어떤 재난으로 압박을 받더라도, 그것에 손가락 하나라도 대는 것조차 용서할 수 없는 처사"라고 생각하는 사람들이 우리에게 남겨둔 유일한 치료법을 보고자 합니다. 그들은 저희에게 "교회의 공의회에 주목하라"고 말합니다. 그런데 어떠합니까? 대부분의 사람들이 완고한 마음으로 자기 자신의 멸망으로 빠져들어 갈 때, 우리에게 구원을 위한 배려의 능력이 우리 자신의 수중에 있음에도 불구하고, 우리가 그들과 함께 반드시 멸망해야만 하는 것일까요? 그들은 이렇게 말합니다. "교회의 통일을 파괴하는 것은 잘못된 것이다. 이 통일은 사람이 다른 사람과 논의하지 않고 어떤 신앙교리의 일부분을 결정했을 때 파괴된다"고 말입니다. 그리고 그들은 상술한 것으로부터 생겨나는 편치 못한 사항을 확대하여 "만약 개별 민족이나 국가가 각기 고유한 신앙 형식을 정하고자 한다면, 두려울 수밖에 없는 황폐와 격심한 혼란 외에 어떤 것도 기대할 수 없을 것이다"라고 합니다. 이상과 같은 언급은 교회의 한 지체가 일치됨을 경시하고 지체로부터 자발적으로 분리하려고 할 때 당연한 것이며, 정확한 요점을 포착하고 있다고 보입니다. 그러나 지금은 이것에 관하여 논의하지 않도록 하겠습니다. 오로지 저는 현재의 악을 시정하기 위한 목적으로, 그리스도교계

25 525. 참고. Inst.IV.ix.에서 칼뱅은 교회회의와 그 권위들에 관하여 다루고 있다.

의 모든 군주와 백성이 동시에 거룩한 동맹을 결성할 수가 있으면 좋겠다는 생각을 합니다. 그러나 저희도 알고 있습니다만, 어떤 사람들은 사태를 개선하는 것을 두려워하며, 어떤 사람들은 전쟁이나 그 외의 걱정에 사로잡혀 이런 것을 위해 노력할 수 없는 상황입니다만, 그러나 저희가 언제까지 다른 사람들을 생각하면서 저희 자신의 구원을 위한 노력을 연장해야 합니까? 보다 솔직하게 모든 악의 원천을 폭로한다면, 저희가 이미 알고 있듯이 로마 교황은 모든 교회가 일치된 견해를 가지고 공의회를 개최하도록, 즉 바른 협의를 위한 모임을 요구하도록 전력으로 노력하지 않았다는 것입니다. 그는 질문을 받을 때마다 "만약 모든 길이 차단되고, 모든 통로가 방해되는 것을 보게 되면"이라고 약속합니다. 그러나 그가 몇 번이고 반복적으로 놓아두는 장애물이란 그 자신 가운데 가지고 있기 때문에, 절대로 핑계할 구실이 없습니다. 소수의 사람들을 제외하고는 모든 추기경, 주교, 수도원장은 이 점에서 교황과 동일한 의견입니다. 사실 그들은 오로지 하나의 일, 즉 강탈적이며 횡포적인 대단한 지배를 어떻게 유지해갈 수 있을까를 생각하는 것이지, 교회의 구원이나 멸망에 관해서는 전혀 배려하지 않습니다.[26]

황제폐하 및 영예로운 제후 여러분이시여, 저희가 말씀드리는 것

26 Siquidem hoc unum cogitant, ut plurimum, qualiter possessionem retineant semel usurpatae tyrannidis: de ecclessiae salute, vel exitio, ne minimum quidem solliciti(526).

을 여러분께서 믿어주실지, 또는 납득하시기가 힘드실지 저희는 염려하지 않습니다. 오히려 저는 "여러분이 확실한 경험으로 확신하고 계시는 것" 외의 사실들을 여러분 모두의 양심에 호소하고자 한 것이 아닌지, 염려합니다. 여하튼 교회는 중대한 위험에 빠져 있습니다.[27] 무수한 영혼이 무엇을 목표로 해야 하는가를 알지 못하고 고민하고 있습니다. 주님으로부터 기적적으로 구원받지 않는다면, 죽음에 사로잡혀 있는 많은 사람이 멸망받게 될 것입니다. 다양한 분파가 일어나고 있습니다. 이전에는 그 불경건을 감추고 있던 많은 사람이 이제 분열 상태로부터 어떤 것도 믿지 않는다는 방종을 드러내고 있습니다. 본래는 악하지 않았던 많은 마음이 불신앙으로 빠져갑니다. 이런 악을 억제하기 위한 규율이 없습니다. 오로지 그리스도의 이름만을 자랑하고, 하나의 세례를 가지는 우리 사이에 어떤 일치도 없고, 우리는 서로 너무나 다른 신앙을 고백하고 있습니다. 가장 안타까운 것은 교회 전체가 두려울 만큼 거의 와해 상태에 다가가고 있다는 것, 아니 이미 목전에 육박해 있다는 것입니다. 이제는 어떻게 할 수가 없습니다. 따라서 이처럼 급박한 재난과 위험에 처한 교회를 구원하기 위해서는 아무리 신속하더라도 지나침이 없습니다. 따라서 어떤 기대도 바라볼 수 없는 교회의 공의회로 저희를 바라보게 하는 자들은 하나님과 인간을 조롱하는 것 외에 무엇을 한다는 것입니까? 그러므로 독일 사람들은 다

27 Interea ultimo in discrimine iacet ecclesia(526).

음과 같은 비판을 받을 수밖에 없습니다. 즉 그들은 교회의 악폐를 개선할 수가 있었음에도 불구하고, 그리고 즉시로 그런 역할을 감당하기 위해 분기했어야 함에도 불구하고, 자기 나라에서 교회가 멸망해가는 것을 수수방관하는 것을 원하지 않는다는 말만 합니다. 더군다나 그들은 이 두 번째 방식을 적당한 시기에 실시하지 않았기 때문에 "이제 너무 늦었다"는 비난을 받아도 어찌할 수가 없습니다. 그런데 공의회를 구실로 개혁을 늦춘 자들은 모두 그런 책략으로 시기를 연장하는 것 외에 어떤 노력도 하지 않았다는 사실이 분명합니다. 그러므로 만약 그들이 어떤 말을 하더라도, 그들이 사실 그 자체에 의해서 증명하고 있는 것 이상의 내용을 들어서는 안 됩니다. 실로 그들은 자기들에게 이익이 된다면, 그것으로 설령 교회가 멸망한다고 하더라도 두려워하지 않습니다.[28]

더욱이 그들은 이렇게 말합니다. "그런 것은 전례가 없다. 왜냐하면 종교의 교의에 관한 논쟁이 일어났을 때, 하나의 관구(管區)가 이것을 심의하고 결론을 내렸다는 것은 지금까지 들어본 적이 없기 때문이다." 도대체 이것이 무슨 뜻입니까? 모든 시대의 역사를 통해서 부정되어오는 허위를 그들은 단 하나의 명령으로써 세상 사람들을 납득시킬 수 있다고 생각하는 것입니까? 어떤 새로운 이단이 생겨났을 때,

**28** sibi tanti privatum compendium esse, ut id ecclesiae interitu redimere non dubitent(526)

또는 어떤 이설에 의해서 교회가 혼란스러워졌을 때, 즉시로 관할 공의회가 소집되어 그곳에서 혼란한 것들이 정리되는 것이 일반적이지 않았습니까? 사전에 이런 방식을 시도조차 하지 않고서 공의회에 호소하는 것은 결코 없었던 일입니다. 아리우스를 논파하기 위해 모든 그리스도교계가 주교에 의해 소집되기 전에, 이미 동방에서 수많은 공의회가 개최되었습니다. 간략히 말해서, 다른 예에 관해서는 생략하겠습니다. 저희의 적들이 이전에 행했던 적이 없었다고 발뺌을 하려는 것이 [사실은 예전에] 예사로운 일이었다는 사실이 옛날 사람들의 책들에 의해서 증명되고 있습니다. 이렇기 때문에 "신기하다"는 구실은 거짓말이며, 문제가 되지 않습니다.

## 도나투스주의자들의 예

만약 아프리카의 주교들이 이런 미신에 사로잡혀 있었다면 그들이 도나투스주의자나 펠라기우스주의자를 공격할 기회를 잃어버렸을 것입니다. 이미 도나투스주의자는 아프리카의 대부분을 자신들의 당파로 흡수했기 때문에 그들의 영향을 받지 않은 곳이 없었습니다. 논쟁은 교회의 통일과 세례의 합법적 집행에 관하여 아주 중요한 것이었습니다. 그들의 새로운 생각에 의하면, 정통 신앙을 가진 주교들이 교회의 다른 지체들로부터 분리되지 않기 위해 이 문제를 공의회에 제출해야 한다는 것이었습니다. 그런데 그들은 그렇게 했습니까? 아닙니다. 그들은 그렇게 하지 않고 지금 타고 있는 불을 즉각적으로 끄지 않으면 안 된다고 판단했기 때문에, 도나투스주의자들로 하여금 어떤 때는 공의회에 들어오도록 강요하기도 했고, 어떤 때는 서로 논쟁을 하기 위해 끌어들이기도 했습니다. 따라서 저희의 대적자들은 아우구스티누스를 비롯하여 그에게 동조한 동시대의 성인들이 교회를 분열시키는 불경건한 짓을 행했다는 이유로 [그들을] 비난해야 할 것입니다. 왜냐하면 그들은 도나투스주의자들 때문에 국가권력으로 공의회를 개최하기보다는 그들과 논의하도록 강요하여 관구회의에서 중요하고 위험한 논쟁이 정리되는 것을 두려워하지 않았기 때문입니다. 펠라기우스는 화를 냈지만, 그 무모함을 다스리기 위해 즉시로 공의회가 열렸습니다. 그는 한동안 회개하는 척했지만 그 후 내뱉은 것을 다시 삼키면서, 아프리카에서 받은 불경건한 가시를 로마로 가지고 들어와 그곳 사람들로부터 환영을 받았습니다. 그때 경건한 주교들은 무엇을 했습니까? 공의회의 도움을 구하기 위해 자기들이 참된 교회의 지체라는 것을 주장했습니까? 아니었습니다. 그들은 그런 일을 하지 않았습니다. 처음부터 모임을 가졌고, 또한 그 후에 계속해서 모임을 가지면서 이미 많은 사람에게 독을 먹인 저 불경건한 교의를 저주받을 것으로 정죄하고, 원죄와 중생의 은혜에 관하여 어떻게 생각해야 하는지에 관하여 자유롭게 발언하면서 이것을 규정했습니다. 그 후 그들은 로마에 교령의 사본을 보냈는데, 그 목적은 공통의 권위와 일치된 의견에 의해서 이단자들의 완고함을 보다 강력하고 유효하게 파괴하기 위한 것이었으며, 또 하나의 목적은 모든 만인이 주의해야할 위험에 관하여 다른 사람들의 주위를 환기시키기 위한 것이었습니다. 그런데 로마 교황에게 아첨하는 자들은 이것을 다른 의미로 곡해했습니다. 다시 말해서, 그들은 당시 로마교회를 다스리고 있던 인노켄티우스[29]가 주교들이 행한 것을 비준하기까지 결정을 유보해야 한다고 이해한 것입니다. 그러나 이렇게 부끄러움도 모르는 이 이유는 거룩한 교부들의 말에 의해서 확실하게 논파되었습니다. 왜냐하면 주교들은 자신들이 무엇을 해야 하는지 인노켄티우스로부터 지시를 받고자 한 것도 아니며, 선고(宣告)하는 것을 그에게 위임한 것도 아니며, 그의 명령과 권위를 기대한 것도 아니며, 오히려 이 문제에 관하여 이미 알고 있었던 사실 및 그 사람과 교리를 정죄하여 판결했다는 사실을 말한 것이기 때문입니다. 따라서 인노켄티우스 역시 만약 그가 그 임무를 다하고자 했다면, 그들의 예를 배울 수밖에 없었을 것입니다. 더욱이 이것은 저희의 교회가 건전한 교리에서 여전히 일치를 보이고 있던 시기에 일어났습니다. 그러므로 신속히 구원하지 않으면 모든 것이 파멸을 향하고 있는 현재 상황에서, 하나님의 진리가 다시 드러나지 못하도록 그것을 모욕하고 방해하려고 하는 것이 아니라면 어떻게 저희가 돌 하나 움직이지 못하는 자들의 찬성을 기대할 수 있겠습니까? 암브로시우스는

**29** 인노켄티우스 1세. 417년 사망. 교황 재위 401-419년.

그 시대에, 우리의 신앙에서 가장 첫 번째 주제인 그리스도의 신성에 관하여 아우크센티우스[30]와 논쟁했습니다. 황제는 아우크센티우스 편에 가담했습니다. 그러나 그는 이처럼 중요한 문제가 다른 곳에서 매듭지어 지는 것은 잘못되었다는 이유로 공의회에 호소하기보다는, 그것이 신앙의 문제이기 때문에 오로지 교회에서 백성 앞에서 논의되어야 한다고 요구했습니다. 칼케돈 회의 제19조에 기록되어 있듯이, 주교들이 야기한 여러 문제에 관하여 서로 논의한다는 목적 외에 예전에 일 년에 두 번 개최하기로 한 관구회의의 목적은 어디에 있습니까? 고대 규칙에는 각 관구의 주교는 일 년에 두 번 모이지 않으면 안 되도록 되어 있습니다. 칼케돈 회의는 그렇게 하지 않으면 안 되는 이유를 "만약 무엇이 잘못되었을 때 이것을 바르게 하기 위함이다"라고 해석합니다. 그런데 저희의 대적자들은 "만인에게 알려진 교리나 생활 방식의 결함에 관하여 그것이 공의회에 제출될 때까지 어떤 일이 있어도 언급되어서는 안 된다"고 주장합니다. 팔라디우스[31]나 세쿤디아누스[32] 등의 아리우스주의자들이 아퀼레이아 회의를 부인하기 위한 구실로 삼았던 것은 그 회의에 전원이 출석하지 않았다는 것이었습니다. 즉 동방교회 사람이 전부 결석했고, 서방 교회에서 소수의 사람들만이 출석한 데 불과했다는 것입니다. 물론 그때 이탈리아 사람도 거의 반 정도

30 Auxentius. 373년 또는 374년 사망. 밀라노 주교로서 아리우스주의자.

31 Palladius, 제1회 아퀼레이아 공의회에서 아리우스주의자로서 이단으로 선고받았다.

32 Secundianus, 팔라디우스와 행동을 같이함.

밖에는 참석하지 않았습니다. 로마주교는 자신이 참석하지 않은 것은 물론이며, 그의 이름을 대신하여 출석할 자를 사제들 가운데서 뽑아서 파견하지도 않았습니다. 이런 모든 주장에 관하여 암브로시우스는 다음과 같이 말합니다. "동방 주교들에게 있어 모임은 항례적인 것이었기 때문에 서방의 주교가 공의회를 개최한다고 하더라도 그것이 새로운 것은 아니었다." 회의를 소집한 신실한 황제들은 현명하게 행동하여 모든 주교들이 자유롭게 출석할 수 있도록 했고, 조금도 강제적으로 하지 않았습니다. 따라서 출석하기를 원하는 자는 누구 한 사람 금지되는 일이 없었습니다. 이단자들은 계속해서 거절했지만, 거룩한 교부들은 자신들의 계획을 변경하지 않았습니다. 황제폐하시여, 이런 선례 역시 폐하께서 제국을 거룩한 일치로 되돌려놓기 위해 지금 취할 수 있는 방책을 취하시는 것을 금지하지 않고 있습니다.

# 10 ◆ 개혁운동의 긴급성[1]

상술했듯이 "연기해야 한다"고 주장하는 저희의 적대자들은 그렇게 함으로써 결국 교회를 위한 뜻이 아니라 연기함으로써 뭔가 이익을 얻으려는 것밖에 없습니다.[2] 만약 저희를 공의회로 끌어들일 수가 있었다면, 충분히 긴 휴전의 시간을 얻을 것이라고 그들은 생각하고 있습니다. 그런데 저희는 공의회가 개최되는 것을 방해한 적도 없으며, 따라서 소집하고자 했다면 소집할 수도 있었고, 그것을 위한 날도 있었으며, 그리고 모든 것이 잘 되었으리라고 생각합니다. 그곳에서 로마 교황은 분명히 회의를 주재할 수도 있었을 것이며, 만약 그가 출석할 수 없다면 자신을 대신하여 추기경 가운데 한 사람, 곧 회의를 주재할 만한 자를 파견했을 것입니다. 물론 그는 가장 신뢰할 만한 가치가 있는 것으로 판단한 사람을 선택했을 것임에 분명합니다. 그리고 그 외의 추기경들이 자리를 차지했을 것이며, 그 뒤에는 주교와 수도원장이 자리에 앉게 될 것입니다. 이보다 낮은 좌석에는 보통 의원이 앉지만, 그들은 일반적으로 교황의 뜻에 찬성하는 자가 아니면 통상 선택을 받지

1 528이하.

2 Quanquam non hoc agunt isti nostri, qui procrastinandum suadent, sicut iam dictum est, ut aliquantisper differendo, tandem ecclesiae consulatur: sed lucrum modo ex mora quaerunt(528).

못합니다. 때로는 그들 사이에 소수의 선량한 사람들이 자리를 차지하는 경우가 있습니다. 그러나 그들은 소수이기 때문에 무시당하고, 아니면 주눅이 들던지 또는 치유될 수 없는 절망으로 낙심하여 침묵해버립니다. 더욱이 우연히 누군가가 발언하려고 하더라도, 시끄러운 고함 소리로 인해 말하기도 전에 주눅이 들어버립니다. 대다수의 사람들은 교회를 보다 좋은 상태로 재건하려고 하기보다는 오히려 이상과 같은 것들이 일어난다는 사실을 인정할 뿐입니다. 교리에 관하여 저희는 아무런 말씀도 드리지 않겠습니다. 단지, 그들이 건전하게 순종하는 마음으로 이것에 관하여 생각해주기를 바라는 마음입니다. 더 이상 바랄 것이 없는 확실함이란 무엇이겠습니까? 그것은 무엇을 말하여도, 어떤 이유를 말한다고 하더라도, 전혀 그것에 귀를 기울이지 않는다는 점이 모든 사람들의 일치된 생각이 아니겠습니까? 실로 그들은 단지 진리를 따르지 않겠다고 완고하게 귀를 틀어막을 뿐 아니라, 진리에 대항하기 위한 맹공이라는 무기를 몸에 지닐 것입니다. 그들이 왜 그렇게 합니까? 건전한 교리의 가르침에 전혀 귀를 기울이지 않는 자들이 지금 문제를 논한다고 해서 스스로 양보할 것이라고 생각하십니까? 타락한 그리스도의 국가가 이 세상에서 다시는 일어서지 못하도록 전력을 집중해온 자들이 그리스도의 국가를 고무시키고 발전시키는 원조자가 될 것이라고, 저희가 정말로 기대할 수 있겠습니까? 현재 검과 불을 가지고 진리에 반대하여 미친 듯이 반항하며, [사용] 가능한 힘으로 다른 사람들로 하여금 잔혹한 짓을 행하도록 질타하고 부채

질하는 자들이 그때가 되면 인간미 넘치는 온건한 인간이 될 수 있다는 것입니까? 황제폐하 및 영예로운 제후 여러분이시여, 설령 다른 것은 말하지 않는다 할지라도, 교회에 참된 질서를 다시 세우고 복음의 올바른 규범에 따라서 교회의 부패한 상태를 개선하는 것이 로마 교황과 그 당파 전체에 특별한 이익이 될지 어떨지의 문제에 대해서는 여러분의 현명한 판단에 맡기고자 합니다. 자신의 특권을 잊으면서까지 공공의 복지를 진척시키기 위해 배려하고, 그를 위해 모든 사람이 자발적으로 참가하고 협력하는 것을 아무런 의미도 없는 것으로 그들이 쉽게 간주해버린다는 사실은 여러분이 경험으로 분명하게 이해하고 있는 그대로입니다.

황제폐하시여, 당신께서는 이런 자들이 자신들의 판단에 따라서, 아니 오히려 그들 자신들의 욕망에 따라서 교회를 개선하려고 하는 사실을 허용하시겠습니까? 그들이 찬성할 때까지 교회를 위해 노력하려고 결심도 하지 않고, 그들의 명령이 발표되기만을 그냥 기다릴 것입니까? 만약 이것을 그들이 알았다면, 그들은 간단한 보상으로 마무리 지어버릴 것입니다. 그들은 "모든 것이 지금 있는 이대로가 아니면 안 된다"고 선언할 것입니다. 그들은 진실로 부끄럽게 생각합니까? 그들이 폐하 및 제후 여러분의 권위에 압도되어 약간의 겸손함을 보입니까? 자신들의 지배권을 조금이나마 포기합니까? 또는 그들이 그리스도의 나라를 세우기 위해 질서를 지킬 정도로 스스로 몸을 낮추는 겸손함을 보여줄 수 있다고 생각하십니까? 실로 그들에게 교회 개혁을 위한 사역을 맡긴다는 것은 어린양을 이리에게 내어주는 것 외에 어떤 결과를 기대할 수 있겠습니까? 만약 어느 것이든 하나를 선택해야만 한다면, 이런 의사의 손에 맡기기보다는, 교회를 버리고 이제 더 이상 희망을 가질 수 없다고 생각하는 것이 좋을 것입니다. 정말로 목사라는 이름과 지위를 보유하는 사람들이라면 누구보다도 먼저 교회를 돕기 위해 달려오는 것은 당연합니다. 저는 "그들이 스스로를 지도자로 자인하는 것, 그리고 제후 여러분이 동료로서 이처럼 신성한 사역을 위해서 협력하고 또한 그들을 지원하는 것이 당연하다"는 것을 인정할 수 있는 사람입니다. 그러나 만약 그들이 실제로 그렇게 하지 않는다면 어떻게 해야겠습니까? 더군다나 타인들이 그렇게 하는 것조차도 그들이 원하지 않는다면 어떻게 하시겠습니까? 그것을 방해한다는 목적이 아니라면, 그들이 돌 하나도 움직이지 않으려고 한다면, 어떻게 해야 합니까? 그들이 손가락으로 지시하기까지는 누구도 움직여서는 안 될 정도로 저희가 그들의 눈치를 보지 않으면 안 됩니까? 그들의 케케묵은 노래를 듣지 않으면 안 됩니까? 교황이 인정하기까지, 어떤 것도 시도해서는 안 됩니까? 이렇기 때문에 황제 폐하 및 영예로운 제후와 귀족 여러분이시여, 부탁하옵건대 이하의 것을 잘 고려해주시길 바랍니다. "[지금] 교회는 그 목사들에 의해서 단지 배신당하고 버림받고 속임을 당할 뿐만 아니라 극심한 재앙으로 고통과 괴로움을 당하고, 결국에는 멸망할 수밖에 없는 상황에서 당신들의 보호를 간구하고 있다"는 사실을 말입니다.[3] 아니, 오히려 다음과 같이 생각해주시길 바랍니다. 지금 하나님께서는 당신들에게 그분 자신에 대한 확실한 복종의 표징을 나타내는 수단을 제공하고 계신다는 것을 말입니다. 하나님의 성호의 영광을 더럽히지 않고, 그분의 나라가 빛나며, 저희를 반드시 하나님께 드리는 올바른 예배로 인도하기에 틀림없는 유일하며 순수한 교리가 힘을 발휘할 수 있도록 저희가 전심으로 열심히 노력하는 것 외에 하나님께서 원하시는 것이 없습니다. 그러므로 이런 것을 염두에 두고 잘 생각하고 실행하여 완성하는 것 이상으로, 제후 여러분께 합당한 일이 어디에 있겠습니까? 하나님께서는 제후 여러분께 그분 자신의 이름을 널리 알리는 임무를 주셨고, 지상에서 그 영광의 수호자 및 보복자로 세워주셨습니다.

저는 부탁드립니다. 제발 불신실한 자들이 말하는 것에 귀를 기울이지 마시길 바랍니다. 여러분으로 말미암아 교회의 고통이 조금도 줄어들지 않도록 하기 위해 그들은 일견 화해한 것처럼 여러분을 속일 것입니다. 그리고 여러분이 모든 문제 가운데서 가장 중요한 이 문제를 취급하는 것을 지연시키기 위해 이를 경시하게 한다든지 또는 그것을 취급할 경우에는 여러분이 압도적인 수단을 취할 수밖에 없도록 꾸밀 것입니다. 황제폐하시여, 그들은 지금까지 당신으로 하여금 얼마나 잔혹한 일을 하게 했으며 또한 당신께서 어떤 무기를 가지도록 시도했

3 Ecclesiam a suis Pastoribus non modo proditam, desertam, destitutam; sed vexa tam afflictam extrema calamitate, denique exitio de stinatam, ad fidem vestram confugere(530).

지만, 그들의 고생은 허무한 것이었습니다. 당신께서는 지금까지 종종 격렬한 시도로 떠들썩한 논쟁에 대하여 항시 취하셨던 태도를 결코 잃지 않으셨습니다. 그럼으로 말미암아, 당신은 후세 사람들로부터 부드럽고 현명하며 훌륭한 사람이라는 칭찬을 손에 넣었습니다. 그러나 부디 이런 칭찬이 저 뻔뻔스러운 저희의 대적자들의 행위에 의해서 결코 빼앗기지 않기를 바랍니다. 부디 조심하시길 바랍니다. "만약 이단들에게 겁만 주고 그들을 교화시키지 않는다면, 그런 지배는 올바르지 못하다"는 것을 아우구스티누스는 인정합니다. 만약 정당한 이유 없이 마음대로 교회를 혼란스럽게 하는 이단들조차도 "교화(教化)는 항상 처벌에 우선한다"는 이유로 그들을 관대하게 취급해야 한다면, 하물며 저희가 하나님과 사람에 대하여 하나님의 순수한 가르침에 대해서 일치하는 것 외에는 하나님과 사람들에게 어떤 것도 바라지 않기 때문에, 이점에 관해서 이단들에 대한 것보다도 더 많은 인간미를 보여주어야 하는 것이 아닙니까? 로마 교황과 그 일파가 유혈과 학살 외에는 어떤 것도 생각하지 않는다는 데 관해서는 황제폐하 스스로가 누구보다도 가장 확실한 증인입니다. 만약 당신이 그들의 광기를 그대로 방치한다면 독일은 금방 피로 가득하게 될 것입니다. 영예로운 제후 여러분이시여, 여러분도 이것을 잘 알고 계십니다. 하나님의 영이 그들로 하여금 이런 잔혹한 것으로 돌진하게 하신 것입니까? 아닙니다. 그렇지 않고, 사실은 다음과 같습니다. 즉 오랫동안 어떤 방해꾼도 없이 마음대로 설친 방종의 욕망이 만약 조금이라도 억제된다면 즉시로 미친 듯이 폭발하는 것입니다. 어떤 다른 선동에 자극을 받았든지 또는 자신의 내적 질투로 말미암아 자극을 받았든지, 여하튼 힘과 무기로 우리를 압박하려는 자들을 제외한다면, 일반적으로 사람들은 자신들이 알지 못하는 주장을 싫어합니다. 왜냐하면 갓 태어난 교회에서 일어난 문제들에 관하여 테르툴리아누스가 다음과 같이 탄식한 것을 오늘날 우리 역시 경험하기 때문입니다. "우리가 이유를 생각할 겨를도 없이 단지 이름에 대한 편견으로 정죄당하고 있다"는 것입니다.[4] 오늘날 저희는 저희의 주장이 일단 바르게 인정되고, 그 후 그것이 잘못된 선입견이 아니라 진실과 공평에 의해서 심판되는 것 외에 어떤 것도 요구하지 않습니다. 황제폐하시여, 지금까지 저희의 대적자들이 미친 욕망으로 부당하고 잔혹한 짓을 했음에도 불구하고, 당신께서 언제나 인내해온 사실은 폐하의 인덕과 각별하신 현명함에 대한 훌륭한 증거가 되었습니다. 그러나 또 하나의 사실이 있습니다. 그것은 연기(延期)라는 핑계로 교회 개혁이라는 이 거룩한 행위를 오랫동안 방해해왔고, 보다 악하게는 이를 분열시키려고 계획한 자들의 악한 의견에 굴복하지 않았다는 것입니다.

당신께서 이 일을 시작하려고 하신다면 아마도 그것을 방해하는 하나의 장애물이 남아 있을지도 모릅니다. 그것은 다시 말해서 다음과 같은 것입니다. 본래 올바른 생각을 가진 많은 사람들이 위험에 처하

4 『변증론』 C.III MSL 1.328f.

기도 전에 전혀 성공하지 못할 것이라고 절망함으로써 그 거룩한 계획으로부터 멀어져 버리는 것과 같습니다. 그러나 저희는 여기서 두 가지를 생각하지 않을 수 없습니다. 하나는 그 장애물이 생각만큼 크지 않다는 것입니다. 또 하나는 설령 그것이 아무리 크다고 할지라도, 만약 여러분이 이 일이 하나님의 일이라고 생각하며, 따라서 하나님이 그것을 다스리심으로써 우리의 희망이 깨어져 버리고 우리의 생각이 허물어져야 한다고 생각하신다면, 그 장애에 관한 걱정과 두려움에 의해서 그것이 파괴되지는 않으리라는 것입니다. 지금 여기서 전술한 문제에 관하여 설명드릴 생각은 없습니다. 그 문제가 신중하게 고려되어야만 할 때, 말씀드리는 것이 적절할 것입니다. 단지 저희가 드리고 싶은 말씀은 만약 진실로 해보자는 마음만 있다면 이는 의외로 쉬운 일이며, 일반적으로 생각하는 만큼 어려운 일도 아니라는 것입니다. 그러나 옛 격언이 알려주듯이, 모든 훌륭한 것이 위험하고 어려운 것이라고 한다면, 모든 것 가운데 가장 위대하고 빛나는 것은 더욱 많은 어려움을 통해서만 달성될 것이라는 사실은 그렇게 놀라운 일이 아닙니다. 따라서 앞에서 말씀드렸듯이, 만약 저희가 하나님께 더 이상 심한 모욕을 더하지 않으려면, 여기서 저희의 영혼을 보다 더 높이는 편이 적절할 것입니다. 왜냐하면 만약 저희가 교회의 개선에 관하여 현장에서 기대할 수 있는 것 이상의 것을 희망하지 않는다면, 저희는 하나님의 능력을 저희의 지력으로 측량하는 것이 되기 때문입니다. 아무리 가능성이 없게 보일지라도, 하나님께서는 저희에게 용기를 주시고,

모든 두려움을 멀리하시며, 힘차게 이 사역을 위해 준비하도록 명하고 계십니다. 저희는 적어도 다음과 같이 행함으로써 하나님께 영광을 돌려야 할 것입니다. 즉 저희는 하나님의 능력을 신뢰하고, 하나님께서 어떤 결과를 주시더라도 그것을 받아들이기를 피하지 않도록 하는 것입니다.

황제폐하 및 영예로운 제후 여러분이시여, 제국의 현실이 지금과 같은 상태이기 때문에 여러분이 여러 걱정거리로 마음을 빼앗기고, 아주 많은 일로 분주하며, 어떤 의미에서 파문으로 동요되는 것은 어찌할 수 없는 일입니다. 그러나 다른 모든 것에 앞서서, 이 한 가지 일에 진력하도록 결심해주십시오. 이 문제에 착수하기 위해서는 어떤 정신, 어떤 격렬함, 어떤 예리함, 어떤 열의가 필요한지 저는 알고 있습니다. 그런데 사실 제가 이처럼 분명하고 훌륭한 사역에 대하여 냉담하다는 사실에 놀라지 않는 사람이 없다는 것을 저도 잘 알고 있습니다. 그러나 제가 무엇을 할 수 있겠습니까? 저는 현실의 무거움에 굴복하고 있습니다. 그러므로 저는 문제를 솔직하게, 또 치장된 언어가 아닌 것으로 여러분에게 제시하며, 그것으로 여러분 자신을 음미하고 검토해주시는 것 이상으로 좋은 것은 없습니다. 첫째로 교회가 두려울 만큼 궁핍한 상황에 처한 것을 생각해주십시오. 이것을 생각하면, 강철과 같은 마음을 가진 사람이라 할지라도 어떤 의미에서 불쌍한 마음을 품게 될 것입니다. 아니, 만인의 눈에 분명하게 보이는 이 더럽고 추잡하고 황폐한 것을 확실히 응시해주시길 바랍니다. 도대체 여러분은 그리스도의 신부로서, 당신들 모든 사람의 어머니가 되는 교회가 상처 받아 쓰러진 것을 보고서도 가만히 있을 수 있습니까?[5] 특히 교회가 당신들의 보호를 간구하고, 당신들이 교회를 도울 수단을 수중에 가지고 있는 이때에 말입니다. 둘째로 이미 보다 가혹한 재앙이 일어나고 있다는 것을 분명하게 인식해주십시오. 당신들이 즉시로 저지(沮止)해주시지 않는다면, 결국에는 파멸이 다가오는 것도 먼 이야기가 아닐 것입니다. 그리스도는 교회를 인간의 생각을 초월한 놀라운 방법으로 그분 자신의 선하신 뜻 가운데 지켜주십니다. 그러나 저는 "만약 당신들이 더욱 연기(延期)하신다면, 저희가 독일 안에서 교회의 모습을 찾아보기 힘들 것이다"라고 말씀드리고 싶습니다. 주위를 둘러보시길 바랍니다. 이 파멸을 가지고 위협하는, 아니 그것이 이미 눈앞에 다가왔다는 사실을 분명하게 보여주는 표징이 얼마나 많이 있습니까? 이 파멸을 방지하는 것이 당신들의 책임입니다. 설령 제가 침묵하더라도, 그 파멸 그 자체가 분명하게 말을 할 것입니다.

이런 표징은 단순히 그 현실적인 모습으로 저희를 움직이게 만들 뿐만 아니라 하나님의 심판을 필연적으로 생각나게 합니다. 하나님께 드리는 예배는 많은 잘못된 생각으로 오염되어버렸고, 아주 많은 불경건과 가증스런 미신에 의해서 왜곡되었으며, 하나님의 거룩하신 위

5 Quid? sponsam Christi, vestram omnium matrem, quousque tandem sic prostratam afflictamque iacere feretis?(532)

엄이 굴욕적인 모욕을 입었고, 그 거룩한 이름이 모독되고, 그 영광은 발로 철저히 짓밟혀 유린될 정도입니다.[6] 모든 그리스도교계가 우상숭배로 공공연히 오염되었고, 사람들은 하나님을 대신하여 자신들이 만든 것을 섬기고 있습니다. 무한히 많은 종류의 미신이 만연해 있는 것입니다. 이 모든 것이 하나님에 대한 공적인 조롱이 아니고 무엇입니까? 그리스도의 능력은 사람들의 영혼으로부터 거의 사라져버렸고, 구원의 근거는 그들로부터 떠났으며, 공허하며 어떤 의미도 없는 하찮은 의식으로 변해버렸고, 성례전도 동일하게 심히 더럽혀졌습니다.[7] 세례는 많은 부가물에 의해서 왜곡되었고, 신성한 성만찬은 여러 종류의 모욕으로 모독되었고, 경건은 전혀 관계없는 형식으로 전락해버렸습니다. 만약 저희가 이것들을 시정하는 데 뜻을 같이하지 않고 게으름을 피운다면, 하나님은 결코 이를 잊지 않으실 것입니다. 왜냐하면 그분 자신의 이름이 어떤 방식으로도 더럽혀지는 것을 용서하지 않으시는 하나님께서 어떻게 그 거룩하신 이름이 요동치며 또한 넘어지는 것을 아무것도 아닌 것처럼 생각하시겠습니까? 예언자들의 음성에 순종하지 않았던 모든 백성을 멸망으로 위협하셨던 하나님께서 어찌하

6 Vitiato tot pravis opinionibus, tot impiis foedisque superstitionibus perverso Dei cultu, atroci contumelia afficitur sacra eius maiestas, profanatur sanctum eius nomen, eius gloria tantum non pedibus calcatur(532).

7 Virtus Christi prope obliterata ex hominum animis: fiducia salutis ab ipso ad inanes frivolasque caeremoniarum nugas traducta; sacramentorum non minus exsecranda pollutio(532).

여 저희들 사이에서 예언자의 말이 공공연히 모욕받고 경멸당하는 데 대하여 벌하지 않고 용서하시겠습니까? 고린도교회 사람들이 범했던 하나님의 성찬에 대한 조그마한 오염에 대해서도 그렇게 엄벌하신 하나님께서, 마치 침을 뱉듯이 성찬을 이처럼 용서할 수 없는 많은 모욕스런 행위로 모독하고 있는 것을 어찌 그냥 넘어가시겠습니까? 모든 예언자들의 입을 통하여 우상숭배에 대해서는 언제나 벌하시리라는 것을 증언하시고 부르짖으시는 하나님께서 저희 가운데 존재하는 이렇게 많은 우상숭배의 괴물을 그대로 방치하시겠습니까? 하나님께서는 결코 그대로 방치하시지 않을 것입니다. 왜냐하면 저희가 알고 있듯이 하나님께서 무기를 손에 들고 저희에게 다가오셔서, 저희를 독촉하고 계시기 때문입니다. 현재 터키(오스만 제국) 사람들과의 전쟁이 모든 사람의 관심사가 되어 있습니다. 그것은 사람들을 두렵고 떨게 하고 있습니다. 이는 아주 당연한 것이라고 말해둡시다. 그들에게 대항하기 위해 무기가 준비되어 있습니다. 이것은 잘해야 하며, 또한 꼭 하지 않으면 안 되는 일이기도 합니다. 모든 사람은 이것을 신속하게 시행해야만 한다고 부르짖고 있습니다. 저는 이것을 아무리 신속하게 하더라도 지나침이 없음을 인정합니다. 그러나 그것과 함께 교회를 정상적인 상태로 돌려놓기 위한 노력도 우선적으로 실행해야만 합니다. 결코 느슨하게 하거나 연기해서도 안 됩니다. 터키 전쟁의 원인은 저희 가운데, 저희의 뱃속에 있습니다. 만약 우리가 전쟁 그 자체를 승리로 끝내기를 원한다면 먼저 그 원인을 제거하지 않으면 안 됩니다.[8]

그러므로 황제폐하 및 영예로운 제후 여러분이시여, 여러분께서 만약 "교회 개혁은 다음으로 미루어져야 합니다. 다른 일들을 먼저 끝내고 나면, 교회를 위해 걱정할 수 있는 아주 적당한 때가 올 것입니다"라는 속삭임을 지금 듣게 된다면, 여러분의 자손에게 어떤 국가를 물려줄 수 있을까라는 문제를 언제나 생각하지 않으면 안 된다는 사실을 기억하시길 바랍니다. 지금 제가 왜 다음 세대에 관하여 말하는가에 대해 말씀드리자면, 그것은 주지하는 바와 같이 다음 세대가 이미 마지막 파멸을 향하여 거의 반 정도 기울어져 있기 때문입니다. 저희 자신에 관하여 말씀드리자면, 어떤 상황이 닥쳐오더라도 하나님의 영광을 위해 섬기고 교회에 도움이 되는 것을 행하려는 양심이 언제나 하나님 앞에서 저희의 힘이 되어줍니다. 실제로 저희는 교회를 위해서 열심히 사역해왔습니다. 이것을 위해서 저희는 가능한 모든 것을 했습니다. 왜냐하면 저희가 이외의 다른 것을 목적으로 전력을 다하여 노력한 것이 아니라는 사실에 대하여 무엇보다도 양심이 우리에게 증언하기 때문입니다. 또한 저희가 하나님의 일을 위해 숙고하고 행동했다는 사실이 명확하기 때문에, 하나님에 대해서도, 또한 그분의 사역에 대해서도 모자람이 없었다고 확신합니다. 그러나 결과가 어떠하든

8 터키 즉 오스만 제국과의 전쟁을 하나님의 심판으로 생각한다. 16세기 유럽은 오스만 제국의 위협 속에 놓였다. 1521년 오스만이 베오그라드를 함락하고, 1526년에 헝가리 왕국군을 대파하고 빈을 포위하지만 실패한다. 1538년, 프레베자 해전에서 카를 5세의 해군이 오스만 제국에게 패배하면서, 지중해의 해상권도 오스만에게 넘어가게 된다.

지, 저희는 일을 시작한 것에 대하여, 그리고 여기까지 할 수 있게 되었다는 것에 관하여 결코 후회하지 않습니다. 저희에게 성령님은 가르침의 충실하시고 확실한 증인이십니다. 저는 이렇게 말씀드리고 싶습니다. "우리가 전한 진리가 하나님의 영원한 진리인 것을 우리는 알고 있다"고 말입니다. 저희는 저희의 봉사 사역이 당연히 그렇게 해야 하듯이, 이 세상을 구원하는 것이 되길 기원합니다. 그러나 저희가 그것을 달성할 수 있는지 어떤지는 하나님께서 결정하시는 것으로, 저희가 할 수 있는 것이 아닙니다. 만약 저희가 돕기를 바라는 사람들의 완고함과 망은에 의해서 결과가 절망적인 것이 되어버리고, 만사가 나쁘게 되더라도, 이는 그리스도인에게 당연한 것이라고 저는 말하고 싶습니다. 왜냐하면 이 거룩한 신앙고백에 충실하려는 사람들 모두가 "우리는 죽어도 좋다"고 서명하고 있기 때문입니다. 저희는 죽음에서도 승리할 것입니다. 그것은 오로지 죽음이 저희에게 보다 좋은 생명에 이르게 하는 확실한 길이 되기 때문이 아니라, 저희의 피가 지금 사람들로부터 경멸당하고 있는 하나님의 진리를 전하기 위한 씨앗과 같은 것이 되리라는 사실을 저희가 알고 있기 때문입니다.[9]

9 subscribent, quicunque huic tam sanctae professioni respondere volent: moriemur. Sed in morte quoque victores erimus: non modo quod inde certus ad meliorem vitam transitus nobis erit, sed quia sanguinem nostrum, ad propagandam illam quae nunc respuitur Dei veritatem, seminis instar futurum esse scimus(534).

## 역자 해설[1]

### 서론

초기에 "종교개혁"(Reformation, 또는 교회 개혁)이라는 용어는 루터가 새로운 교설을 주장했다는 예수회의 비난에 대하여, 루터파 저술가들에 의해서 교회와 교리의 재확립이라는 소극적인 의미로 사용되었다.[2] 1695년 파이트 루트비히 폰 세켄도르프(Veit Ludwig von Seckendorff, 1626-1692)가 "교회 개혁"을 어떤 종교적 운동이 아니라 "교회 역사의 한 사건으로 정의"하기까지, 교회사적으로 이 용어는 주목받지 못했다. 그러나 그의 정의는 개혁교회 진영의 역사가 제외된 루터파 교회로 제한된 것이었다.[3] 16세기의 "교회 개혁"이 보다 적극적인 의미로

1 본 해설은 김산덕, "16세기 교회 개혁은 필연적이었던가?—De Necessitate Reformandae Ecclesiae를 중심으로", JSRT 13 (2013), 114-141에 게재되었던 내용을 첨삭한 것이다.

2 Mark U. Edwards, "Reformation" in *The Oxford Encyclopedia of the Reformation*, 4 vols., (Oxford: Oxford University Press, 1996), vol. 3, 396-398; 마르틴 루터의 95개조 비텐베르크 사건(1517. 10.)으로부터 100년이 지난 1617년에 이르러 비로소 루터파와 개혁파는 종교개혁 백주년 기념행사를 가졌다고 한다. Bernhard Lohse, 『루터 연구 입문』, 이형기 역 (서울: 크리스챤다이제스트), 275-6.

3 Peter Wallace, *The Long European Reformation: Religion, Political, Conflict, and the Search for Conformity, 1350-1750* (New York: PALGRAVEMACMILLAN, 2004), 5.

사용되기 시작한 것은 18세기에 들어오면서다. 예를 들어, 독일 역사학자 레오폴트 폰 랑케(Leopold von Ranke, 1795-1886)는 역사 편찬적인 명칭으로서 "교회 개혁의 시대"라는 프레이즈를 사용했다.[4] 교회 개혁을 단순한 종교적 혁신 운동이 아니라 영적인 사건으로, 동시에 정치적·사회적·경제적·사상적 제(諸) 요소들의 상호관계라는 역사적 삶의 현장에서 이해하려는 시도는 근대 이후에서야 나타나기 시작했으며 지금도 계속되고 있다.

다른 한편으로, 분파주의적 관점에서 교회 개혁을 이해하려는 시도는 비교적 이른 시기부터 제시되었다. 개신교가 가톨릭으로부터 분리한 것은 부득이한 일로 이해된 것이다.[5] 두 진영의 피할 수 없는 "갈라짐"의 신앙적·신학적 근거는 기본적으로 "성서"였다. 그리고 고대교회를 "불변하며 신적으로 형성된 온전한 교회"로 바라보는 교회론과 이를 지원하는 고대 교부들의 문헌이었다.[6] 개혁가들은 그리스도교의 본질적인 틀로 돌아가기를 원했다. 그들은 성서의 언어를 바꾸지 않으면서 시대가 요구하는 문제와 해답을 얻기 위해 신학적 용어와 해석들에 대해 새로운 시도를 감행했던 예언자들이었다.

4 Edwards, 397.

5 Peter Wallace, 5. 이미 신앙고백에 근거한 교파적 교회 역사가들이 "교회 개혁의 역사적 유산"을 분열, 회복 또는 정화라는 측면이 아니라 부득이한 "갈라짐"(divide)으로, 단순한 분파주의적 사건으로 간주될 수 없었다는 사실을 확인했다.

6 Peter Wallace, 8.

교회 개혁은 16세기에 일어났던 그 사건을 이해하는 것으로 만족되지 않으며, 오늘날에도 여전히 진행되어야 하는(*semper reformanda*) 현실적 과제다. 분명히 가톨릭교회는 제2차 바티칸 공의회(1962. 10.-1965. 12.)를 지나면서 많은 부분에서 변했다. 그들은 개신교를 "분리된 형제"라고 부른다. 많은 부분에서 가톨릭과 개신교가 공유하는 부분이 생겨났고 서로 비방할 만한 근거도 줄었다고 한다. 에큐메니칼 정신이 현대 종교 사회에 깊이 뿌리내리고 있다는 사실을 감안한다면, 개신교와 가톨릭의 "갈라짐"에 대한 보다 많은 연구가 필요한 것은 사실이다.

그러나 이런 20세기적 관점에서 "16세기 교회 개혁은 과연 필연적이었던가?"라는 질문에 착수하는 것은 적절치 않다. 가능한 한 객관적으로, 그 당시의 역사적 정황으로부터 16세기 교회 개혁의 필요성을 탐구해야 할 것이다. 실로 교회 개혁의 필요성은 16세기에 처음으로 대두된 것이 아니라, 앞선 세대로 이어지는 교회 개혁의 역사적 흐름 속에 존재했던 "신앙고백적 사태"(status confessionis)였다. 이른바 11세기에서 12세기에 걸친 "그레고리우스 개혁"(reformatio Gregoriana)으로 대변되는 교황의 조치 이후로, 교회 개혁의 기운은 15, 16세기 르네상스 시대에 이르러 역사의 수면 위로 표출되었다.[7]

7 Heiko A. Oberman, *Luther: Man Between God and The Devil*, trans. by Eileen Walliser Schwarzbart (New Haven: Yale University Press, 1989), 50. "개혁"(reformatio, reformare)이라는 용어는 11세기경부터 교회적·학문적·사회적으로 널

## 인문주의적 동기

16세기 개혁가들은 르네상스를 대표하는 인문주의자들이었다. "인문주의자"로 번역되는 라틴어 "후마니스타스"(humanistas)는 편지를 받아 적는 중세 이탈리아의 "편지 기술자"와 관련이 깊다.[8] 르네상스 시대가 되면서, 이탈리아의 수사학적 전통은 이런 서한 기술자에 의해서 더욱 발전하게 되었다. 이들은 보다 훌륭한 문장을 쓰고 읽기 위해 그리스어와 라틴어 작품의 가치를 인정하고 이런 작품들을 연구하고, 더 나아가 이를 모방하게 되었다. 또한 이런 작품들은 그들이 문서를 작

리 다양하게 사용되었다. 연구사적으로 11세기 이후의 중세에 나타난 "개혁"과 16세기의 "교회 개혁"(Reformation)에 대한 구분과 연속은 중요한 논점으로 축적되어왔다. 한 시대의 역사가 진공상태에서 생겨날 수 없다. 이 시대를 이해하기 위해서는 그 이전의 역사로부터 흘러내린 젖줄 속에서 이를 이해해야 한다.

8 참고. Paul Oskar Kristeller, *Renaissance Thought The Classic, Scholastic, and Humanistic Strains* (New York, Haper & Row, 1961), 12-3. "후마니스무스"(humanismus, 영어로 humanism, 인문주의)라는 용어는 독일 교육학자 니트한머(Friedrich Immanuel Niethammer, 1766-1848)의 조어다. 영어로 인문학을 humanities, 인문주의를 humanism이라고 한다. 당시 실용주의적이며 과학 교육에 경도된 교육 현장에 대하여, 인격적인 인간 형성을 바라본 그리스 라틴 고전 교육을 염두에 두고 만든 용어다. 용어 그 자체를 설명하자면 다음과 같다. 인문학으로 번역되는 humanities와 humanism의 어간은 human-이다. 이 어간은 라틴어 형용사 humanus에서 유래하며 "인간의" 또는 "인간적"이라는 의미를 가진다. 그러나 라틴어로 "인간" 그 자체를 말할 때는 homo다. 그런데 humanities는 인류 또는 인간성을 의미하는 humanity의 복수형이다. 왜 복수형이 되면 그 의미가 "인문학"이 되는가? 그 이유는 르네상스 시대의 "후마니타스 연구"(studia humanitatis)라는 용어로 거슬러 올라가게 된다. studia는 studium의 복수형이며, humanitatis는 humanitas의 단수 속격이다. 문자 그대로 하자면 "후마니타스에 관한 여러 연구들"이라는 의미다. 이를 영어로 축약하면 복수형 humanities 즉 인간에 관한 모든 총체적 학문으로서, "인문학"을 나타내게 된다.

성하고 서한을 기술하고 공개토론과 강연을 할 때 본보기가 되었다. 이런 작업은 실용적인 기술을 확립시켜갔고, 교수가 필요하게 되었으며, 따라서 이런 고전작품을 대상으로 연구하는 새로운 직업이 등장하게 되었다. 다시 말해 인문주의의 지적 운동은 철학자들에 의해 시작된 것이 아니라, 책을 쓰고 역사와 윤리를 생각하고 바른 정치를 고민하는 자들에 의해 시작되었다. 특히 15세기부터 16세기에 이르기까지 "인문주의자"는 고전문학의 교수, 교사, 학생을 의미하는 용어로 사용되었고, 이런 용법은 18세기에 이르기까지 포괄적으로 이해되었다. 그들이 다루던 분야는 문법, 수사학, 역사학, 시학, 도덕·윤리철학으로, 그리스 라틴의 대표적인 저술가들의 작품을 강독하고 해석하는 작업을 포함했다. 고전 작품을 모방하고 편집하기도 하며, 원전비평과 역사비평이라는 기술적 전개까지 시야에 담았다. 또한 중세를 통해 개변된 여러 작품을 서로 비교 연구하여 원전 본래의 모습을 회복시키는 일에 힘을 쏟았다.

이런 15-6세기의 인문주의자들은 단순히 고전을 연구하여 우아한 문체를 연마할 뿐만 아니라, 그런 작품에 나타나는 삶의 방식을 모방하려고 했다. 그들은 고전문학을 교훈적인 의미를 가진 것으로 이해했고, 실생활을 영위하는 도시 시민으로서의 책임감을 요구하는 삶의 방식을 만들어갔다. 특히 이런 "시민적 인문주의"는 정치적 관심과 깊은 관계를 가졌고, 자치도시의 공익과 시민의 자각을 염원하는 자세를 담아냈다.[9] 예를 들어 그리스어 저술보다는 라틴어 저술이 실학적이며 실천적이었기 때문에 키케로 등이 많은 관심의 대상이 되었다.

이런 르네상스 인문주의는 11세기 이후로 교회 내외에서 요구되는 "개혁"과 맞물리면서, 특히 북유럽의 인문주의에서 "그리스도교적 인문주의"라는 형태로 모습을 드러냈다. 크리스텔러는 "그리스도교적 인문주의자"(humanista Christiana)를 "종교적이거나 신학적인 문제를 자신의 저술 전체 또는 일부분 가운데 명확하게 논의를 전개하는, 인문주의적·고전적·수사학적 훈련을 가진 학자"로 정의한다.[10] 그들이 "종교나 신학을 다룰 때 가장 중요하게 생각했던 요소는 스콜라적 방법에 대한 공격과 고전에 대한 복귀를 강조하는 것으로, 고전이란 이 경우에 그리스도교의 고전, 즉 성서와 교부들의 저작을 의미했다."[11] 북유럽의 그리스교적 인문주의자들이 가졌던 비판적 정신은 로마 가톨릭교회에 의해 왜곡된 해석과 교회 교리에 대한 정면 공격으로 귀결되었다. 그들의 오직 성서(원전)로의 귀환 지향성은 날조 및 조작된 교회신학과 질서를 비판하기에 충분했다. "왜 교회 개혁을 할 수밖에 없었는가?"에 대한 충분하고 당연한 이유를 그리스도교 인문주의자들

9 石坂尙武, 『르네상스 휴머니즘 연구, 시민적 인문주의의 역사이론에 대한 의문과 고찰』 (동경: 晃洋書房, 1994), 1-46.

10 Kristeller, 86.

11 Kristeller, 75. 스콜라주의와 인문주의를 사상이나 이념이 아니라 학문적 방법으로 간주하여 증명하려는 시도가 있다. 상당한 설득력과 근거가 있다. 참조. William J. van Asselt and Eef Dekker (eds.) *Reformation and Scholaticism: An Ecumenical Enterprise* (Grand Rapids: Baker Book House, 2001)

은 발견한 것이다. 그들에게 "레포르마티오"는 단순한 개선이 아니라, 인문주의적 정신에서 시작된 교회와 시민의 정신적 자각에 의한 개혁이었다.

칼뱅은 교회가 더 이상 수술을 연기할 수 없는 "악성 질병에 걸렸다"라고 진단했다. 교회가 생명을 잃을 수밖에 없는 절체절명의 위기에서, 그는 "교회 개혁의 필요성"을 "힘차고 견고하게"[12] 갈파하지 않을 수 없었다. 일반적으로 『교회 개혁의 필요성에 관하여』(*De Necessitate Reformandae Ecclesiae*)[13]로 알려져 있는 그의 논문의 정확한 제목은 『혁혁한 공을 세우신 카를 5세 황제 폐하 및 가장 영예로우신 제후 여러분과, 현재 슈파이어 제국회의에 참석하여 교회 재건을 위해 진심 어린 배려를 베푸시는 그 외 성직자 여러분께 드리는 탄원적인 권고. 이는 그리스도께서 다스리시기를 소망하는 모든 사람의 이름으로 출판된 것임』(*Supplex exhortatio, ad invictissimum. Caesarem Carolum quintum, et illustriss. principes, aliosque ordines, Spirae nunc imperii conuentum agentes. Ut restituendae Ecclesiae curam serio velint suscipere. Eorum omnium nomine edita, qui Christum regnare cupiunt*)으로 1543년에 나타났다.[14]

12 Henry Beveridge, (ed.) *John Calvin: Tract and Letters*, vol. I;xlv.

13 이하 『교회 개혁』으로 표기함.

14 이 글에 사용한 본문은 *CORPUS REFORMATORUM VOLUMEN XXXIV. IOANNIS CALVINI OPERA QUAE SUPERSUNT OMNIA* (Brunsvigae, Apud C. A. Schwetschke et Filium, 1867), 453-534이다. 한글 번역본으로는 『칼뱅: 신학 논문들』, 기독교 고전

칼뱅이『교회 개혁』을 기록하게 된 직접적인 원인은 마르틴 부처(Martin Bucer, 1491-1551)의 간곡한 부탁에 있다. 부처는 카를 5세에게 다음과 같은 사실을 상기시키고 싶었다. 첫째, 개신교가 군사적으로나 정치적으로 신뢰할 수 없는 그룹이 아니라는 사실. 둘째, 결단코 개신교 자신의 신학적 확신을 포기하는 일이 없으리라는 점. 셋째, 따라서 이런 교회적 신앙의 확신으로 말미암아 사회적·정치적·군사적 일련의 행동을 감행할 수도 있으며, 그럴 수밖에 없다는 사실.[15] 단순히 교회적 일치와 화합을 성취하기 위해 자신들의 신학적 확신을 포기할 수는 없었다. 부처는 이런 사실에 관한 논술을 칼뱅에게 의뢰했고, 그는 교회 개혁의 필요성, 자기비판, 그리고 복음의 온전한 회복에 관하여 논리적이면서도 강렬한 메시지를 개진했다. 실로, "이 주제에 관하여 우리 시대에 출판된 책들 가운데, 이처럼 강력하고 완전한 책은 찾아볼 수 없다."[16]

총서 18권 (서울: 두란노 아카데미, 2011);『종교개혁의 필요성에 관하여』, 김동현 역 (서울: 솔로몬, 2002).

**15** J. K. S. Reid, "Introduction", "The necessity of Reforming the Church"; Reid trans., *Calvin: Theological Treatises* (Philadelphia, Westminster Press, 1954), p.183; Victor Shepherd, "A Comment on Calvin's The Necessity of Reforming the Church" (1543) in *Calvin@500: Theology, History, and Practice*, Richard R. Topping & John A. Vissers, eds. (Eugene: Pickwick Pub. 2011), 146-161.

**16** 베자의 말이다. Henry Beveridge, ed., *John Calvin: Tracts and Letters* (1844; repr. Carlisle: The Banner of Truth Trust, 2009), I:xlv.; 이런 의미에서『교회 개혁』을『기독교 강요』의 축소판이라고 하기도 한다.

1536년, 칼뱅은 제네바 교회 개혁을 위하여 제네바에 둥지를 튼다. 같은 해 11월 10일 시당국은 제네바교회 설교단에게 교회 개혁안을 작성할 것을 요구했고, 그들은 1537년 1월 16일 위원회에 『제네바에 있는 교회와 예배 조직에 관하여 목사들에 의해서 위원회에 제출된 조항』(*Articles Concernant L'organisation de L'église et du culte à Genève, proposes au Conseil par les Ministres*)을 제출했다. 더불어 2월에는 『신앙지도서』(*Instruction et Confession de Foy*), 4월에는 『신앙고백』(*Confession de La Foy*)을 함께 제출하고 출판했다. 그 후 칼뱅이 스트라스부르 망명(1539-1541) 시대를 경험하고 제네바로 귀환했을 때,[17] 그는 완숙한 교회 사람이었다. 1543년에 이르기까지, 칼뱅은 이미 출판된 『기독교 강요』 초판을 비롯해서 교회 개혁 규칙, 신앙고백, 신앙문답, 편지, 논문, 주석, 설교 등의 저작 활동을 통해 유럽 교회에 많은 영향을 끼쳤다.

따라서 1543년이라는 시점은 칼뱅의 교회적 신학 사고가 절정에 달했던 시기였다. 실로, 칼뱅의 저술적 맥락에서 보자면 『교회 개혁』(1543)은 『사돌레토에 대한 답신』(1539)[18]과 『그리스도교의 평화와 교

17 1540년에 로마서 주석이 간행되었다.

18 "사돌레토에게 보내는 답신", 『칼뱅: 신학 논문들』, 264-308; 이탈리아 출신인 야코포 사돌레토(Jacopo Sadoleto)는 프랑스에 자신의 주교좌가 있었던 관계로 사돌레(Jacob Sadolet)라는 프랑스어 이름으로도 알려져 있다. 인문주의자인 사돌레토는 1539년에 제네바 시참사회와 시민들에게 가톨릭으로 복귀할 것을 촉구하는 편지를 보냈다. 1539년 당시는 그 전년도에 칼뱅, 파펠, 코로 목사가 추방당하고 무능한 교직자들이 교회를

회 개혁을 위한 참된 방식』(1548)[19]을 이어주는 가교의 위치를 차지하고 있다. 다시 말해 이 논문은 칼뱅의 "교회 개혁"이라는 마니페스토에 대한 확고한 의식과 방향성을 보여주기에 충분한 문서라 할 수 있다.

### 역사적 상황

칼뱅이 제출한 『탄원적 권고』는 1544년 2월에 개최될 제4차 슈파이어 신성로마 제국회의에서 읽히는 것이 목적이었다. 제1차 슈파이어 제국회의(1526)에서 개신교는 승인되었다. 그러나 3년이 지난 후 열린 제2차 슈파이어 제국회의(1529)에서 제1차 회의의 결정이 취소되면서, 개신교가 신성로마 제국 내에서 인정받지 못하게 되었다. 이에 항거한 개혁가들에게 프로테스탄트(protestants)라는 별명이 붙게 되

담당하던 시기였다. 사돌레토는 한 장의 서한으로 제네바 교회를 가톨릭으로 되돌려놓기를 원했고, 교회 역시 조금씩 가톨릭으로 되돌아가려는 분위기였다. 그러나 제네바 교회는 회신에 관하여 젊고 유능한 칼뱅에게 부탁했다. 그는 비록 추방당한 몸이지만 제네바 교회에 대한 애정 때문에, 늙고 박식한 가톨릭 주교이며 신학자였던 사돌레토에게 답신하는 임무를 맡았다. 예를 들어 칼뱅은 다음과 같이 쓴다. "비록 지금은 제네바 교회를 맡고 있지 않지만, 그것이 내가 제네바 교회를 아버지와 같은 사랑으로 껴안고자 하는 것을 막을 수는 없습니다"(267).

19 John Calvin, "The True Method of Giving Peace to Christendom and Reforming the Church" in *Selected Works of John Calvin: Tracts and Letters*, ed. H. Beveridge and J. Bonnet (Grand Rapids: Baker Book House, 1983), vol.3, 240-358. 『교회 개혁의 필요성』에 나타나는 비슷한 문구들은, 칼뱅이 교회 개혁의 필요성을 여전히 이 책에서 주장하고 있음을 보여준다. 예를 들어 "교회의 고유의 직분은 유사한 성서로부터 참된 것을 구분하는 것임을 나는 부정하지 않는다. 이런 이유로 교회는 순종하는 마음으로 하나님으로부터의 모든 것을 품어야 한다. 양들은 목자의 목소리를 듣고 삯군의 소리를 듣지 않는다.…교회는 사도들과 예언자들의 가르침(교리) 위에 세워졌다"(267).

었다. 이런 상황 가운데, 프랑스와 전쟁을 앞둔 카를 5세는 가톨릭 측은 물론이고 슈말칼덴 동맹(Schmalkaldischer Bund)의 회원이었던 개신교인 제후들의 원조가 절실히 필요했다. 그는 제4차 슈파이어 제국교회를 통해 양쪽의 화해를 얻어내려는 심산이었다. 특히 제3차 슈파이어 제국회의(1542)에서 프로테스탄트의 교리적 주장으로 야기된 로마 가톨릭과의 종교적 분리를 해소시키고, 교회적 일치를 도모함으로써 화합된 교회 세력으로 승리를 기대했던 것이다. 그러나 개신교에 속한 마르틴 부처에게 이보다 더 중요한 것은 신앙적이고 신학적인 확신이었다. 이는 단순한 화합 차원으로 해소될 수 있는 문제가 아니었다. 결단코 양보할 수 없는 교회 신학적 입장을 그는 주장하지 않을 수 없었다. 이런 정황 속에서, 부처로부터 의뢰받은 칼뱅은 교회가 왜 개혁되어야 하는지를 명확하게 전대(專對)한다.

교회가 죽을병에 걸려 빈사 상태에 놓여 있다는 것이 16세기 유럽 교회에 대한 칼뱅의 진단이다.[20] 더 이상 연기할 수 없는 백척간두의 상태다. 이 질병은 16세기에 갑작스럽게 나타난 유행성 질병이 아니라, 서서히 곪아 썩은 것으로서 모든 사람이 알고 있는 병이다. 따라서 "작금의 교회 타락을 우려하면서 더 이상 인내하기 힘들어 어떤 개선

20 Principio, non quaeritur an morbis laboret Ecclesia & multis pestimis. Constar enim inter omnes qui vel mediocriter iudicant. Sed an eius generis sint morbi, quorum longiorem morem non ferat curatio; ut nimis lenta remedia expectare, nec utile sit nec deceat(458).

책을 얻기까지, 끊임없이 노력하는 모든 사람의 일치된 생각"을 세상에 알릴 수밖에 없었던 것이다.

### 구조

『교회 개혁』의 원전에는 장, 절, 인용구 등에 의한 구분이 전혀 없다. 봇물 터진 듯 일필로 단숨에 써 내려간 것이다. 그러므로 역자가 독자를 위해 구조적으로 10개의 장(章)으로 구분했지만, 글 전체를 한마디로 요약하자면 성서적 예배 회복이다.

### 죽음에 이르는 질병의 증상: 예배

칼뱅의 급선무는 몹쓸 질병으로 만신창이가 되어버린 하나님께 드리는 예배의 회복이었다. 16세기 "악성 질병"의 증상이 고스란히 나타난 곳은 교회 예배였다. 칼뱅은 "그럴 만한 여유가 없기" 때문에 그 원인에 관해서는 언급하지 않지만, 칼뱅의 논문을 통해서 알 수 있는 것은 목회(자)의 자질과 임무의 타락, 거기에서 비롯된 설교와 성례전의 타락이었다. 그는 이렇게 말했다. "우리가 교회 개혁이라는 횃불을 들었을 때 이미 우리 종교의 진리와 순수성에 의한 합법적인 **하나님 예배**와 인간의 구원을 포함하는 **교리의 주요한 부분**은 거의 훼파되어 있었습니다."[21] 그러므로 무엇보다 중요한 교회 개혁은 하나님이 기뻐하시

21 459(해설자 강조).

는 예배로의 회복이었다.[22]

그리스도교의 본질은 **하나님을 바르게 예배하는 것을 아는 것**이며, **그 하나님께 구원을 간구해야 한다는 사실**을 아는 것"[23]이다. "예배"란 맹목과 무지한 가운데서 단순히 드려지고 종교적으로 정신적·심리적 만족을 가져다주는 퍼포먼스가 아니다. 하나님을 아는 지식으로 가득한 예배는 하나님을 향한 "두려움이 우리 마음을 지배하며, 우리 생명의 모든 행동을 통치하는"[24] 것이다. 예배는 예배 행위자가 아니라, 하나님이 중심이 된다.

칼뱅에게 참된 예배와 거짓 예배를 식별하는 법칙이란, 우리가 일

22 Nunc cultum Dei ligitimum definiaiamus. Huius vero praecipuum est fundamentum, eum sicut est, omnis virtutis, iustitiae, sanctitatis, sapientiae, veritatis, potentiae, bonitatis, clementiae, vitae & salutis fontem, univum agnoscere, ideoque bonorum omnium gloriam illi adscribere in solidum & tribuere, quaerere in ipso solo omnia: ideoque si quid nobis opus est, in ipsum solum suspicere. Inde nascitur inuocatio, inde laudes & gratiarum actiones: quae testimonia sunt eius, quam illi tribuimus, gloriae. Haec est vera nominis eius sanctificatio: qua imprimis a nobis requirit. Huic annexa est adoratio, qua reverentiam illi, magnitudine excellentiaque sua dignam, exhibemus(460).

23 참조. Alfred Erichson, *Die calvinishe und altstrassburgische Gottesdienstordnung* (Strassburg: J.H. Ed. Heitz, 1894). 참고적으로, 칼뱅에게 그리스도교가 가지는 중요한 가르침은 예배, 구원, 성례전, 교회의 다스림이다. ut rite colatur Deus: ut unde salus sibi petenda sit, noverint homines. Iisdem sublatis Christi nomine gloriemur licet: vana est ac inanis nostra professio. Sequuntur deinde sacramenta, & Ecclesiae gubernatio(459).

24 다른 곳에서 칼뱅은 모든 실천이 성서적 가르침을 통해 지지받아야 한다고 주장했다. "(하나님께서) 명하지 않는 모든 것에 대하여, 우리에게 선택할 자유가 있는 것은 아니다." *Tracts and Treatises*, 2:118.

반적·신학적·신앙적으로 선하다고 생각하는 바를 행하는 것이 아니라, "명령권을 가지신 유일하신 그분이 명하신 것으로 눈을 돌리는 것" 이다.[25] 즉 하나님께서 기뻐하시는 예배는 그분이 명령하신 "법칙"을 충실히 지키는 것이다. 왜냐하면 "예배 방식은 하나님의 견실하신 권위에 온전히 속하므로, 우리가 우리의 판단에 따라서 하나님을 섬기는 것이 아니라 온전히 하나님 명령에 의거하여" 드려야 하기 때문이다.[26] 그러므로 예배자 중심의 맞춤예배, 맞춤설교, 맞춤기도, 맞춤찬양과 같은 실용주의적 예배 행태는 칼뱅의 예배신학에서 자리를 차지하지 못한다. 칼뱅은 바울의 말을 빌려 이런 예배를 "제멋대로의 예배"(ἐθελοθρησκεία)라고 규정했다.[27]

예배를 "우리 자신의 발명품과 혼합"해서는 안 된다."[28] 예배는 하

25 참고. 『세례에 관하여』 Henry Beveridge, ed., *Selected Works of John Calvin* (Grand Rapids: Baker, 1983), 118. "First, whatever is not commanded, we are not free to choose."

26 예배에도 신학적 사고가 있어야 한다. 예배 순서 하나하나에도 신학적 고민이 배어 있어야 한다. 김산덕 역, 『칼뱅의 교회론』 (서울: 칼뱅 아카데미, 2011)을 참조하라.

27 461. 이 단어는 골 2:23에만 나온다. "자의적 숭배"(개역개정, 개역한글), "꾸며낸 경건"(새번역), "제멋대로 만든 종교적 숭배"(현대인의 성서), "제멋대로의 예배"(공동번역) 또는 arbitrary, self-imposed worship이다. 용어 그 자체는 "의지"(θέλω)와 "예배"(θρησκεία)라는 단어의 합성어다. 바울이 말하듯이, 제멋대로의 예배는 인간에서서 비롯된다. 현대 교회의 예배는 인간 중심, 참석자의 기호에 맞게 튜닝된 예배라고 말해도 과언이 아니다. 하나님이 주인이 아니라, 상업 슬로건처럼 "손님이 왕이다"라는 식의 예배, 참석자의 귀에 맞는 "맞춤예배" "맞춤설교"를 한다는 것은 칼뱅에게는 상상조차 할 수 없는 일이다.

28 Inst.IV.x.23. "nullas nostras inventiones miscendo sequimur."

나님 말씀 안에서, 하나님 말씀을 통해서, 하나님 말씀에 의해서 이루어져야 한다. 칼뱅은 십계명에 관한 설교에서 다음과 같이 말한다. "우리는 모든 단순성(all simplicity)을 좇아가야 한다. 이는 다름 아닌 하나님의 말씀에 의해서 위임된 것으로, 그것에 다른 어떤 것도 더해지지 않아야 한다. 만약 우리가 그것을 버리기 시작한다면, 그래서 조금이라도 우리가 변명을 한다든지, 우리 자신을 합리화하려고 노력한다 할지라도, 하나님께서 **분명히** 벌하실 것이기 때문이다."[29]

예배는 하나님이 명령하신 것만으로 만족되어야 한다. 예배는 하나님의 말씀에 대한 단순 간결함에 있다. 예배가 인간적인 생각에 의해 고안된 "발명품"으로 가감되어서는 안 된다. 날조된 예배는 분명히 하나님의 벌을 받게 되는 범죄행위다. 예배의 타락은 가장 심각한 교회적 질병이었다. 예배가 자기만족의 우상화가 되고, 인간에 의해 날조된 발명품이 하나님의 명령을 대체하여 하나님 중심에서 "인간 중심"(man-centered)으로 변함으로써 인간의 행위와 반응에 초점을 맞춘 예배의 타락이 "교회 개혁의 필요성"의 제1원인이었다.[30]

29 B. W. Farley, trans. & ed., *John Calvin's Sermons on the Ten Commandments* (Grand Rapids: Baker, 1980), 66(해설자 강조).

30 참조. 레이스는 칼뱅의 예배의 특징을 "예배의 성서적/신학적 온전성", "지해(知解)성", "교화적", "단순성"이라는 네 가지로 설명한다. Leith, *Reformed Tradtion*, 166-167.

예배 개혁이란 인간이 고안하고 날조해서 만들어낸 인간 중심의 예배를 개혁하는 것이다. 인간의 "발명품"으로 메꾸어진 예배로 하나님을 예배할 수 있다는 생각은 인간 이해와 밀접한 관계를 가진다. 16세기 교회 개혁가들은 중세교회의 반(半)펠라기우스적인 인간 이해에 대해 부정적이었다. 왜냐하면 비록 일부분 타락했지만 인간이 어느 정도의 행위에 의해서 하나님으로부터 은혜를 받을 만한 자격이 주어진다는, 인간 본성에 대한 적극적인 의미 부여는 예배와 구원에 대한 참된 인식을 왜곡시키기 때문이다. 칼뱅의 대적자들은 예배와 구원을 하나님의 은혜가 아니라, 자신의 능력에 의한 종교적 "욕망"에 의거하는 선행과 공적으로 대체시켰다. 그들은 인간 본성의 부패와 욕망으로 야기되는 "내적인 병에 관하여"(de naturae corruptione) 소극적으로 대응하며 침묵했고, 마치 "아무런 죄도 범하지 않는 것처럼 (사람을) 안심하게" 만들었다.[31] 인간 스스로가 날조한 발명품으로 치장된 예배를 통해 인간의 마음에 심리적인 만족을 가져다주고 안심시키는 행위 중심의 무속적인 예배는 "인간이 완전히 타락"하지 않았다는 인간 이해에 근거한다.

인간의 타락 정도에 관해서 여기서 상세하게 논술하기는 힘들지만, 칼뱅은 명확하게 다음과 같이 말한다. "아담의 타락은 의지를 소멸

31 484.

시킨 것이 아니라 그것을 노예로 만들었다."[32] 따라서 "의지는 죄를 범하기 쉬우며 죄에 종속되어 있다."[33] 하나님께서 명령하신 법규를 거부하며 전적으로 무능하다는 표시인 "내적 뒤틀림"으로 인간을 이해하는 것이 개혁신학의 인간 이해다.

따라서 칼뱅의 궁극적인 인간 이해는 자신의 궁핍과 무력을 깨닫고 보다 나은 진실을 향해 가르침에 대해 겸허하여, 자기 자신에 대한 신뢰를 모두 던져버리고 온전히 하나님께만 의지하고 그분의 인도를 받음으로써, 모든 선한 것을 하나님의 은혜의 탓으로 돌리는 것이다.[34] 인간의 구원과 축복은 하나님께서 우리의 행위를 돌아보시기보다는, "오로지 그리스도만을 보시고 우리를 그분과 화해시켜주시며, 무상으로 자신의 아들이 되는 신분을 우리에게 주셨다"라는 사실에서 출발한다.[35]

칼뱅은 위에서 언급한 "인간 이해"와 "선행의 공적"에 이어서, 인간의 "발명품" 가운데 가장 심각한 것으로 "상죄"(satisfactio)와 "상급"을 지적한다. 인간은 죄를 범한 후에도 "상죄"라는 "통회"와 "행위"를 통해 하나님의 은혜를 얻을 수 있다고 가톨릭은 가르친다. 그러나 칼뱅은 성도들의 선한 행위는 아주 감사하고 훌륭한 것이며 칭찬받아 마땅하

32 Henry Beveridge, ed., *Selected Works of John Calvin* (Grand Rapids: Baker, 1983), vol. 3, 109.

33 Henry Beveridge, vol. 3, 109.

34 『하이델베르크 교리문답』 제1문을 참조하라.

35 483; 따라서 칼뱅의 인간론은 이른바 미국산 "어두운 색조"의 "칼뱅주의 5대 교리"라는 관점보다는, 구원에 대한 인간의 무능력과 그리스도 중심적 관점에서 이해되어야 한다.

지만, 종교적 행위에 의한 선행이 강조될수록, 그리하여 이를 열심히 하면 할수록, "용서의 은혜 없이는 하나님의 뜻에 합당할 만큼 거룩할 수 없다"라는 생각이 그리스도인의 마음에서 사라진다는 사실을 지적한다.[36]

잘못된 인간 이해에서 비롯되고 형성된 예배 이해는 "성례전"에서 보다 심각하게 나타난다. 칼뱅은 일곱 성사(septem sacramenta)를 미신적인 생각과 "마술적 주문"이라고 지적하면서, "교회의 가르침과 함께 성례전을 집행했던 고대교회의 관습을 부활"시킬 필요성이 있다고 말한다. 이는 "믿음을 가지고 나아가는 것이며" "믿음으로 눈에 보이는 것 즉 그것에 의해서만 영혼의 양육을 입어, 영원한 생명에 이르게 하는 영적 식물"임을 확인한다.[37]

#### 질병의 원인: 성직자의 자격

예배의 타락은 성직자의 자질과 밀접한 관계를 가진다. 칼뱅은 "성직자" 또는 "목회자"가 가져야 하는 기본적인 자세를 다음과 같이 말한다. "사도적 규칙과 고대교회의 관습에 따라서 목회의 임무, 즉 누구든지 교회를 다스리는 자는 가르치는 자가 되어야 한다는 원칙을 부활시켰다."[38] 따라서 가르칠 능력이 없는 자는 "그런 지위에 머물러 있어

**36** 484.
**37** 485.
**38** Pastorale munus restituimus tum ad regulam apostolicam, tum ad veteris

서는 안 된다."[39] 따라서 교회가 목회자 후보생을 택할 때는 신중해야 한다.

그러나 당시에는 사제를 택할 때보다 마부를 고용할 때 더 까다롭고 엄격한 심사를 거쳐서 후보자의 과거사까지 검토했다고 한다.[40] "무학자, 단순히 지식뿐만이 아니라 현명함이 부족한 모든 사람이 얼마나 무분별하게 사제직에 임명되는지" 그는 잘 알고 있었다.[41] "소명의 질서"(vocationis ordo)는 차치하고라도, 힘과 권력에 의한 "성직매매"(simonia)라는 극악무도한 인간적 책략이 가득한 현실을 칼뱅은 고발하지 않을 수 없었다.[42]

"교회 개혁의 필요성"에서 칼뱅은 "설교"와 "가르침"이라는 두 용어를 상호 교환적으로 사용한다. 이것은 칼뱅의 "설교"에 대한 이해에서 비롯된다.[43] 칼뱅에게서 현대 신학적인 의미에서 성서론을 찾아보기란 쉽지 않다. 왜냐하면 그는 성서에 대한 이념적인 논리보다도, 성서

ecclesiae consuetudinem: ut quicunque Ecclesiae praesunt, doceant(490).

39 490.

40 513. 누구나 목회자가 될 수 있지만, 누구나 목회자가 되어서는 안 된다.

41 Sed videmus quam indocti, et omnis non tantum scientiae sed etiam prudentiae expertes, sine delectu ingerantur(513).

42 509. 행 8:18-20에서 유래한다. 얀 후스가 De simonia라는 글을 통해 성직매매의 타락을 비판했다. 성직을 위해서 돈을 받는 사람, 돈을 주는 사람 모두가 "시모니아"의 죄에서 자유로울 수 없다. 또한 목사가 "세속의 정치가처럼 행세하는" 것을 엄격히 금하고 있다. 그리고 한 사람이 여러 교회를 소유하는 것은 이미 고대교회법으로 금지된 일이다.

43 칼뱅의 설교에 관한 논술은 『칼뱅의 교회론』을 참조하라. 그곳으로부터 많이 참조했음을 밝혀둔다.

의 진정성과 진실성에 대한 확신을 더욱 중요하게 간주했기 때문이다. 성서의 권위만을 논증하려는 현대 보수주의 진영과는 다르게, 그는 성서에 기록된 진리들을 어떻게 해석하고 석의하여 명확하게 읽어내는가에 오히려 초점을 맞추고 있다. 그의 설교는 성서 강해였다.[44] 그는 성서 강해를 통해 하나님의 말씀을 경청할 수 있다고 생각했다.

종종 칼뱅은 "천상의 교리"(doctrina caelestis)라는 표현을 사용했다.[45] 이는 기록된 성서의 내용으로서의 "교리"나 "가르침"을 지칭한다. 성서란 정적인 "가르침"이나 "교리적 이념"이 아니다. 설교는 하나님의 말씀인 성서를 성령 하나님의 도움으로 풀어서 해석하고 석의하여 전달하고 선포해야 하는 하나님의 구원적 사건이다.[46] 그러므로 설교는 하나님께서 직접 입으로 말씀하시는 것을 대신하여, 대리인을 세워 말하게 하시는 변증법적인 하나님의 사역이다. 그러기에 설교는 하나님의 말씀이다.[47] 그러므로 설교란 인간이 관여하는 사역이 아니라 교회의 공적인 선교 사역이며 하나님의 사건이다.

**44** 성서의 권위만을 강조하는 것으로 성서의 권위에 대한 신앙고백이 일어나는 것은 아니다. 참된 성서의 권위란 하나님 말씀으로서의 성서를 철저하게 해석하고 석의하여, 그 본문이 말하고자 하는 바에 귀를 기울이며 묵상할 때 만들어진다.

**45** 예를 들어 『기독교 강요』 1권에서 다음과 같이 말한다. "진실한 종교가 우리에게 비추어지도록, 우리는 천상의 교리로부터 출발하지 않으면 안 된다"(I.vi.2). ("ut nobis affulgat vera religio, exordium a caelesti doctrina fidei debere." OS III, 63); 칼뱅의 "교리"라는 용어에 대한 이해는 『칼뱅의 교회론』 17-18장을 참조하라.

**46** 참고 Inst.IV.i.6.

**47** 김산덕 & 서재주, 『주제로 보는 개혁파 신앙고백』 (서울: CLC 2013).

구원적 사건으로서 설교는 하나님 백성과 그 역사를 빚어낸다. 이런 의미에서 설교란 설교자의 비인간화가 일어나는, 즉 "하나님의 영광을 빛내는 완전한 그릇"[48]이 되는 영적 사건이다. 설교는 하나님으로부터 인간에게 전달되는 것이기 때문에 어디까지나 "하나님으로부터"라는 비인간화가 일어나야 하는 사건이지만, 동시에 설교는 사람들에게 전달되는 것이기 때문에 설교자는 자신을 비인간화할 뿐만 아니라 동시에 인간화해야 한다.[49] 설교는 "우리를 전파하는 것이 (결코) 아니다"(고후 4:5). 사적인 가르침도 아니며 예화나 무용담도 아니다. 설교는 기록된 말씀의 강해라는 틀을 반드시 지켜야 한다. 자의적인 해석이 금지되기 때문에 설교자에게는 일정한 수준이 요구된다. 당시 목사 시험은 무엇보다 성서 본문에 대한 해석과 석의를 엄격하게 요구했다.[50] 이런 기준들을 만족시키지 못하는 자들이 설교자의 자리로 오르게 될 때, 교회는 심각한 질병에 걸린다. 교회가 죽음에 이르는 질병에 감염되는 원인 가운데 하나는 교직자들의 인격과 자질 및 그런 것과 연관된 그들의 설교다.[51]

48 Inst.IV.i.5.

49 물론 인간으로 설교를 전달하고 대리한다는 적극적인 의미가 무시되는 것도 아니다. 비인간화가 일어난 설교가는 여전히 동일한 인간 설교가다. 참조. Richard Stauffer, *La humanité de Calvin*, Cahier théologiques NO. 51, 1964; Nouchatel. ders., *Die Menschlichkeit Calvins*, Zürich, Theologische studien 79, 1964.

50 『칼뱅의 교회론』, 제18장 교회와 학교를 참조하라(283-308).

51 참조. 『기독교 강요』는 신학자로서의 신학 저술이 아니라, 교회 예배에서 일어나는 하나님의 말씀 사건을 반영하고 있다. David L. Puckett, "John Calvin as Teacher",

칼뱅이 제네바 교회의 개혁가로 소명을 받았을 때, 그에게 주어진 이름은 "성서 강사"(Lecteur en la Sainte Ecriture)였다. 1536년 9월 5일 성 베드로 교회에서 칼뱅은 바울 서신을 시작으로 하나님의 말씀인 성서를 강의하기 시작했다. 신학이란, 교회 예배라는 장(場)에서 하나님의 말씀인 성서에 근거한 설교를 통해서 담아낸 축적물이다. 교회의 예배와 설교를 떠난 신학은 신학일 수 없다. 신학은 교회 현장에서 창조된다.[52] 칼뱅에게 교회 예배는 하나님과의 교제를 현실적으로 담아내는 현장이었다.[53] 칼뱅은 누구에게나 인정받는 신학자였다. 그러나 그는 신학자이기 이전에 예배하는 설교자였다.

### 질병으로의 분리: 교회 일치

교회 개혁을 위한 개혁가들의 결단과 행동은 적대자들에게 "교회분리"

*Southern Baptist Journal of Theology* 13 no. 4 (WInter, 2009), 46. 사실 칼뱅에게 선생이란 목사이며, 목사란 선생을 말한다. 그에게 있어 선생과 목사는 구분되지 않는다. 칼뱅은 다음과 같이 말한다. "모든 주교들에게 성령께서 성서를 통해 반드시 가르쳐야 할 것을 말씀하고 계시듯이, 가르치는 사역을 통해 자신이 목사임을 증명할 수 없는 주교를 임명한다는 것이, 고대교회에서는 마치 기이한 일로 여겨졌습니다"(Quemadmodum docendi necessitatem Episcopis omnibus iniungit Spiritus sanctus in Scrips: ita simile portenti habitum fuisset in veteri Ecclesia, Episcopum nominari, qui non simul pastorem se, doctrina, exhiberet. 491); Randall C. Zachman, *John Calvin as teacher, pastor, and theologian: The shape of His Writings and Thought* (Baker Academic, 2006).

52 John Calvin, *Commentary on the Book of Psalms*, (Grand Rapids: Baker Book House, 1979), vol.1.122.

53 519.

라는 빌미를 제공하게 되었다. 개혁가들을 분리주의자로 몰아세우는 근거는 "교회의 규정된 통치권"이 로마 교황에게 있다는 논리다. 즉 그들은 교회 개혁과 같은 교회적 행동이 자신들이 만들어낸 "지배 방식" 즉 "로마좌" 또는 "교황" 안에서 이루어져야 한다고 믿었다.[54] 다시 말해 개혁가들이 "로마 교황의 명령을 무시하고 교리와 양식의 더러움으로부터 교회를 정화하려고 시작했기 때문"이라는 것이다.[55] 그러나 칼뱅에게 로마교회는 "확실하게 음미된 복음의 가르침을 억압"하고 "교회의 모든 위계제도를 로마좌의 지위에 동여매고자" 하는 자들이었다.[56] 교회의 빈사 상태를 개선하기 위해 진력할 수밖에 없는 상황에서, 교회와 예배의 개선과 개혁이 개개인에게 허락되지 않는다면 무엇을 기대할 수 있는가? 그러나 실제로 "루터가 교황에게 고질적으로 병든 교회의 영혼을 치료하도록 노력해주시길 바란다고 탄원"했지만, 결과는 오히려 악화되었다.[57]

개혁을 부르짖지 않을 수 없는 필연성이 여기에 있다. 물론 칼뱅은 "교회로부터의 분리"를 생각하지 않았다. 그리스도의 법칙이 아니

54 519.

55 524.

56 Ad haec omnia mihi respondeant, qui alligatam sedi Romanae esse volunt Ecclesiae hierarchiam, ut Papae authoritati certam ac testatam Euangelii doctrinam posthabere non dubitent(524).

57 Suppliciter, cum integra adhuc essent omnia, orauit Pontificem Lutherus, ut grauissimis Ecclesiae morbis in animum induceret mederi(524-5).

라 로마 교황의 법칙으로 만들어진 교회를 벗어나는 것은 교회의 일치를 허무는 일이 아니다. 왜냐하면 교회는 예언자적·사도적 가르침의 토대 위에 세워지며, 이 토대가 없는 교회는 즉시로 와해된다(엡 2:20). 이 토대에 근거한 "교회의 일치성"이야말로 거룩한 것이다. "순수한 교리 안에서 일치하고, 한 분 그리스도를 향하여 성장할 때…거룩한 통일"이라는 교회의 연합이 이루어진다. 칼뱅의 논점은 "참된 교회란 무엇인가?", "그 통일성은 어떤 것인가?"를 분석하고 판단해야 한다는 것이다. 만약 가톨릭이 참된 교회 가운데서의 일치를 주장한다면, 거기에는 참된 교회의 표징, 즉 "건전한 가르침의 설교와 예전의 순수한 집행"이 있어야 한다.

특히 칼뱅은 고대교부들(예를 들어 키프리아누스, 아우구스티누스 등)과 공의회를 통해 이런 "분파"와 "분리주의"라는 비판을 논박한다. 무엇보다도 로마 교황의 수위권이 하나님의 권위가 아니라 인간의 판단에 의해 세워진 것이기 때문에, 인간 중심에 의한 교회의 일치와 통일을 공격했다. 칼뱅은 아우구스티누스를 인용하면서 이렇게 말한다. "주교란 직무상의 칭호이지, 명예에 대한 칭호가 아니다."[58] 또한 고대 공의회가 결정한 주교의 직무는 다음과 같다. "말씀 설교에 의해서 백성을 양육하는 것, 성례전을 집행하는 것, 성직자와 백성을 거룩한 규율 가운데 머물게 하는 것, 그리고 이런 직무를 소홀히 하지 않도록

58 아우구스티누스, 『하나님의 나라』 XIV 19, MSL 41,647.

이 세상의 모든 세속적인 생각과 걱정으로부터 몸을 떠나게 하는 것입니다."[59]

칼뱅은 분리주의자인가, 아니면 에큐메니스트인가? 이 주제는 많은 학자의 관심거리다.[60] 칼뱅은 교회의 분리란 "그리스도의 몸을 절단하는 공포"라고 말한다.[61] 교회 사람으로서 그는 교회의 일치성, 단일성을 주장한다. 그 단일성의 근거는 "교황"이 아니라 "오로지 그리스도"다.[62] 보편적 교회가 가지는 다양성은 그리스도 안에서 그 일치성을 확보한다. 고대 교부, 특히 키프리아누스와 아우구스티누스적인 교

59 pascere verbi praedicatione populum: sacramenta administrare, clerum et populum continere in sancta disciplina: & ne ab his distrahatur, prophanis omnibus huius seculi curis se abdicare(523).

60 칼뱅의 에큐메니칼 정신에 관해서는 다음을 참고하라. T. H. L. Parker, *Portrait of Calvin* (London: S.C.M Press, 1954) ch.8; John T. McNeill, "Calvin as an ecumenical churchman" in *Church History*, Vol.32, No.4. (1963), 379-391; ibid, *Unitive Protestantism: The Ecumenical Spirit and Its Persistent Expression* (rev. ed., Richmond, Va., 1964); John Hesselink, "Calvinus Oecumenicus: Calvin's vision of the Unity and Catholicity of The Church," in *The Unity of the Church: A Theological State of the Art and Beyond*, ed., Eduardus van der Borght, (International Reformed Theological Institute. International Conference, 7 th, 2007, Cluj-Nacoca, Romania) (Brill, 2009), ch.5. (69-94).

61 *Calvini opera quae supersunt omnia*, ed., Guilielmus Baum, Eduardus Cunitz & Eduardus Reuss, in *Corpus Reformatorum* 59 vols., (Brunswick & Berlin, 1863-1897), VII, 591. 재인용 Donald Nugent, *Ecumenism in the Age of the Reformation: The Colloquy of Poissy* (Harvard University Press, 1974), 2. 레이스는 개혁파 교회 신학의 제일 주요한 특징이 "거룩한 공회 신학"이라고 주장했다. John H. Leith, *Introduction to the Reformed Tradition* (Edinburgh: The Saint Andrew Press, 1977), 93-109.

62 Hesselink, 70-72.

회론을 구사하면서 칼뱅은 그리스도 안에서의 교회의 하나 됨을 강조한다.[63]

## 결론

16세기 교회 개혁의 본질은 "혁명"이 아니다. 그것은 지금까지 존재하지 않았던 전혀 새로운 어떤 것을 만들어내는 일이 아니었다. reformare가 암시하듯이 그것은 "재형성", "새롭게 형성"하는 것이다. 인간의 불경건으로 파묻혀버린 원천을 재발견해서, 이를 근거로 현시대의 문제를 새롭게 파악하고 이해하여 교회의 실천적 사역에 적용하는 교회적 작업이다. 그러기에 "교회 개혁"은 한 시대에 국한되지 않고, 모든 시대를 관통하기 때문에 시대와 동떨어지지 않으며, 오히려 각 시대를

**63** Inst.IV.i.1; 참조. T. F. Torrance, Q. & A .97; *Commentary on Ephesians* 4:4, trans. T. H. L. Parker, ed., T. F. Torrance (Grand Rapids: Eerdmans, 1965), 172. 조정과 화해의 사람이었던 마르틴 부처는 "에큐메니칼의 선구자"로서 개신교와 가톨릭, 루터파와 츠빙글리파의 화합을 위해 노력을 아끼지 않았다. 칼뱅은 스트라스부르에 체재하는 동안(1538-1541) 그로부터 많은 영향을 받았다. 부처는 1539년에서 1541년까지 로마 가톨릭과의 화해의 길을 모색하려고 노력했다. 이 시기는 칼뱅이 스트라스부르의 프랑스 망명자 교회를 담임하고 있을 때였다. James Atkinson, "Martin Bucer (1491-1551): Ecumenical Pioneer," *Churchman 79* (1965), 19-28; David Wright, "Martin Bucer: Ecumenical Theologian," in *Common Places of Martin Bucer*, trans. and ed. by David F. Wright, (Appleford: Sutton Courtenay Press, 1972), 17-71; Brian Lugioyo, *Martin Bucer's Doctrine of Justification: Reformation Theology and Early Modern Irenicism* (Oxford University Press, 2010); John T. McNeill, *Unitive Protestantism: The Ecumenical Spirit and Its Persistent Expression* (London: Epworth Press, 1964).

서로 연결하는 살아 있는 공교회적 진리다. 이런 의미에서 교회 개혁이 가지는 보수성의 원천은 교회 신학에 있으며, 다른 한편으로 이런 원천을 견지하는 동시에 그 시대의 언어로 재해석한다는 의미에서 개혁적이며 진보적이다. 따라서 비판적 개혁성은 우연적이고 상대적인 것이 아니라, 원천에 대한 재발견과 그것에 근거한, 그래서 거룩한 전통에 근거해서 지금 주어진 시대를 풀이해가는 교회의 기본적 사역이다.

교회 개혁이 가지는 이런 보수성과 진보성은 개혁가들에게 교만을 심어주는 것이 아니었다. "원천적 진리"와 해후함으로써 얻게 된 시좌로 16세기의 교회적 상황을 바라볼 때, 그들의 마음은 공의와 겸손과 함께 의로운 두려움과 분노로 가득했다.

사실, 칼뱅은 교회의 이론가가 아니라 실천가였다. 신학적 사변가가 아니라 교회 목회자이자 교회 신학자였다. 성서 강해, 신앙문답, 예배식순, 교회규칙(1537)과 교회헌법(1541), 권징 등은 그가 제네바의 개혁가로 첫발을 내딛는 순간부터 실천했던 것이다. 신학은 사변이 아니라, 하나님의 말씀에 의해서 개혁하는 실천적 상태다.

교회 예배 개혁은 즉시성과 필연성을 요구한다. 지금 곧 바로 교회는 수술되어야 한다. 혹시 개혁이 실패한다 할지라도 "그리스도께서 그 교회를 인간의 생각을 초월해서 놀라운 방법으로 그분 자신의 선하신 뜻으로 지켜주실 것이다."[64]

16세기 교회 개혁은 500년 동떨어진 남의 이야기가 아니다. 역사의 이음줄에 매달려 있는 오늘날 교회의 현실이며 과제다. 실용주의적

예배 설교와 목회를 통한 교회의 세 불리기로 일관되는 상업주의적 사고 논리는 개혁의 필연성과 즉시성이 요구되는 죽을병이다.

64 Servabit quidem mirabiliter, & supra hominum opinionem ubicunque volet, Ecclesiam suam Christus(532).

# 교회 개혁: 칼뱅의 종교개혁을 위한 항변서

---



1쇄발행_ 2017년 9월 1일

지은이_ 장 칼뱅
옮긴이_ 김산덕
펴낸이_ 김요한
펴낸곳_ 새물결플러스
편　집_ 왕희광·정인철·최율리·박규준·노재현·한바울·신준호·정혜인·김태윤
디자인_ 송미현·이지훈·이재희·김민영
마케팅_ 임성배·박성민
총　무_ 김명화·이성순
영　상_ 최정호·조용석·곽상원

아카데미_ 유영성·최경환·이윤범

홈페이지 www.hwpbooks.com
이메일 hwpbooks@hwpbooks.com
출판등록 2008년 8월 21일 제2008-24호
주소 (우) 07214 서울특별시 영등포구 양평로11, 4층(당산동5가)
전화 02) 2652-3161
팩스 02) 2652-3191

ISBN 979-11-6129-031-7 03230

책값은 뒤표지에 있습니다.

이 도서의 국립중앙도서관 출판예정도서목록(CIP)은 서지정보유통지원시스템 홈페이지(http://seoji.nl.go.kr)와 국가자료공동목록시스템(http://www.nl.go.kr/kolisnet)에서 이용하실 수 있습니다(CIP제어번호: CIP2017021446).